Beck'sche Musterverträge, Band 7

Brambring: Ehevertrag und Vermögenszuordnung unter Ehegatten

Ehevertrag und Vermögenszuordnung unter Ehegatten

von

Prof. Dr. Günter Brambring

Notar in Köln
Honorarprofessor der Universität zu Köln

4., überarbeitete Auflage

C. H. Beck'sche Verlagsbuchhandlung
München 2000

ISBN 3 406 46013 5

© 2000 C.H.Beck'sche Verlagsbuchhandlung Oscar Beck oHG
Wilhelmstraße 9, 80801 München
Druck: Nomos Verlagsgesellschaft
In den Lissen 12, 76547 Sinzheim
Satz: Appl, Wemding
Umschlaggestaltung: Bruno Schachtner, Grafik-Werkstatt, Dachau
Gedruckt auf säurefreiem, alterungsbeständigem Papier
(hergestellt aus chlorfrei gebleichtem Zellstoff)

Inhaltsverzeichnis

A. Einführung

I.	Beratungsbogen	1
II.	Begriff des Ehevertrages	5
III.	Abgrenzung Ehevertrag/Scheidungsvereinbarung	10
IV.	Ehevertragstypen	11
V.	Vereinbarungsmöglichkeiten zu den allgemeinen Wirkungen der Ehe	15
	1. Eheliche Lebensgemeinschaft – Ehe auf Lebenszeit	15
	2. Ehe- und Familienname	16
	3. Haushaltsführung und Erwerbstätigkeit	18
	4. Geschäfte zur Deckung des Lebensbedarfs	19
	5. Der Familienunterhalt	20
	6. Die Eigentumsvermutung aus § 1362 BGB	22
VI.	Steuerliche Auswirkungen von Eheverträgen und Kosten der Beurkundung	24

B. Vertragsmuster mit Anmerkungen

1. Vertragsmuster: Ehevertrag mit Vereinbarung der Gütertrennung, Ausschluß des Versorgungsausgleichs und Verzicht auf nachehelichen Unterhalt, verbunden mit einem Erb- und Pflichtteilsverzichtsvertrag . 29

Erläuterungen zum 1. Vertragsmuster:

I.	Form und Zeitpunkt des Ehevertrages, Güterrechtsregister	31
II.	Die Zugewinngemeinschaft – Grundzüge der gesetzlichen Regelung –	33
	1. Grundsatz der Vermögenstrennung und selbständigen Vermögensverwaltung	33
	2. Der Zugewinnausgleich bei Scheidung	35
	3. Der Zugewinnausgleich beim Tod eines Ehegatten	42
	4. Die Verfügungsbeschränkungen der §§ 1365, 1369 BGB	44
III.	Die Gütertrennung	46

IV. Modifizierte Zugewinngemeinschaft statt Gütertrennung 49
   1. Vor- und Nachteile 49
   2. Aufhebung der Gütertrennung 50

V. Die Gütergemeinschaft 52

VI. Der Versorgungsausgleich 53
   1. Grundzüge der gesetzlichen Regelung 53
   2. Ausschluß des Versorgungsausgleichs 55

VII. Unterhalt des geschiedenen Ehegatten 59
   1. Grundzüge der gesetzlichen Regelung 59
   2. Der Unterhaltsverzicht 68

2. **Vertragsmuster:** Ehevertrag junger Eheleute 73

Erläuterungen zum 2. Vertragsmuster:
   1. Vereinbarungsmöglichkeiten zum Zugewinnausgleich
      – modifizierte Zugewinngemeinschaft 77
   2. Vereinbarungsmöglichkeiten zum Versorgungsausgleich 89
   3. Vereinbarungsmöglichkeiten zum nachehelichen Unterhalt 96

3. **Vertragsmuster:** Ehevertrag des Unternehmers oder Freiberuflers 105

4. **Vertragsmuster:** Ausländerehe 115

5. **Vertragsmuster:** Vermögenszuordnung 121

Erläuterungen zum 5. Vertragsmuster:
   1. Die Bedeutung der Vermögenszuordnung unter Ehegatten bei Scheidung der Ehe, im Haftungsfall eines Ehegatten und im Erbfall 123
   2. Motive für die Zuwendung von Vermögen unter Ehegatten 127
   3. Die ehebedingte Zuwendung im Scheidungsfall 131
   4. Vertragliches Rückforderungsrecht der Zuwendung („Widerrufsklausel") 136
   5. Weitere Konfliktfälle der Vermögenszuordnung 139
   6. Ehebedingte Zuwendung oder Schenkung 142
   7. Steuerfragen bei der Vermögenszuordnung unter Ehegatten 143
   8. Vermögenszuordnung durch Vereinbarung der Gütertrennung .. 145

C. **Weiterführende Hinweise zu Literatur und Rechtsprechung** 149

D. **Sachregister** 163

A. Einführung

I. Beratungsbogen

Der Beratungsbogen greift typische Fragen auf, die für Eheleute oder Verlobte Anlaß sind, einen Ehevertrag zu schließen. Er gibt einen ersten Überblick, in welchen Fällen eine ehevertragliche Vereinbarung richtig oder zumindest überlegenswert ist, und in welchen Fällen ein Ehevertrag nicht erforderlich ist, weil bereits die gesetzliche Regelung diesem Anliegen Rechnung trägt.

1

	Ehevertrag ja oder nein?
1. Mein künftiger Ehemann hat Schulden. Ist es richtig, daß ich als Ehefrau für diese Schulden mit meinem eigenen Vermögen einstehen muß, wenn wir nicht vor der Eheschließung Gütertrennung vereinbaren?	nein, Rdn. 39
2. Meine Frau ist selbständige Kauffrau, ich bin Beamter. Bedarf es eines Ehevertrages, um für mich jedes persönliche Haftungsrisiko aus dem Geschäft meiner Frau auszuschließen?	nein, Rdn. 39
3. Mein künftiger Ehemann ist überschuldet. Seine Gläubiger haben mehrfach versucht, bei ihm zu vollstrecken. Nach der Heirat wird mein Mann in meine Wohnung ziehen. Muß ich befürchten, daß die Gläubiger meines Mannes die mir gehörende Wohnungseinrichtung pfänden, wenn ich ehevertraglich keine Vorsorge treffe?	nein, aber Rdn. 29, 98
4. Wir haben beide eine gescheiterte Ehe hinter uns. Sollte unsere Ehe geschieden werden, wollen wir vermögensrechtlich so behandelt werden, als wären wir nie verheiratet gewesen.	ja, vgl. 1. Vertragsmuster
5. Meine Eltern wollen mir im Wege der vorweggenommenen Erbfolge ein wertvolles Mehrfamilienhaus schenken, jedoch ausgeschlossen wissen, daß mein Ehemann Miteigentümer wird oder mir Vorschriften machen kann, wie ich das Haus verwalte, ob ich es verkaufe oder nicht, etc.	nein, Rdn. 39/40

6. Meine Eltern wünschen gleichwohl, daß ich mit meinem Ehemann einen Ehevertrag schließe, weil er andernfalls bei Scheidung unserer Ehe einen Anteil am Haus beanspruchen kann. — nein, Rdn. 42

Gilt das auch für Wertsteigerungen des Hauses? Hat mein Ehemann insoweit einen Anspruch auf Zugewinnausgleich, solange wir ehevertraglich nichts Abweichendes vereinbaren? — ja, Rdn. 48, 101

6. Mein künftiger Ehegatte ist an einem Familienunternehmen beteiligt. Seine Eltern verlangen, daß wir Gütertrennung vereinbaren, da nur so eine Gefährdung des Unternehmens aus meinem Anspruch auf Zugewinnausgleich bei Scheidung der Ehe vermieden werden könne. — ja, aber Rdn. 48, 120

7. Mein Mann ist Freiberufler, ich bin Beamtin. Mir geht es darum, daß ich bei einer Scheidung der Ehe nichts von meiner späteren Pension verliere. — ja, Rdn. 68, 70, 107

8. Wir sind beide berufstätig und zahlen Beiträge in die gesetzliche Rentenversicherung. Allerdings zahle ich höhere Beiträge als mein Ehegatte. Bei einer Scheidung soll jeder von uns die Altersversorgung haben, für die er Beiträge gezahlt hat. — ja, Rdn. 70

9. Wir sind 25 und 24 Jahre alt und beide berufstätig. Wir wollen uns weiter beruflich qualifizieren und zunächst auf ein gemeinsames Kind verzichten. Bei einem Scheitern unserer Ehe wollen wir ausgeschlossen wissen, daß der eine für den anderen finanziell verantwortlich bleibt, insbesondere im Falle einer Arbeitslosigkeit. — ja, Rdn. 88

Uns ist geraten worden, in einem Ehevertrag auf Zugewinn- und Versorgungsausgleich und nachehelichen Unterhalt zu verzichten. Sollten wir diesen umfassenden Verzicht für den Fall der Geburt eines Kindes einschränken, da sich für den dann nicht mehr berufstätigen Ehegatten die Situation grundlegend ändert? — ja, Rdn. 92, 95, 105, 112, 113

Ist eine ehevertragliche Regelung möglich, nach der der Unterhaltsanspruch auf die Zeit der Betreuung eines gemeinsamen Kindes beschränkt wird, im übrigen aber ausgeschlossen wird? — ja, Rdn. 114

10. Wir sind beide im vorgerückten Alter und haben jeweils aus einer ersten Ehe Kinder. Wir wollen nicht nur gegenseitig auf alle Ansprüche für den Fall der

I. Beratungsbogen

Scheidung der Ehe verzichten, sondern auch auf etwaige Ansprüche beim Tode eines von uns. Müssen wir zusätzlich zum Ehevertrag Vereinbarungen treffen?   ja, Rdn. 51, 127

11. Mein Mann ist ein (bislang) finanziell erfolgloser Künstler. Als Unternehmerin habe ich ein hohes Einkommen. Ich weiß, daß ich u. U. bei Scheidung der Ehe für den Unterhalt meines Mannes verantwortlich bin. Ich gehe davon aus, daß ich Unterhalt nur in der Höhe schulde, die mein Mann unbedingt zur Bestreitung einer bescheidenen Lebensführung benötigt. Oder ist hierfür ein Ehevertrag erforderlich?   ja, Rdn. 82, 116

12. Bei meinem derzeitigen Einkommen würde meine Frau, die nicht berufstätig ist, bei einer Scheidung ein monatlicher Unterhalt von DM 8000,- zustehen. Ist es möglich, meine Unterhaltszahlung auf einen monatlichen Höchstbetrag, z. B. auf 4000,- DM zu begrenzen und/oder für eine bestimmte Zeit nach Scheidung der Ehe zu befristen?   ja, Rdn. 116

13. Ich werde einen Italiener heiraten, der in München lebt. Wir werden in München die Ehe schliessen. Wir wünschen beide nicht, daß auf unsere Ehe italienisches Recht zur Anwendung kommt.   nein, Rdn. 132

Gilt das auch, falls wir uns später entschließen, in Italien zu leben, oder ist in diesem Fall ein Ehevertrag erforderlich?   ja, Rdn. 132

Ich werde einen Italiener in Mailand heiraten. Wir werden jedoch innerhalb eines Jahres nach Hamburg ziehen, um dort ständig zu leben. Für unsere Ehe soll deshalb deutsches Recht gelten.   ja, Rdn. 134 und 4. Vertragsmuster

14. Wir haben 1962 geheiratet und damals auf Anraten unserer Eltern Gütertrennung vereinbart. Wir wollen uns gegenseitig zum Alleinerben einsetzen und unsere drei Kinder zu Erben des Längstlebenden von uns. Da wir beide über ein erhebliches Vermögen verfügen, ist für uns von Interesse, ob der Güterstand der Gütertrennung irgendeine Bedeutung für die von uns gewünschte Nachlaßregelung hat und ob damit erbschaftsteuerliche Nachteile verbunden sind. Können wir diesen früheren Ehevertrag aufheben?   ja, Rdn. 50, 61–63

15. Wir wollen ein Einfamilienhaus zum Preis von 300 000,- DM kaufen. Aus einer Erbschaft habe ich 200 000,- DM; den Rest werden wir finanzieren.

Wenn jetzt mein Mann Eigentümer des Hauses zur Hälfte wird, möchte ich doch sichergehen, daß das Haus bei einer Scheidung der Ehe mir allein gehört.	ja, Rdn. 140, 146, 150
16. Als Freiberufler habe ich ein hohes Haftungsrisiko. Mir gehört ein Mehrfamilienhaus, das ich vorsorglich auf meinen Ehegatten übertragen möchte. Da wir in Gütertrennung leben, stellt sich für mich die Frage, ob es einer besonderen Vereinbarung bedarf, um sicherzustellen, daß bei einer Scheidung das Haus an mich zurückfällt.	ja, Rdn. 138 ff. und 5. Vertragsmuster
17. Mein Mann ist als Freiberufler einem hohen Haftungsrisiko ausgesetzt. Einen Ehevertrag haben wir bislang nicht geschlossen. Sein Vermögen, das ausschließlich während der Ehe geschaffen wurde, beträgt mehrere Millionen. Mein Mann hat aus erster Ehe ein Kind, zu dem keinerlei Kontakt besteht und das von allen Ansprüchen beim Tode meines Mannes ausgeschlossen sein soll. Mein Mann hat mich zu seiner Alleinerbin eingesetzt, Erben des Längstlebenden von uns sind die beiden gemeinsamen Kinder. Gibt es eine Möglichkeit, durch Ehevertrag (und ggf. weitere Maßnahmen der Vermögenszuordnung) Vermögen vor dem Zugriff der Gläubiger meines Ehemannes zu schützen, zugleich Ansprüche des Kindes aus erster Ehe im Erbfall zu verkürzen, letztlich auch Erbschaftsteuer zu sparen?	ja, Rdn. 165

II. Begriff des Ehevertrages[1]

1. § 1408 Abs. 1 BGB definiert den „Ehevertrag" als den Vertrag, durch den Ehegatten „ihre güterrechtlichen Verhältnisse regeln". Mit „güterrechtlichen Verhältnissen" sind die auf die Ehe bezogenen Vermögensbeziehungen der Ehegatten gemeint, die im Bürgerlichen Gesetzbuch im Abschnitt „Eheliches Güterrecht" geregelt sind: Der gesetzliche Güterstand der Zugewinngemeinschaft und das vertragsmäßige Güterrecht, also die Möglichkeit, durch Ehevertrag Gütertrennung oder Gütergemeinschaft zu wählen. Begrifflich fällt unter den Ehevertrag auch die Aufhebung eines vertraglich vereinbarten Güterstandes, um ihn durch einen anderen zu ersetzen (z. B. Gütertrennung statt Gütergemeinschaft), oder um zum gesetzlichen Güterstand zurückzukehren (z. B. Zugewinngemeinschaft statt Gütertrennung).

Dieses „güterrechtliche" Verständnis vom Ehevertrag ist in zweierlei Hinsicht überholt.

a) Zum einen ist nicht jede Regelung der vermögensrechtlichen Verhältnisse im Rahmen der ehelichen Lebensgemeinschaft „güterrechtlich" (und bedarf auch nicht der Form des Ehevertrages, der notariellen Beurkundung). Ehegatten können in vielfältiger Weise Vereinbarungen treffen, die ihre Grundlage in der Ehe haben, aber auch völlig unabhängig von der ehelichen Lebensgemeinschaft sein können.

1. Beispiel: Die Eheleute erwerben gemeinsam ein Einfamilienhaus. Der Kaufpreis wird zu einem Teil aus Ersparnissen des Mannes und zum anderen Teil aus einem Bankkredit gezahlt, der aus dem Einkommen des Mannes (die Frau ist nicht berufstätig) verzinst und getilgt wird.

Die Ehefrau wird Miteigentümerin des Hauses, ohne daß sie zum Kaufpreis etwas beigesteuert hat. Man spricht von einer „ehebedingten Zuwendung" des Mannes, die aber nicht Gegenstand eines Ehevertrages ist, obgleich die vermögensrechtliche Zuwendung im Rahmen der Verwirklichung der ehelichen Lebensgemeinschaft erfolgt. Unter nicht miteinander Verheirateten ist es kaum vorstellbar, daß sie ohne besondere Absprachen ein Hausgrundstück gemeinsam erwerben, obgleich einer allein den Kaufpreis zahlt und Zinsen und Tilgung des Darlehns trägt. In unserem Beispiel ist die Zuwendung „ehebedingt", ihr liegt die Vorstellung und Erwartung zugrunde, daß die Ehe Bestand haben wird (zu den „ehebedingten Zuwendungen" und den erforderlichen Vorkehrungen für den Fall der Scheidung der Ehe vgl. Rdn. 146).

2. Beispiel: Vor der Eheschließung war die Ehefrau als Chemikerin im Betrieb ihres Mannes beschäftigt; sie übt diese Tätigkeit auch nach der Heirat aus.

Das Arbeits- oder Dienstverhältnis unter den Ehegatten hat mit der ehelichen Lebensgemeinschaft nichts zu tun; es ist nicht „ehebedingt". Die Rechte und Pflichten aus diesem Vertrag sind nicht „eheverträglich", sie waren bereits vor der Eheschließung begründet und sind davon unabhängig, ob die Ehe Bestand hat oder nicht.

4   Alle Vereinbarungen unter Ehegatten, die auch unter Fremden getroffen werden können (z. B. ein Gesellschaftsvertrag), oder mit Rücksicht auf die Ehe („ehebedingt") getroffen werden, meinen nicht die „güterrechtlichen" Verhältnisse, die Gegenstand eines Ehevertrages sind. Gleichwohl kann das Güterrecht bei Scheidung der Ehe von Bedeutung für die Frage sein, ob eine ehebedingte Vereinbarung außerhalb des Ehevertrages, insbesondere eine ehebedingte Zuwendung unter Ehegatten, gültig bleibt oder nicht, ob insbesondere eine ehebedingte Zuwendung nach Auflösung der Ehe zurückgefordert werden kann oder nicht.

> **Beispiel:** Wird die Ehe im 1. Beispielsfall geschieden, kann nach der Rechtsprechung der Mann von seiner Frau grundsätzlich nicht die Übertragung ihres Miteigentumsanteils an dem Einfamilienhaus fordern. Seine Zuwendung wird aber beim Zugewinnausgleich berücksichtigt, wenn die Ehegatten im gesetzlichen Güterstand der Zugewinngemeinschaft lebten.
> Haben die Ehegatten dagegen Gütertrennung vereinbart, findet ein Zugewinnausgleich nicht statt. Ist der Fortbestand der Ehe nicht Geschäftsgrundlage der Zuwendung gewesen, bleibt es unverändert bei den Eigentumsverhältnissen, also Miteigentum von Mann und Frau je zur Hälfte auch nach Scheidung der Ehe.

5   Als erstes Zwischenergebnis ist festzuhalten, daß eine Regelung güterrechtlicher Verhältnisse, die den Abschluß eines Ehevertrages voraussetzt, nur vorliegt, wenn und soweit der Vertrag den **Güterstand** der Ehegatten verändert. Andere Vereinbarungen von vermögensrechtlicher Bedeutung, die auch zwischen nicht miteinander verheirateten Personen getroffen werden können, ihre Grundlage aber in der ehelichen Lebensgemeinschaft haben, sind uneingeschränkt möglich, nach dem Gesetz aber nicht Gegenstand eines Ehevertrages. Sie bedürfen also auch nicht dessen Form. Nach § 1410 BGB muß der Ehevertrag „bei gleichzeitiger Anwesenheit beider Teile zur Niederschrift eines Notars geschlossen werden".

Für Arbeits-, Dienst- oder Gesellschaftsverträge, aber auch für Darlehns- oder Schenkungsverträge unter Ehegatten gelten keine Besonderheiten; sie bedürfen nur dann einer besonderen Form, wenn das Gesetz es ausnahmsweise vorschreibt (z. B. für den Schenkungsvertrag, der nach § 518 Abs. 1 BGB der notariellen Beurkundung bedarf).

6   b) Von weit größerer Bedeutung ist die Aussage, daß der Regelungsinhalt eines Ehevertrages nicht auf Vereinbarungen zum Güterrecht beschränkt ist.

Das zeigt zunächst § 1408 Abs. 2 Satz 1 BGB. Danach können die Ehegatten in einem Ehevertrag durch eine ausdrückliche Vereinbarung auch den Versorgungsausgleich ausschließen.

Mit den in § 1408 BGB ausdrücklich erwähnten ehevertraglichen Vereinbarungsmöglichkeiten, also Vereinbarung der Gütertrennung oder Gütergemeinschaft statt des gesetzlichen Güterstands der Zugewinngemeinschaft

II. Begriff des Ehevertrages

(einschließlich der späteren Änderung eines vertraglich vereinbarten Güterstandes) und des Ausschlusses des Versorgungsausgleichs, sind der Umfang und der Inhalt ehevertraglicher Regelungsmöglichkeiten weiterhin unvollkommen beschrieben.

In zweifacher Hinsicht ist es richtig und notwendig, den Begriff des Ehevertrages in einem weiteren Sinn zu verwenden. Danach versteht man unter einem Ehevertrag alle **ehebezogenen Vereinbarungen von Verlobten und Ehegatten zur Regelung der allgemeinen Ehewirkungen, des ehelichen Güterrechts und (vor allem) der Scheidungsfolgen**.[2]

Ehegatten und Verlobte können in einem Ehevertrag (neben der Regelung ihrer güterrechtlichen Verhältnisse und neben dem Ausschluß des Versorgungsausgleichs) insbesondere Vereinbarungen treffen über
– die allgemeinen Ehewirkungen, wie Ehenamen, Familienunterhalt und eheliche Rollenverteilung (vgl. hierzu Rdn. 22, 23, 27);
– den „nachehelichen Unterhalt", also die Unterhaltspflicht für die Zeit nach der Scheidung, § 1585 c BGB (vgl. hierzu Rdn. 86, 112 ff.), bis zu einem vollständigen und gegenseitigen Verzicht auf nachehelichen Unterhalt;
– die Vermögensauseinandersetzung bei Änderung des Güterstandes, insbesondere bei Vereinbarung der Gütertrennung nach einer längeren Ehe (vgl. hierzu Rdn. 37 und 165);
– die sonstigen Scheidungsfolgen, etwa das Sorgerecht für ein gemeinschaftliches Kind, dessen Unterhalt, die Benutzung der Ehewohnung und die Verteilung des Hausrats, schließlich auch die Kosten des Scheidungsverfahrens, wenn der Ehevertrag mit Rücksicht auf eine beabsichtigte, zumindest mögliche Scheidung der Ehe geschlossen wird.

Der Abschluß des Ehevertrages bei einer intakten Ehe sollte Anlaß geben, **Vorsorge für den Fall des Todes** eines Ehegatten zu treffen, sei es daß ein Erbvertrag mit dem Ehevertrag in derselben Urkunde verbunden wird (§ 2276 Abs. 2 BGB), sei es daß außerhalb des Ehevertrages in gesonderter Urkunde in der Form des eigenhändigen Testaments (auch des gemeinschaftlichen Testaments) letztwillige Verfügungen getroffen werden. Bei bestimmten Fallgestaltungen bedarf der mit dem Ehevertrag verfolgte Regelungszweck zwingend ergänzender erbrechtlicher Vereinbarungen.

Schließlich ist darauf hinzuweisen, daß es in bestimmten Fällen zweckmäßig sein kann, im Zusammenhang mit dem Abschluß eines Ehevertrages **Vermögensdispositionen** zu treffen.

Beispiel: Der Ehemann ist selbständiger Kaufmann und einem hohen Haftungsrisiko ausgesetzt; die Ehefrau Beamtin. Sie haben vor der Eheschließung gemeinsam eine Eigentumswohnung erworben.

Hier kann es richtig sein, daß der Ehemann „im Interesse einer haftungsmäßig günstigen Organisation des Familienvermögens"[3] seinen Miteigentumsanteil an der Wohnung auf seine Frau überträgt, weil sie mit ihrem Vermögen nicht für Verbindlichkeiten des Mannes haftet (vgl. hierzu Rdn. 144 ff.).

Als zweites Zwischenergebnis ist festzuhalten, daß der Regelungsbereich eines Ehevertrages nicht darauf beschränkt ist, die güterrechtlichen Verhältnisse zu regeln und/oder den Versorgungsausgleich auszuschließen, sondern weitergehende Vereinbarungen enthalten kann und häufig erfordert, die neben den allgemeinen Ehewirkungen vor allem vorsorgliche Regelungen für den Scheidungsfall zum Inhalt haben. Ein Ehevertrag sollte Anlaß sein, durch Testament (gemeinschaftliches Testament, Erbvertrag) Vorsorge für den Fall des Todes eines Ehegatten zu treffen. Er kann auch zu der Überlegung führen, zur Vermeidung von Haftungsrisiken, denen ein Ehegatte ausgesetzt ist, Vermögenswerte auf den diesem Haftungsrisiko nicht ausgesetzten Ehegatten zu übertragen.

9   2. Während das 1. Vertragsmuster den Wunsch von Ehegatten verwirklicht, die vermögensrechtlichen Folgen der Eheschließung vorsorglich, soweit gesetzlich zulässig, vollständig auszuschließen, sollen das 2. und 3. Vertragsmuster (mit den in den Erläuterungen vorgestellten Varianten) aufzeigen, welche weiteren Gestaltungsmöglichkeiten im Rahmen und in den Grenzen der Vertragsfreiheit gegeben sind. Diese Gestaltungsbeispiele korrigieren die gesetzliche Regelung in Einzelheiten, weil die Ehegatten hierfür einen sachlichen Grund sehen, sie führen aber nicht zu ihrem völligen Ausschluß.

Wer das Gesetz liest, kann den Eindruck gewinnen, die Ehevertragsfreiheit sei darauf beschränkt, nach dem Prinzip „alles oder nichts" zwischen der gesetzlichen Regelung und ihrem vollständigen Ausschluß zu wählen. Es ist ein verbreiteter Irrtum, man könne lediglich den gesetzlichen Güterstand der Zugewinngemeinschaft (mit Ausgleich des Zugewinns bei Scheidung der Ehe und beim Tod eines Ehegatten) durch die Gütertrennung (die in beiden Fällen zum Ausschluß des Zugewinnausgleichs führt) ersetzen, den Versorgungsausgleich nur insgesamt ausschließen oder auf Unterhalt nach Scheidung der Ehe nur umfassend, bedingungslos und uneingeschränkt verzichten. Richtig ist, daß das Gesetz in §§ 1408, 1414 und 1585c BGB den Ausschluß des Zugewinnausgleichs und des Versorgungsausgleichs und den Unterhaltsverzicht als Möglichkeit vollständiger Abwahl der gesetzlichen Regelung für zulässig erklärt, ohne damit vertragliche Vereinbarungen, die weniger weitgehend sind, verbieten zu wollen.

Eheverträge sind nicht „Konfektionsware"; sie müssen **auf die konkrete Interessenlage**, die durch die persönlichen, beruflichen und wirtschaftlichen Verhältnisse der Eheleute bestimmt wird, im Einzelfall *„passend zugeschnitten"* werden. In der Praxis führen die allerwenigsten Beratungsgespräche mit Ehegatten dazu, daß die gesetzliche Regelung über den Zugewinn- und Versorgungsausgleich und den nachehelichen Unterhalt vollständig ausgeschlossen wird. In der weit überwiegenden Zahl zeigt sich, daß „Zwischen-

II. Begriff des Ehevertrages

lösungen" richtig sind. Man spricht von einer Modifikation des gesetzlichen Modells.

Als drittes Zwischenergebnis ist festzuhalten, daß die ehevertraglichen Vereinbarungsmöglichkeiten nicht auf die vollständige Abwahl der gesetzlichen Regelung beschränkt sind, sondern (nahezu) alle Regelungen erlauben, mit denen unter Beibehaltung des gesetzlichen Güterstands der Zugewinngemeinschaft, des Versorgungsausgleichs und des Unterhaltsrechts auf den konkreten Einzelfall abgestimmte Ausnahmen gefunden werden.[4]

Wünschen z.B. die Ehegatten lediglich für den Fall der Scheidung den Ausschluß des Zugewinns (nicht jedoch für den Fall des Todes), so kann das durch eine Modifikation zum gesetzlichen Güterstand der Zugewinngemeinschaft erreicht werden, ohne daß es der Vereinbarung der Gütertrennung bedarf. Wollen die Ehegatten, die beide berufstätig sind, den Versorgungsausgleich nur für den Fall ausschließen, daß die Ehe kinderlos bleibt, können sie den Ausschluß des Versorgungsausgleichs bedingt[5] vereinbaren, also festlegen, daß der Ausschluß mit der Geburt eines Kindes und dem Verzicht eines Ehegatten auf Berufstätigkeit unwirksam werden soll. Statt des vollständigen und beiderseitigen Verzichts auf Unterhalt nach Scheidung der Ehe können die Ehegatten den Verzicht auf bestimmte Unterhaltstatbestände beschränken, oder etwa den Unterhaltsanspruch des Ehegatten wegen Betreuung eines Kindes aus dem Verzicht ausklammern.

3. Wenn bisher der Fragenkreis Güterrecht, Versorgungsausgleich und nachehelicher Unterhalt im Zusammenhang angesprochen wurde, heißt das selbstverständlich nicht, daß der Ehevertrag zwingend Vereinbarungen zu jedem Gegenstand enthalten muß. Die Ehegatten können daher z.B. Gütertrennung vereinbaren und es bei der gesetzlichen Regelung des Versorgungsausgleichs und des nachehelichen Unterhalts belassen. Der Ehevertrag sagt in diesen Fällen aus, daß ein Korrekturbedarf nur beim Güterrecht gesehen wird, nicht dagegen beim Versorgungsausgleich oder nachehelichen Unterhalt.

4. Die **Ehevertragsfreiheit**, also die freie einvernehmliche Entscheidung der Ehegatten, ob die gesetzlichen Vorschriften Anwendung finden sollen oder nicht, ist **grundsätzlich unbeschränkt**.[6] Die Grenzen der Vertragsfreiheit werden durch das allgemeine Verbot in § 138 BGB („Ein Rechtsgeschäft, das gegen die guten Sitten verstößt, ist nichtig.") und einige spezielle Verbote eingeschränkt. Hierauf wird im jeweiligen Abschnitt über die Vereinbarungsmöglichkeiten zum Güterrecht, Versorgungsausgleich und nachehelichen Unterhalt hingewiesen. Wichtige Verbote gelten für den Bereich der sog. allgemeinen Ehewirkungen, die für die Zeit des Bestehens der Ehe gelten (vgl. Rdn. 21, 27).

III. Abgrenzung Ehevertrag/Scheidungsvereinbarung

12 Von (seltenen) Ausnahmen abgesehen dienen Eheverträge der **Vorsorge für den Scheidungsfall**. Eheverträge sind vorsorgliche Scheidungsvereinbarungen. Von einer Scheidungsvereinbarung oder einer „scheidungserleichternden" Vereinbarung spricht man, wenn die Ehe bereits gescheitert ist, zumindest ein Scheitern der Ehe wahrscheinlich geworden ist, und nun die Ehegatten konkret die Folgen der Scheidung im gegenseitigen Einvernehmen regeln wollen. Zu einer Scheidungsvereinbarung wird es kommen, wenn die Ehegatten zur Vermeidung späterer streitiger Auseinandersetzungen und zur Vereinfachung und Beschleunigung des Scheidungsverfahrens die einverständliche Scheidung wünschen. Eine notariell beurkundete Scheidungsvereinbarung verringert die Anwalts- und Gerichtskosten erheblich. Eine Ehe kann nach einjährigem Getrenntleben aufgrund beiderseitigen Scheidungsantrags oder einseitigen Scheidungsantrags mit Zustimmung des anderen Ehegatten nach §§ 1565, 1566 Abs. 1 BGB geschieden werden, wenn sich die Ehegatten zuvor über die Regelung der Unterhaltspflicht gegenüber einem Kinde, den nachehelichen Ehegattenunterhalt, die Ehewohnung und die Verteilung des Hausrats geeinigt haben (§ 630 Abs. 1 ZPO). In der Regel wird auch eine Vereinbarung über den Ausgleich des Zugewinns und den nachehelichen Unterhalt getroffen, gegebenenfalls auch zum Versorgungsausgleich nach § 1587 o BGB, die auch einen gegenseitigen Verzicht beinhalten kann.

Die Scheidungsvereinbarung ist **nicht** Gegenstand dieses Buchs (vgl. dazu Krenzler: Vereinbarungen bei Trennung und Scheidung, Beck'sche Musterverträge, Band 15[8]).

Der **maßgebliche Unterschied** zwischen einer Scheidungsvereinbarung und einem Ehevertrag (die inhaltlich weitgehend übereinstimmen können) liegt in der Ehesituation. Bei Abschluß eines Ehevertrages ist die Ehe intakt. Die Ehegatten wollen keine Scheidung der Ehe, sie bedenken aber vorsorglich diesen Fall. Bei Abschluß der Scheidungsvereinbarung ist die Ehe gescheitert, der „Ehekonkurs" wird einvernehmlich abgewickelt.

13 Zwischen diesen Ehesituationen (intakte Ehe/gescheiterte Ehe) liegen die Fälle, in denen die Ehe „kriselt", die Ehegatten möglicherweise bereits getrennt leben, sich allerdings noch nicht darüber im klaren sind, ob eine Scheidung der Ehe unvermeidlich ist. In dieser Situation können die Ehegatten sowohl einen Ehevertrag schließen als auch eine Scheidungsvereinbarung treffen. Eine Scheidungsvereinbarung werden sie treffen, wenn es ihnen darum geht, für den konkreten Fall einer kurzfristigen Scheidung einvernehmliche Regelungen zu finden („Sollte einer von uns innerhalb eines Jahres Antrag auf Scheidung der Ehe stellen, so vereinbaren wir für den Fall der Scheidung der Ehe was folgt ..."). Sie werden dagegen einen Ehevertrag schließen, wenn es ihnen um eine generelle Vereinbarung zum Güterstand und/

oder Versorgungsausgleich und/oder nachehelichen Unterhalt geht, die also auch dann Bestand haben soll, wenn sich die Ehegatten wieder versöhnen.[9]

IV. Ehevertragstypen[10]

Die hier vorgestellten Vertragsmuster für Eheverträge und die dazu gegebenen Erläuterungen mit weiteren Vereinbarungsvarianten können nicht mehr als eine Groborientierung über die gesetzliche Regelung und die ehevertraglichen Vereinbarungsmöglichkeiten geben. Es ist eindringlich davor zu warnen, vorschnell zu einem Vertragsmuster zu greifen und dies einem Notar zwecks Beurkundung vorzulegen. Die Beurkundungspflicht für Eheverträge hat ihren guten Grund. Sie stellt sicher, daß der **Notar als unparteiischer Berater beider Ehegatten** vor Abschluß des Ehevertrages ein eingehendes Gespräch mit den Ehegatten führt, um sich zu vergewissern, daß der vorgesehene Vertragsinhalt wirklich gewollt ist und dessen rechtliche Tragweite auch überblickt wird.

Verlobte oder Ehegatten sollen sich zunächst über den Inhalt der gesetzlichen Vorschriften unterrichten und über die Möglichkeiten ehevertraglicher Vereinbarungen, um dann **eigenverantwortlich** zu entscheiden, ob ein Korrekturbedarf besteht, ob sie also durch Ehevertrag die gesetzliche Regelung ganz oder teilweise ausschließen oder zumindest in einzelnen Beziehungen abweichendes festlegen wollen. Der Notar ist nicht Vormund der Ehegatten; er hat ihre Entscheidung auch dann zu respektieren, wenn er sie persönlich für falsch hält.

Zur Meinungsbildung ist es hilfreich, wenn sich die Ehegatten zunächst über ihr persönliches, individuelles Ehemodell Gedanken machen. Das Gesetz orientiert sich an dem Ehetyp „Alleinverdienerehe mit Kind" oder „Hausfrauenehe". Je mehr die eigenen Vorstellungen von diesem Ehetyp abweichen, desto größer ist der Korrekturbedarf. Es ist daher richtig, für Eheverträge Fallgruppen zu bilden, also Ehevertragstypen herauszuarbeiten, die sich an einem **bestimmten gelebten oder beabsichtigten Ehetyp** orientieren, wie dies in den nachstehenden Vertragsmustern geschieht.

Dabei geht es nicht um eine „juristische Geheimwissenschaft", sondern um die banale Erkenntnis, daß sich jede ehevertragliche Vereinbarung an den persönlichen, beruflichen und wirtschaftlichen Verhältnissen der Ehegatten ausrichten muß. Ein „typischer Ehevertrag" geht von einem bestimmten Ehetyp aus; seine Richtigkeitsgewähr setzt also voraus, daß die Ehegatten dieser vorgestellten Fallgruppe angehören.

Was versteht man unter „Ehetypen"?

Vergleichen wir die Situation junger Eheleute, die sich ein Kind wünschen, sobald der Ehemann über ein ausreichendes Einkommen verfügt, so daß die Ehefrau ihren Beruf aufgeben und sich ganz der Familie widmen kann, mit der Situation älterer Eheleute, die beide berufstätig sind und es auch nach der Eheschließung bleiben wollen, womöglich eine gescheiterte Ehe hinter sich haben mit finanziellen Verpflichtungen (Unterhaltszahlungen an den geschiedenen Ehegatten). Es wird deutlich, daß sich ihre Vorstellungen über die Ausgestaltung der ehelichen Lebensgemeinschaft grundlegend unterscheiden.

Zwei weitere Beispiele sollen zeigen, daß sich der Inhalt eines Ehevertrages am „Ehetyp" auszurichten hat:

1. **Beispiel:** Nach zehnjähriger Ehe wünscht der Ehemann den Abschluß eines Ehevertrages mit Vereinbarung der Gütertrennung, Ausschluß des Versorgungsausgleichs und Verzicht auf nachehelichen Unterhalt. Die Ehefrau hat nach der Geburt des ersten Kindes ihre qualifizierte berufliche Tätigkeit aufgegeben, um sich mit Zustimmung ihres Mannes der Betreuung der inzwischen vier Kinder und des Haushalts zu widmen.
2. **Beispiel:** Die Ehefrau ist mit einem „ewigen" Studenten verheiratet. Sie leitet erfolgreich das vom Vater geerbte Unternehmen.

Im 2. Beispiel wird der Wunsch der Ehefrau auf Abschluß eines Ehevertrages mit dem Inhalt des 1. Vertragsmuster vielleicht nicht für ihren arbeitsunwilligen Ehemann, wohl aber für jeden außenstehenden Dritten verständlich sein. Dagegen ist das Verlangen des Ehemannes im 1. Beispiel zu Recht von der Ehefrau als unzumutbar zurückzuweisen.

16 Für unterschiedliche Ehetypen können **Fallgruppen** gebildet werden, die sich schlagwortartig bezeichnen lassen. Im Fall der jungen Eheleute handelt es sich um eine zeitlich befristete (bis zur Geburt eines Kindes) „**Doppelverdienerehe** junger Eheleute mit Kinderwunsch". Im Fall der älteren Eheleute spricht man von einer „**Partnerschaftsehe**" berufstätiger kinderloser Ehegatten". Im Beispiel 1) handelt es sich um eine „**Alleinverdienerehe** mit Kindern" und im Beispiel 2) um eine „**ungewollte Einverdienerehe** einer Unternehmerin".[11]

Der Blick auf die unterschiedlichen Ehetypen ist deshalb bei der Frage nach dem „richtigen" Ehevertrag unverzichtbar, weil das **Gesetz auf einen bestimmten Ehetyp**, nämlich den im Beispiel 1), **zugeschnitten** ist: auf die „Alleinverdienerehe mit Kindern" oder die „Hausfrauenehe".

17 Die gesetzliche Regelung der Scheidungsfolgen (Zugewinn, Versorgungsausgleich, Unterhalt) ist an dem Ehetyp „Hausfrauenehe" ausgerichtet. Sie findet ihre Rechtfertigung in dem Gedanken, daß in einer arbeitsteiligen Ehe der Ehegatte am Vermögenszuwachs und den Anrechten auf eine Altersversorgung (Zugewinn und Versorgungsausgleich) des anderen Ehegatten bei Scheidung der Ehe hälftig zu beteiligen ist, der nach der gemeinsamen Lebensplanung gehindert war, selbst beruflich tätig zu sein, dem anderen jedoch die volle Teilhabe am Berufsleben ermöglichte.[12] Diese Überlegung läßt sich auch wie folgt formulieren: Weil die Ehefrau auf ihr Recht, erwerbstätig zu sein (§ 1356 Abs. 2 Satz 1 BGB), im Interesse der Betreuung und Erziehung der Kinder verzichtet hat und im gegenseitigen Einvernehmen den Haushalt allein führt (§ 1356 Abs. 1 BGB), verzichtet sie auf eigenes Einkommen, damit zugleich auf die Bildung eigenen Vermögens und auf eine ei-

IV. Ehevertragstypen

gene Altersversorgung. Dadurch erhält der Ehemann die Möglichkeit, sich voll und ganz seiner beruflichen Tätigkeit zu widmen, aus seinem Einkommen Vermögen zu bilden und seine Altersversorgung sicherzustellen. Auch das Unterhaltsrecht des geschiedenen Ehegatten (§§ 1569 ff. BGB) ist auf die Hausfrauenehe zugeschnitten; es geht von dem Grundsatz einer über die Ehezeit fortwirkenden personalen Verantwortung beider Ehegatten nach Scheidung aus und unterstellt, daß die **Unterhaltsbedürftigkeit ehebedingt ist**.[13] Wenn § 1570 BGB dem geschiedenen Ehegatten einen Unterhaltsanspruch zubilligt, „solange und soweit von ihm wegen der Pflege oder Erziehung eines gemeinschaftlichen Kindes eine Erwerbstätigkeit nicht erwartet werden kann", ist einsichtig, daß die hierauf zurückzuführende Unterhaltsbedürftigkeit ehebedingt ist. Auch der Grundsatz, daß der Unterhaltsanspruch von einem Verschulden an der Zerrüttung der Ehe unabhängig ist, gewinnt Überzeugungskraft, wenn der Blick auf die Hausfrauenehe mit einem oder mehreren gemeinsamen Kindern ausgerichtet wird.

Die „Richtigkeitsgewähr" des gesetzlich normierten Ehevermögens- und Scheidungsfolgenrechts ist dann in Frage gestellt, wenn die Ehegatten ihrer Lebensgemeinschaft einvernehmlich einen anderen Zuschnitt gegeben haben, also z. B. beide unter Verzicht auf Kinder berufstätig sind. Hier ist nicht ohne weiteres einsichtig, daß der Ehegatte mit dem höheren Einkommen nach Scheidung der Ehe an den anderen Ehegatten Unterhalt leisten soll. Die Ehevertragsfreiheit, also die Möglichkeit, gesetzliche Vorschriften auszuschließen oder zu ändern, ist mithin notwendiges Korrektiv für alle Ehetypen, die sich mehr oder weniger vom Typ der Hausfrauenehe entfernen.

Das Gesetz stellt für die vermögensrechtliche Auseinandersetzung der Ehegatten bei Beendigung der Ehe durch Scheidung nicht darauf ab, ob die Ehegatten eine Hausfrauenehe oder z. B. eine Doppelverdienerehe geführt haben. Es behandelt auch im letzteren Fall den ausgleichs- und unterhaltsberechtigten Ehegatten so, als hätte er in einer arbeitsteiligen Ehe Verzicht geleistet. Das Gesetz selbst nimmt bei Scheidung der Ehe keinerlei Rücksicht auf von der Hausfrauenehe abweichende Ehetypen. Im Beispiel 2) steht daher dem arbeitsunwilligen Studenten die Hälfte des Zugewinns und der Versorgungsanrechte zu, den bzw. die die Ehefrau während der Ehezeit ohne Mithilfe des Ehemannes geschaffen hat, im Zweifel auch ein Unterhaltsanspruch.

Dies wird der ausgleichs- und zahlungspflichtige Ehegatte als ungerecht empfinden. Er wird sich aber vorhalten lassen müssen, es versäumt zu haben, rechtzeitig durch Ehevertrag diese Folgen der Scheidung auszuschließen.

Es ist also zu beachten, daß das Gesetz die Ehetypen, die nicht dem Leitbild der Hausfrauenehe entsprechen, bei Beendigung der Ehe (und ihrer vermögensrechtlichen Liquidation) nicht anders behandelt, wenn die Ehegatten nicht vor oder nach der Eheschließung in eigener Verantwortung die auftretenden Probleme auf ihren Ehetyp ausgerichtet gelöst haben. Die **Notwendig-**

keit eines Ehevertrages ist immer dann gegeben, wenn der von den Ehegatten gelebte Ehetyp von dem der „Hausfrauenehe" abweicht. Das **Maß der Abweichung** bestimmt zugleich den erforderlichen Korrekturbedarf. In unserem Beispiel 2) spricht einiges dafür, daß der völlige Ausschluß des gesetzlichen Scheidungsfolgenrechts, möglicherweise auch des Erbrechts und des Pflichtteilsrechts, angemessen ist. Im Fall der jungen Eheleute mit Kinderwunsch ist der Korrekturbedarf geringer. Nach der Geburt eines Kindes und Verzicht der Ehefrau auf eigene Berufstätigkeit sind die Merkmale des Ehetyps „Hausfrauenehe" oder „Alleinverdienerehe" gegeben, auf den das Gesetz zugeschnitten ist, für den es auch grundsätzlich zu sachgerechten Ergebnissen führt. Ein Korrekturbedarf (i. S. einer ehevertraglichen Vereinbarung) kann dagegen für die Zeit bis zur Geburt eines Kindes gegeben sein, auch für den Fall, daß sich der Wunsch der Ehegatten nach einem Kind nicht erfüllen sollte, also die Ehe kinderlos geschieden wird. Wir haben hier einen Fall, der deutlich macht, daß die Änderung des Ehetyps, nämlich von der Doppelverdienerehe zur Hausfrauenehe mit Kind, einen Wechsel des Ehevertragstyps bedingt, der im 2. Vertragsmuster vorgestellt wird. Beim Abschluß eines Ehevertrages ist stets zu bedenken, daß er auch bei einer Scheidung nach langer Ehedauer deren Folgen verbindlich regelt, also vorhersehbare Änderungen des Ehetyps, insbesondere die veränderte Situation der Ehefrau nach der Geburt eines Kindes, vorsorglich zu berücksichtigen hat.

Aber auch bei einer Hausfrauenehe, auf die die gesetzliche Regelung zugeschnitten ist, kann der Abschluß eines Ehevertrages erforderlich sein. Der Änderungsbedarf wird hier regelmäßig weniger im Bereich des Versorgungsausgleichs und nachehelichen Unterhalts liegen als beim Zugewinnausgleich. Im Beispiel des Unternehmers/Freiberuflers (vgl. 3. Vertragsmuster) und am Beispiel des ererbten oder geschenkten Vermögens (der Wertzuwachs fällt unter den Zugewinnausgleich, vgl. Rdn. 48) wird zu zeigen sein, daß die Herausnahme bestimmter Vermögenswerte aus dem Zugewinnausgleich richtig sein kann, zumindest überlegenswert ist.

Die Erkenntnis, daß der Ehetyp zumindest Anhaltspunkte für den Inhalt des Ehevertrages gibt, hat zur Herausbildung von **„Ehevertragstypen"** geführt. Die **Konzeption von „Ehevertragsmustern"** kann nur eine **erste Orientierungshilfe** geben. Den „richtigen" Ehevertrag können die Ehegatten/Verlobten nur nach dem Beratungsgespräch mit dem Notar unter Berücksichtigung aller Umstände des Einzelfalles selbst festlegen.

19 Das 5. Vertragsmuster und die hierzu gegebenen weiterführenden Hinweise betreffen die Fragen der **Vermögenszuordnung** unter Eheleuten. Auch der richtige Ehevertrag kann einen Ehegatten im Falle der Scheidung der Ehe nicht vor bösen Überraschungen schützen, wenn insbesondere beim Erwerb eines Einfamilienhauses durch den einen oder den anderen Ehegatten oder zum hälftigen Miteigentum das Scheitern der Ehe und das Schicksal einer „ehebedingten" Zuwendung, die ausschließlich im Zugewinnausgleich berücksichtigt wird, nicht bedacht werden. Die „richtige" Vermögenszuord-

V. Vereinbarungsmöglichkeiten

nung unter Eheleuten kann aber auch im Haftungsfall eines Ehegatten von entscheidender Bedeutung sein. Weitgehend unbekannt ist, daß die Zuordnung des Vermögens zum Eigentum des einen oder des anderen Ehegatten im Erbfall Vorsorge vor Pflichtteilsansprüchen und dem Zugriff des Fiskus (Erbschaftsteuer) treffen kann.

Eheleuten sollte bewußt sein, daß der Regelungsbedarf sich in den meisten Fällen nicht auf den Abschluß eines Ehevertrages beschränkt, sondern darüberhinaus letztwillige Verfügungen durch Testament oder Erbvertrag fordert, schließlich auch zu Überlegungen einer Neuordnung des Vermögens führen kann.

V. Vereinbarungsmöglichkeiten zu den allgemeinen Wirkungen der Ehe[14]

Die Praxis zeigt, daß von der Möglichkeit, Vereinbarungen zu den allgemeinen Wirkungen der Ehe zu treffen, kaum Gebrauch gemacht wird. Das hat zwei Gründe. Zum einen ist die Vertragsfreiheit durch strikte gesetzliche Verbote eingeschränkt (z. B. kann auf den Familienunterhalt für die Zukunft nicht verzichtet werden, §§ 1360a Abs. 3, 1614 BGB), zum andern bleiben spätere Verstöße eines Ehegatten gegen die bei Eheschließung getroffene Regelung weitgehend sanktionslos.[15]

20

Die Darstellung der allgemeinen Ehewirkungen und der Vereinbarungsmöglichkeiten hierzu kann sich daher mit Hinweisen begnügen.

Die §§ 1353–1362 BGB enthalten die allgemeinen privatrechtlichen Folgen der Eheschließung in persönlicher und vermögensrechtlicher Hinsicht. Ausdrücklich ist darauf hinzuweisen, daß diese Vorschriften **unabhängig vom Güterstand** gelten, also auch dann, wenn die Ehegatten Gütertrennung oder Gütergemeinschaft vereinbaren.

1. Eheliche Lebensgemeinschaft

§ 1353 BGB lautet:
Die Ehe wird auf Lebenszeit geschlossen. Die Ehegatten sind einander zur ehelichen Lebensgemeinschaft verpflichtet.
Ein Ehegatte ist nicht verpflichtet, dem Verlangen des anderen Ehegatten nach Herstellung der Gemeinschaft Folge zu leisten, wenn sich das Verlangen als Mißbrauch seines Rechtes darstellt oder wenn die Ehe gescheitert ist.

21

Die Ehe wird auf Lebenszeit geschlossen. Sie kann nur durch gerichtliches Urteil auf Antrag eines oder beider Ehegatten geschieden werden. Mit Rechtskraft des Urteils ist die Ehe aufgelöst. Die Voraussetzungen, unter denen die Scheidung begehrt werden kann, sind im Gesetz abschließend geregelt. Nach § 1565 Abs. 1 BGB kann eine Ehe geschieden werden, „wenn sie gescheitert ist". Die Ehe ist gescheitert, wenn die Lebensgemeinschaft der Ehegatten nicht mehr besteht und nicht erwartet werden kann, daß die Ehegatten sie wiederherstellen. Der Gesetzgeber hat das frühere Schuldprinzip durch das sog. Zerrüttungsprinzip ersetzt, das der einzige Scheidungsgrund ist. § 1566 BGB vermutet unwiderlegbar, daß die Ehe gescheitert ist, wenn die Ehegatten seit einem Jahr getrennt leben und beide Ehegatten die Scheidung beantragen oder der Antragsgegner der Scheidung zustimmt. Ist das nicht der Fall, wird das Scheitern der Ehe unwiderlegbar vermutet, wenn die Ehegatten seit 3 Jahren getrennt leben.

§ 1353 BGB und die Scheidungsgründe sind **zwingend**, können also durch Ehevertrag weder ausgeschlossen noch modifiziert werden.[16]

Unzulässig ist daher insbesonder eine Vereinbarung, nach der
– die Ehe nur auf Zeit oder auf Probe geschlossen sein soll („Ehe mit Rücktrittsrecht"), oder nach der sich ein Ehegatte verpflichtet, jederzeit auf Verlangen des anderen der Scheidung zuzustimmen;[17]
– sich die Ehefrau unwiderruflich zur Kinderlosigkeit verpflichtet (durch Methoden zur Empfängnisverhütung), oder auf Wunsch des Mannes zusagt, Verhütungsmittel nicht anzuwenden oder eine Sterilisation auch dann nicht vornehmen zu lassen, wenn dieser Eingriff medizinisch angezeigt ist;[18]
– die Scheidung der Ehe überhaupt oder für einen bestimmten Zeitraum ausgeschlossen wird, oder die Ehegatten sich verpflichten, künftig keinen Scheidungsantrag zu stellen. Wirksam ist aber eine Vereinbarung, in der sich ein Ehegatte für den Fall, daß er einen Scheidungsantrag einreichen sollte, zur Zahlung einer Abfindungssumme an den anderen Ehegatten verpflichtet.

Die Vorschriften über die Scheidung und ihre Voraussetzungen sind zwingend und damit der Disposition der Ehegatten entzogen. Den Ehegatten ist es verwehrt, für ihre Ehe die Möglichkeit der Scheidung abzubedingen oder zusätzliche Scheidungsgründe zu schaffen. Zulässig ist dagegen der Verzicht eines Ehegatten auf sein Scheidungsrecht aus einem bereits entstandenen Scheidungsgrund; hierbei entsteht das Scheidungsrecht neu, wenn eine der im Gesetz vorgesehenen Scheidungstatbestände aufgrund einer neuen Tatsachenlage erfüllt wird.[19]

2. Ehe- und Familienname

22   Seit dem 1.4.1994 ist das Familiennamensrecht in § 1355 BGB neu geregelt. Danach „sollen" die Ehegatten einen gemeinsamen Familiennamen (Ehenamen) bei der Eheschließung bestimmen. Die Ehegatten führen den von ihnen bestimmten Ehenamen. Bestimmen die Ehegatten keinen Ehenamen, so führen sie ihren zur Zeit der Eheschließung geführten Namen auch nach der Eheschließung. Zum Ehenamen können die Ehegatten durch Erklärung gegenüber dem Standesbeamten den Geburtsnamen des Mannes oder

V. Vereinbarungsmöglichkeiten

den Geburtsnamen der Frau bestimmen, nicht dagegen einen früheren Ehenamen. Heiratet die geschiedene Frau Müller geborene Wagner, kann nur ihr Geburtsname Wagner Ehename werden.[20]

Heiratet Frau Rose Herrn Flieder können sie als gemeinsamen Familiennamen entweder Rose oder Flieder bestimmen. Können sie sich nicht einigen, so bleibt es auch nach der Eheschließung bei den Geburtsnamen. Die Ehegatten können jedoch auch nach der Eheschließung jederzeit die Bestimmung eines gemeinsamen Familiennamens nachholen. Diese Erklärung gegenüber dem Standesamt bedarf der öffentlichen Beglaubigung, z. B. durch einen Notar.

Ein Ehegatte, dessen Geburtsname nicht Ehename wird, kann durch Erklärung gegenüber dem Standesbeamten dem Ehenamen seinen Geburtsnamen oder den zur Zeit der Erklärung über die Bestimmung des Ehenamens geführten Namen voranstellen oder anfügen. Wählen Frau Rose und Herr Flieder als Ehenamen den Namen Rose, kann Herr Flieder als seinen Ehenamen entweder Rose-Flieder oder Flieder-Rose bestimmen. Besteht der Name eines Ehegatten aus mehreren Namen, z. B. Müller-Lüdenscheid, so kann nur einer dieser Namen hinzugefügt werden. Diese Erklärung kann jederzeit gegenüber dem Standesbeamten widerrufen werden; damit ist allerdings jede weitere Möglichkeit, dem Ehenamen einen Begleitnamen beizufügen, ausgeschlossen.

Kinder erhalten den Ehenamen ihrer Eltern als Geburtsnamen. Führen die Eltern keinen gemeinsamen Ehenamen, erhalten sie den Namen des Vaters oder der Mutter. Können sich die Eltern innerhalb eines Monats nach der Geburt des Kindes nicht auf einen Namen verständigen, überträgt das Familiengericht das Bestimmungsrecht einem Elternteil (§§ 1616 ff. BGB).

Ein Ehegatte kann ein berechtigtes Interesse haben, bereits vor der Eheschließung die Zustimmung des künftigen Ehepartners zu erhalten, seinen Geburtsnamen zum Ehenamen zu wählen.[21] Zu denken ist an den Fall, daß die Frau ein Unternehmen führt, dessen Firma aus dem Familiennamen der Frau gebildet ist (z. B. „Rose Maschinenbau KG"). Ähnlich kann ein Interesse eines Ehegatten bestehen, daß bei Scheidung der Ehe der andere Ehegatte den Ehenamen ablegt und seinen Geburtsnamen wieder annimmt. Nach § 1355 Abs. 4 Satz 1 BGB behält nämlich der geschiedene Ehegatte den Ehenamen; er ist lediglich berechtigt, durch Erklärung gegenüber dem Standesbeamten seinen Geburtsnamen oder den Namen wieder anzunehmen, den er zur Zeit der Eheschließung geführt hat. Diese Fragen können ehevertraglich verbindlich geregelt werden.[22]

Formulierungsbeispiel:
Frau Rose und Herr Flieder verpflichten sich, zum Ehenamen den Familiennamen der Frau zu wählen. Herr Flieder verpflichtet sich, bei Auflösung der Ehe durch Scheidung den Ehenamen abzulegen und seinen Geburtsnamen Flieder wieder anzunehmen.

Behält jeder Ehegatte bei der Eheschließung den von ihm zur Zeit der Eheschließung geführten Namen, können die Ehegatten verbindlich bestimmen, ob das Kind den Familiennamen des Vaters oder den der Mutter oder einen Doppelnamen erhalten soll.

3. Haushaltsführung und Erwerbstätigkeit

§ 1356 BGB lautet:

(1) Die Ehegatten regeln die Haushaltsführung im gegenseitigen Einvernehmen. Ist die Haushaltsführung einem der Ehegatten überlassen, so leitet dieser den Haushalt in eigener Verantwortung.

(2) Beide Ehegatten sind berechtigt, erwerbstätig zu sein. Bei der Wahl und Ausübung einer Erwerbstätigkeit haben sie auf die Belange des anderen Ehegatten und der Familie die gebotene Rücksicht zu nehmen.

Entsprechend dem heutigen Eheverständnis als einer auf Partnerschaft beruhenden Lebensgemeinschaft **verzichtet das Gesetz** auf ein bestimmtes **Eheleitbild**. Bis zum 1. 7. 1976 gab es das gesetzliche Leitbild der Hausfrauenehe. Dieses ist durch das 1. Gesetz zur Reform des Ehe- und Familienrechts aufgehoben worden, ohne ein neues Leitbild zu setzen. Es ist nunmehr ausschließlich Sache der Ehegatten selbst, eine **Regelung der Aufgabenteilung** zu treffen.[23]

Die Ehegatten können z. B. einvernehmlich festlegen, daß beide auch nach der Eheschließung ihre bisherige berufliche Tätigkeit fortsetzen und die Führung des Haushalts zwischen ihnen aufgeteilt wird. Bei entsprechendem Einkommen kann die Anstellung einer Haushälterin vereinbart werden. Die Ehegatten können bereits vor der Eheschließung festlegen, daß die Frau oder der Mann nicht zur **Erwerbstätigkeit** verpflichtet ist und den Haushalt in eigener Verantwortung führt („Hausfrauenehe/Hausmannehe"). Selbstverständlich können die Ehegatten jederzeit während der Ehe eine andere Aufgabenverteilung beschließen. So wird sich z. B. nach der Geburt eines Kindes die Frage stellen, ob die Frau oder der Mann die Berufstätigkeit aufgibt oder einschränkt, oder ob eine dritte Person zur Betreuung des Kindes eingestellt wird.

Vereinbarungen hierzu in Eheverträgen gibt es allerdings (richtigerweise) kaum. Der Grund liegt darin, daß eine schriftliche Niederlegung des Einvernehmens nicht für erforderlich gehalten wird. Das ist grundsätzlich richtig, da das Einvernehmen der Ehegatten über die Aufgabenverteilung **nicht rechtlich verbindlich** in dem Sinne ist, daß der eine Ehegatte gegen den anderen Ehegatten die von ihm übernommenen Pflichten gerichtlich durchsetzen kann.[24] In Einzelfällen liegt die Sanktionsmöglichkeit in der Regelung der Scheidungsfolgen.

Beispiel: Bei der Eheschließung sind die Ehegatten in einem fortgeschrittenen Alter. Sie sind sich darüber einig, daß beide auch weiterhin voll berufstätig bleiben. Befürchtet ein Ehegatte, daß der andere auch ohne triftigen Grund seinen Beruf aufgibt, um sich ein gutes Leben zu machen, kann zwar nicht für die weitere Ehezeit der Unter-

V. Vereinbarungsmöglichkeiten

haltsanspruch ausgeschlossen werden, wohl aber ein Unterhaltsverzicht für die Zeit nach Scheidung der Ehe vereinbart werden. Wenn zusätzlich der Anspruch auf Zugewinnausgleich und auf Versorgungsausgleich für den Fall der Scheidung der Ehe ausgeschlossen ist, ist der andere Ehegatte, dessen Vertrauen in die bei Eheschließung getroffene Vereinbarung über die eheliche Rollenverteilung enttäuscht wird, weitgehend geschützt.

Wird eine Mitarbeit des einen Ehegatten im Betrieb oder in der Praxis des anderen Ehegatten vereinbart, ist der Abschluß eines Arbeits- oder Dienstvertrages zu empfehlen.[25]

Die **Vereinbarung eines rückzahlbaren Darlehns** kann sachgerecht sein, wenn ein Ehegatte finanzielle Opfer bringt in der Erwartung, hierfür im Laufe der Ehe einen Ausgleich zu erhalten.

Beispiel: Bei der Eheschließung sind beide Ehegatten noch in der Berufsausbildung. Sie verständigen sich, daß zunächst der Mann sein Studium fortsetzt und die Frau berufstätig wird. Nach Abschluß des Studiums soll die Frau ihre Berufsausbildung abschließen können.

Hier ist es richtig, die Aufwendungen der Frau als rückzahlbares Darlehn zu behandeln, um sie davor zu schützen, daß der Mann sein Versprechen nicht einhält, wenn es nach Abschluß seines Studiums zur Scheidung der Ehe kommt. Zur Beweissicherung ist dringend zu empfehlen, diesen Darlehnsvertrag schriftlich zu schließen und in ihm die Einzelheiten der Rückzahlung und Verzinsung festzulegen.

4. Geschäfte zur Deckung des Lebensbedarfs

Nach § 1357 Abs. 1 BGB ist jeder Ehegatte berechtigt,   25
„Geschäfte zur angemessenen Deckung des Lebensbedarfs der Familie mit Wirkung auch für den anderen Ehegatten zu besorgen. Durch solche Geschäfte werden beide Ehegatten berechtigt und verpflichtet, es sei denn, daß sich aus den Umständen etwas anderes ergibt".

Die Bedeutung dieser Vorschrift ist bei einem zeitgemäßen Eheverständnis gering.[26] Die gesetzliche Befugnis, Geschäfte zur Deckung des Lebensbedarfs der Familie mit Wirkung auch für den anderen Ehegatten vorzunehmen („Schlüsselgewalt"), hatte früher eine weit größere Bedeutung, als es noch üblich war, daß die Hausfrau mit dem ihr zugeteilten Haushaltsgeld nicht auskam und beim Händler anschreiben ließ. Der Händler kann die Bezahlung der offenen Rechnung vom Ehemann verlangen, sie notfalls auch ihm gegenüber gerichtlich durchsetzen (Zwangsvollstreckung). Bei der heute üblichen Barzahlung hat die Vorschrift weitgehend ihre Bedeutung verloren. Größere Kreditgeschäfte oder Ratenzahlungsgeschäfte sind von diesem Geschäftsbesorgungsrecht nicht gedeckt.[27] **Größere Anschaffungen**, bei denen erwartet werden kann, daß sich die Ehegatten hierüber vorher verständigen, fallen ebenfalls nicht unter die Vorschrift. Zu nennen ist etwa der Kauf eines Wohnhauses, von Schmuck oder kostbaren Teppichen.[28] Ein Anlaß, die

„Schlüsselgewalt" ehevertraglich auszuschließen, ist daher in aller Regel nicht gegeben. In der juristischen Literatur wird § 1357 BGB als zwingendes Recht angesehen und daher eine Ausschlußmöglichkeit durch Ehevertrag verneint.[29] Nach § 1357 Abs. 2 BGB kann jedoch ein Ehegatte die Berechtigung des anderen Ehegatten, Geschäfte mit Wirkung für ihn zu besorgen, beschränken oder ausschließen, soweit hierfür ein ausreichender Grund vorliegt. Der Ausschluß oder die Beschränkung wirken Dritten gegenüber nur, wenn sie im Güterrechtsregister eingetragen oder dem Dritten bekannt sind. Der Antrag an das Amtsgericht ist in öffentlich beglaubigter Form zu stellen, d. h. nach der Beglaubigung der Unterschrift durch einen Notar.[30] Hierzu wird sich ein Ehegatte z. B. entscheiden, wenn der Ehepartner an einer krankhaften Kaufsucht leidet.

Formulierungsbeispiel für den Antrag an das Amtsgericht:

Ich habe das Recht meines Ehemannes, Geschäfte zur Deckung des Lebensbedarfs der Familie mit Wirkung für mich zu besorgen (§ 1357 BGB), ausgeschlossen. Ich beantrage unter Vorlage der Heiratsurkunde, diesen Ausschluß in das Güterrechtsregister einzutragen.

Mit der Eintragung am Güterrechtsregister wird der Ehegatte für die Zukunft aus Verbindlichkeiten des anderen Ehegatten freigestellt.

26 Zu einer streitigen Auseinandersetzung bei Scheidung der Ehe kann die Frage führen, wer **Eigentümer** etwa des Fernsehgeräts, der Waschmaschine, der Möbel ist, die bei einer Alleinverdienerehe von dem den Haushalt führenden Ehegatten angeschafft worden sind. Grundsätzlich gilt, daß der das Eigentum alleine erwirbt, der auch zahlt.[31] Einem modernen Eheverständnis wird es allerdings weit mehr entsprechen, daß bei Gegenständen der Wohnungseinrichtung die Ehegatten **Miteigentum je zur Hälfte** erwerben.[32] Dies kann auch in einem Ehevertrag vereinbart werden. Bei der Alleinverdienerehe wird durch eine solche Vereinbarung der Zugewinnausgleich praktisch vorweggenommen. Gehören danach aufgrund ausdrücklicher Vereinbarung oder stillschweigenden Einvernehmens Haushaltsgegenstände beiden Ehegatten gemeinsam, fallen sie nicht unter den bei Scheidung der Ehe durchzuführenden Zugewinnausgleich. Sie werden, wenn sich die Ehegatten nicht verständigen können, vom Familienrichter im Scheidungsverfahren verteilt.[33]

5. Der Familienunterhalt

27 § 1360 BGB lautet:

Die Ehegatten sind einander verpflichtet, durch ihre Arbeit und mit ihrem Vermögen die Familie angemessen zu unterhalten. Ist einem Ehegatten die Haushaltsführung überlassen, so erfüllt er seine Verpflichtung, durch Arbeit zum Unterhalt der Familie beizutragen, in der Regel durch die Führung des Haushalts.

Den **Umfang der Unterhaltspflicht** bestimmt § 1360a BGB. Danach umfaßt der angemessene Unterhalt der Familie alles, *„was nach den Verhältnissen*

V. Vereinbarungsmöglichkeiten

der Ehegatten erforderlich ist, um die Kosten des Haushalts zu bestreiten und die persönlichen Bedürfnisse der Ehegatten und den Lebensbedarf der gemeinsamen unterhaltsberechtigten Kinder zu befriedigen." Diese Vorschriften gelten unabhängig vom Güterstand, also auch für Ehegatten, die ehevertraglich Gütertrennung vereinbart haben.[34]

Wichtig ist, daß diese Grundsätze über die gegenseitige Unterhaltspflicht nur Anwendung finden, solange die Ehe besteht und die Ehegatten in **häuslicher Gemeinschaft** leben. Für die Zeit des Getrenntlebens enthalten die §§ 1361, 1361a, 1361b BGB besondere Vorschriften. Unterhaltspflichten geschiedener Ehegatten richten sich nach den §§ 1569ff. BGB. Die Unterhaltsansprüche der Kinder sind in den §§ 1601ff. BGB geregelt.

Die Pflicht beider Ehegatten, aus dem Arbeitseinkommen oder den Erträgnissen des Vermögens Beiträge zum Familienunterhalt zu leisten, umfaßt insbesondere die laufenden Haushaltskosten, Aufwendungen im Krankheitsfall und den Lebensbedarf der gemeinsamen unterhaltsberechtigten Kinder, nicht jedoch den Unterhalt bedürftiger Verwandter eines Ehegatten oder eines nicht gemeinsamen Kindes (Stiefkind).[35]

Wie die Ehegatten die Kosten des Familienunterhalts untereinander aufteilen, ist ihre Sache. Bei einer Doppelverdienerehe mit einem unterschiedlich hohen Einkommen wird in aller Regel ein verhältnismäßiger Anteil festgelegt. Möglich ist es auch, daß die Ehegatten eine hälftige Teilung der Kosten für die Wohnung, Nahrung, etc. vereinbaren, im übrigen davon ausgehen, daß jeder für seinen eigenen Unterhalt aufkommt. Führt ein Ehegatte den Haushalt, erfüllt er damit seine Unterhaltspflicht; zur Aufnahme einer Erwerbstätigkeit ist er grundsätzlich nicht verpflichtet (§ 1360 S. 2 BGB). Diese Vorschrift verdeutlicht, daß die Haushaltsführung gegenüber der Erwerbstätigkeit als gleichwertig angesehen wird; eine Wertung, die letztlich die Prinzipien des Zugewinnausgleichs, Versorgungsausgleichs und nachehelichen Unterhalts rechtfertigt.

Auf weitere Einzelheiten kann hier verzichtet werden, da die Vorschriften über den Unterhalt zwingendes Recht sind.[36] Nach § 1360a Abs. 3 BGB i. V. mit § 1614 BGB kann ein Ehegatte auf den Familienunterhalt für die Zukunft nicht verzichten. Allerdings hat der von den Ehegatten gewählte Zuschnitt ihrer Lebensgemeinschaft Bedeutung für die Unterhaltspflicht. Sind sie sich darüber einig, daß ein jeder von ihnen während der Ehe berufstätig bleiben soll, ist damit auch vorgesehen, daß die Kosten des Familienunterhalts anteilig bestritten werden. Sind sich die Ehegatten darüber einig, daß die Frau nach der Eheschließung ihre Berufstätigkeit aufgibt, um sich ganz dem Haushalt zu widmen, haben sie damit zugleich festgelegt, daß die Kosten des Familienunterhalts vom alleinverdienenden Ehemann aufzubringen sind.[37]

Festzuhalten bleibt, daß durch Ehevertrag ein gegenseitiger oder einseitiger Verzicht auf Unterhalt für die Zeit des Bestehens der Ehe nicht wirksam vereinbart werden kann. Dagegen sind Vereinbarungen über den Unterhalt der Ehegatten nach Scheidung der Ehe bis hin zu einem gegenseitigen und vollständigen Verzicht auf die Gewährung nachehelichen Unterhalts zulässig (§ 1585 c BGB). Unterhaltsvereinbarungen zwischen Getrenntlebenden sind innerhalb gewisser Grenzen zulässig, ein Unterhaltsverzicht für die Zukunft ist hier allerdings auch nichtig.[38]

6. Die Eigentumsvermutung aus § 1362 BGB

29 § 1362 BGB lautet:

(1) Zugunsten der Gläubiger des Mannes und der Gläubiger der Frau wird vermutet, daß die im Besitz eines Ehegatten oder beider Ehegatten befindlichen beweglichen Sachen dem Schuldner gehören. Diese Vermutung gilt nicht, wenn die Ehegatten getrennt leben und sich die Sachen im Besitz des Ehegatten befinden, der nicht Schuldner ist. Inhaberpapiere und Orderpapiere, die mit Blankoindossament versehen sind, stehen den beweglichen Sachen gleich.

(2) Für die ausschließlich zum persönlichen Gebrauch eines Ehegatten bestimmten Sachen wird im Verhältnis der Ehegatten zueinander und zu den Gläubigern vermutet, daß sie dem Ehegatten gehören, für dessen Gebrauch sie bestimmt sind.

Diese (schwer verständliche) Vorschrift dient dem Gläubigerschutz und ist zwingendes Recht, kann also nicht durch Ehevertrag abbedungen werden.[39]

Im Beratungsgespräch mit den Ehegatten ist diese Vorschrift immer dann von Bedeutung, wenn ein Ehegatte **bei der Eheschließung erhebliche Schulden** hat, oder das Risiko gesehen wird, daß ein Ehegatte während der Ehe als selbständiger Kaufmann, Handwerker oder Freiberufler in Vermögensverfall gerät. Ein häufiges Motiv für die Gütertrennung ist die Ausschaltung der Haftung eines Ehegatten für Verbindlichkeiten des anderen Ehegatten. Es wird zu zeigen sein, daß es zur Erreichung dieses (verständlichen) Ziels der Vereinbarung der Gütertrennung nicht bedarf, weil bereits im gesetzlichen Güterstand der Zugewinngemeinschaft eine gegenseitige Schuldenhaftung ausgeschlossen ist. Im übrigen gilt die Eigentumsvermutung aus § 1362 BGB auch bei Vereinbarung der Gütertrennung.

Gerade in den Fällen, in denen der eine Ehegatte bei Eheschließung überschuldet und vermögenslos ist, will der andere Ehegatte aus guten Gründen sichergestellt wissen, daß dessen Gläubiger nicht die **Zwangsvollstreckung** in seine Vermögenswerte, insbesondere nicht in die ihm gehörenden Gegenstände der Wohnungseinrichtung, betreiben. Hier bestimmt aber § 739 ZPO, daß der Gerichtsvollzieher aufgrund der Eigentumsvermutung nach § 1362 BGB Gegenstände der Wohnungseinrichtung pfänden darf, auch wenn sie dem Schuldner nicht gehören. Der andere Ehegatte ist aber nicht rechtlos gestellt; er kann Widerspruchsklage (§ 771 ZPO) erheben, muß dann aber bei Gericht beweisen, daß die gepfändeten Gegenstände sein Eigentum sind. Diese Beweisführung kann aus tatsächlichen Gründen (Verlust der Rechnung) scheitern.

V. Vereinbarungsmöglichkeiten 23

Im Falle des überschuldeten Ehegatten (ähnlich wird die Frage gestellt, 30
wenn ein Ehegatte etwa als selbständiger Kaufmann einen risikoreichen Beruf
ausübt) besteht ein berechtigtes Interesse des anderen Ehegatten, ehevertraglich Vorsorge vor einem Zugriff der Gläubiger auf sein Vermögen zu treffen.[40] Eine empfehlenswerte Möglichkeit ist die **Aufnahme eines Vermögensverzeichnisses**, das dem Ehevertrag beigefügt wird. Der vom Notar beurkundete Ehevertrag ist eine öffentliche Urkunde i. S. des § 415 Abs. 1 ZPO mit der Beweisvermutung der Wahrheit des Erklärungsinhalts.

Zweck ehevertraglicher Vereinbarungen oder Feststellungen über die Eigentumsverhältnisse der im Besitz beider Ehegatten befindlichen beweglichen Sachen ist allein die **Sicherung des Beweises** (zur Widerlegung der Vermutung aus § 1362 BGB), daß bestimmte Gegenstände ausschließlich Eigentum eines Ehegatten sind. Ist der Erwerb des Eigentums (sei er vor oder nach der Eheschließung) eines Ehegatten bewiesen, wird auch dessen Fortbestand vermutet. Die Meinung, eine ehevertragliche Vereinbarung, nach der bestimmte oder sogar alle Vermögensstücke als Eigentum eines Ehegatten gelten sollen, könne die Vermutungswirkung zugunsten der Gläubiger nicht aufheben, verkennt, daß es regelmäßig nicht darum geht, Vermögenswerte des überschuldeten Ehegatten auf den anderen Ehegatten zu übertragen, um sie dem Zugriff der Gläubiger zu entziehen, sondern um den Nachweis, daß etwa die Wohnungseinrichtung voreheliches Vermögen eines Ehegatten ist. Die Aufnahme eines Vermögensverzeichnisses begründet zunächst nur eine Richtigkeitsvermutung im Verhältnis der Ehegatten zueinander (§ 1377 Abs. 1 BGB), vermag aber die Vermutung aus § 1362 BGB nicht zu widerlegen. Derartige Vermögensverzeichnisse können zum Zwecke der Gläubigerbenachteiligung rückdatiert werden. Wird aber das Vermögensverzeichnis dem Ehevertrag als Anlage beigefügt, ist zunächst der urkundliche Beweis für den Zeitpunkt der Aufnahme erbracht. Weist ein Ehegatte mit Hilfe des Vermögensverzeichnisses nach, daß die dort aufgeführten Vermögensstücke bereits vor der Eheschließung in seinem Besitz waren, spricht die gesetzliche Vermutung (§ 1006 Abs. 2 BGB) für sein Alleineigentum.

Rechtlich zulässig ist es, wenn der einem Haftungsrisiko ausgesetzte Ehegatte vor oder nach der Eheschließung ihm gehörende Vermögensstücke auf den anderen Ehegatten überträgt. Die Übertragung wird nach vier Jahren unanfechtbar (§ 134 Insolvenzordnung – InsO – (früher Konkursordnung), § 4 Anfechtungsgesetz – AnfG –). Schließlich kann ehevertraglich vereinbart werden, daß alle künftig angeschafften Hausratsgegenstände Alleineigentum eines Ehegatten werden sollen. Leben die Ehegatten im Güterstand der Zugewinngemeinschaft, gilt für Ersatz von Haushaltsgegenständen § 1370 BGB; danach wird der Ehegatte Eigentümer, dem der ersetzte Gegenstand gehört hat. Für Neuanschaffungen sollte der Beweis des Alleineigentums durch das Aufbewahren der Rechnung gesichert werden. Treffen Ehegatten derartige Vereinbarungen und Feststellungen, sollten sie darauf hingewiesen werden, daß damit das **Risiko einer Pfändung** durch den Gerichtsvollzieher letztlich nicht ausgeschlossen werden kann, wohl aber der **Drittwiderspruchsklage** aus § 771 ZPO zum Erfolg verholfen werden kann, mit der die Pfändung aufgehoben wird.

Möglich ist es auch, daß die Ehegatten im Ehevertrag übereinstimmend feststellen, daß die gesamte Wohnungseinrichtung alleiniges Eigentum des (nicht verschuldeten) Ehegatten ist.

Bei beiden Lösungsvorschlägen bleibt ein gewisses **Beweisrisiko**. Der Gläubiger kann nämlich im Streitfall behaupten, das Vermögensverzeichnis bzw. die Feststellung, die gesamte Wohnungseinrichtung gehöre der Ehefrau, sei falsch; der Ehemann habe in Wirklichkeit ihm gehörende Vermögensgegenstände zur Abwehr des Gläubigerzugriffs auf seine Ehefrau übertragen.[41] Er kann auch behaupten, es handele sich bei dem fraglichen Gegenstand um ein Ersatzstück, das mit dem Geld des Ehemannes angeschafft worden sei. Unentgeltliche Vermögensübertragungen unter Ehegatten, die nicht länger als vier Jahre zurückliegen, können in der Insolvenz und bei Vollstreckungsmaßnahmen vom Gläubiger angefochten werden (§ 134 InsO, § 4 AnfG) mit der Folge, daß die Vermögenswerte so behandelt werden, als wäre noch der Schuldner Eigentümer. Daher ist auch eine ehevertragliche Vereinbarung, nach der der zukünftige Erwerb sämtlicher Gegenstände des gemeinsamen Haushalts stets als Alleineigentum des nicht haftenden Ehegatten anzusehen sein soll, angreifbar.

31 Der sicherste Weg ist (neben der Aufnahme eines Vermögensverzeichnisses zum Zeitpunkt der Eheschließung), die auf den Namen des erwerbenden Ehegatten ausgestellten Rechnungen aufzubewahren.

Formulierungsvorschlag:

Wir stellen übereinstimmend fest, daß sämtliche Gegenstände des ehelichen Haushalts, insbesondere die gesamte Wohnungseinrichtung, alleiniges Eigentum der Ehefrau sind und auch vor der Eheschließung waren. Die Gegenstände sind im einzelnen in dem Vermögensverzeichnis aufgeführt, das dieser Niederschrift als Anlage beigefügt ist.

Haushaltsgegenstände, die anstelle von nicht mehr vorhandenen oder wertlos gewordenen Gegenständen angeschafft werden, werden alleiniges Eigentum der Ehefrau. Im übrigen ist jeweils derjenige von uns alleiniger Eigentümer der Gegenstände, bei denen die Rechnung auf seinen Namen ausgestellt ist.

VI. Steuerliche Auswirkungen von Eheverträgen und Kosten der Beurkundung[42]

32 1. Der Abschluß eines Ehevertrages (die Aufhebung und die Änderung eines Ehevertrages) sind **grundsätzlich ohne steuerliche Bedeutung**. Für die Einkommensteuer ist es gleichgültig, ob die Eheleute im gesetzlichen Güterstand leben, eine Modifizierung des gesetzlichen Güterstandes oder Gütertrennung

VI. Steuerliche Auswirkungen von Eheverträgen

vereinbart haben. Auch Vereinbarungen zum Versorgungsausgleich und zum nachehelichen Unterhalt einschließlich des vollständigen Ausschlusses des Versorgungsausgleichs und des gegenseitigen Verzichts auf nachehelichen Unterhalt sind steuerlich ohne Folge.[43]

Wird bei bestehender Ehe Gütertrennung vereinbart (oder der Anspruch auf Zugewinnausgleich für den Fall der Scheidung der Ehe ausgeschlossen), ist weder der Verzicht auf Ausgleich des bis zu diesem Zeitpunkt entstandenen Zugewinns noch die vereinbarte Ausgleichszahlung schenkungsteuerpflichtig (§ 5 Abs. 2 ErbStG).[44] Überträgt ein Ehegatte bei Vereinbarung der Gütertrennung zum Ausgleich des Zugewinns ein Grundstück (einen Miteigentumsanteil an einem Grundstück), dessen Wert dem Ausgleichsanspruch entspricht, auf den anderen Ehegatten, ist dieser Vorgang weder grunderwerbsteuer- noch schenkungsteuerpflichtig.[45]

(Auf Hinweise zu steuerlichen Fragen der Gütergemeinschaft wird verzichtet, da diese auch im übrigen nicht behandelt wird.)[46]

Von dem Grundsatz steuerlicher Bedeutungslosigkeit ehevertraglicher Vereinbarungen sind **zwei Ausnahmen** zu machen.

- Ist der Ehevertrag in Wirklichkeit eine „scheidungserleichternde" Vereinbarung in dem Sinne, daß die Ehegatten konkret die Folgen der beabsichtigten Scheidung im gegenseitigen Einvernehmen regeln wollen, können steuerliche Überlegungen für die Vertragsgestaltung Bedeutung gewinnen. Da Scheidungsvereinbarungen nicht Gegenstand dieses Buchs sind, wird auf weitere Erläuterungen verzichtet.[47]
- Die güterrechtlichen Vereinbarungen im Ehevertrag können für die Frage der Erbschaftsteuer beim Tode eines Ehegatten von erheblicher Bedeutung sein. Es ist allgemein zu wenig bekannt, daß unbedachte Eheverträge im Erbfall zu einer steuerlichen Mehrbelastung des längstlebenden Ehegatten führen können.

Der Güterstand hat bei der **Erbschaftsteuer** große Bedeutung. Beim gesetzlichen Güterstand steht dem überlebenden Ehegatten im Erbfall ein steuerlicher Freibetrag nach § 5 Abs. 1 ErbStG zu in Höhe der Forderung auf Ausgleich des Zugewinns, den er bei Scheidung der Ehe hätte. Nach dem früheren Erbschaftsteuerrecht wurde vermutet, daß das Endvermögen jedes der Ehegatten während der Ehe erwirtschaftet wurde und ausgleichspflichtig ist. Nunmehr ist diese Ausgleichsforderung konkret zu ermitteln.[48] Ist das Vermögen des verstorbenen Ehegatten insgesamt während der Ehe erwirtschaftet worden, stellt es also Zugewinn dar, bleibt der Nachlaß mit der Hälfte seines Werts für den Überlebenden und zum Alleinerben eingesetzten Ehegatten erbschaftsteuerfrei, wenn er seinerseits keinen Zugewinn erzielt hat.

Hierzu ein **Berechnungsbeispiel**:

Das Nachlaßvermögen des verstorbenen Ehemannes hat einen Wert von 3,0 Mio. DM. Bei der Eheschließung waren beide Eheleute vermögenslos (kein Anfangsvermögen). Die Ehefrau, die den Haushalt geführt hat, hat keinen Zugewinn. Im Falle der Scheidung hätte ihr eine Ausgleichsforderung in Höhe von 1,5 Mio. DM zugestanden.

Dieser Betrag bleibt nach § 5 ErbStG beim Erbfall steuerfrei. Anders ist es beim Anfangsvermögen. Die infolge des Kaufkraftschwunds nur nominale Wertsteigerung des Anfangsvermögens eines Ehegatten während der Ehe stellt keinen Zugewinn dar.[49]

Nach dem neuen Erbschaftsteuerrecht hat der Ehegatte einen Freibetrag in Höhe von DM 600 000,- (ggf. daneben auch einen besonderen Versorgungsfreibetrag nach § 17 ErbStG). Steuerfrei bleiben nach § 13 Abs. 1 Nr. 1 ErbStG der Hausrat einschließlich Wäsche und Kleidungsstücke beim Erwerb durch den Ehegatten, soweit der Wert insgesamt DM 80 000,- nicht übersteigt, und andere bewegliche körperliche Gegenstände, soweit der Wert insgesamt DM 20 000,- nicht übersteigt.

Im Beispielsfall hat die Ehefrau (ohne den besonderen Versorgungsfreibetrag und ohne den steuerfreien Erwerb nach § 13 Abs. 1 Nr. 1 ErbStG) nach Abzug des Freibetrags von DM 600 000,- den steuerpflichtigen Erweb in Höhe von DM 900 000,- mit 15 v.H. zu versteuern, mithin DM 135 000,- Erbschaftsteuer zu zahlen.

Hatten dagegen die Ehegatten ehevertraglich die Gütertrennung vereinbart, entfällt im Erbfall der Zugewinnausgleichsfreibetrag (im Beispiel: 1,5 Mio. DM), so daß die Ehefrau (nach Abzug ihres persönlichen Freibetrages von DM 600 000,-) den steuerpflichtigen Erwerb von 2,4 Mio. DM mit 19 v.H. zu versteuern hat, also das Finanzamt mit DM 456 000,- am Nachlaßvermögen zu beteiligen hat.

Ehegatten, die die Vereinbarung der Gütertrennung erwägen, sollten diesen gravierenden steuerlichen Nachteil im Erbfall bedenken, auch wenn zur Zeit die Vermögensverhältnisse so bescheiden sind, daß eine Besteuerung des Nachlaßvermögens ausgeschlossen ist. Da Grundbesitz nicht mehr mit dem (niedrigen) Einheitswert, sondern grundsätzlich mit dem wirklichen Wert (allerdings regelmäßig mit einem Abschlag von ~30 v.H.) bei der Erbschaftsteuer angesetzt wird, können die allgemeinen Freibeträge bei erheblicher Vermögensbildung während der Ehe (oder aufgrund einer Erbschaft) schnell überschritten werden und zu einer (unnötigen) steuerlichen Belastung im Erbfall führen.

Weiter Berechnungsbeispiele unter Rdn. 142.

Zur Möglichkeit der Korrektur durch Aufhebung der Gütertrennung vgl. Rdn. 165.

34 2. Die Gebühren des Notars für die Beurkundung des Ehevertrages sind gesetzlich in der Kostenordnung geregelt. Die danach zu erhebende Gebühr schließ die **gesamte Tätigkeit** des Notars ein, insbesondere die vorangegangene Beratung, wie schwierig und zeitaufwendig sie auch gewesen sein mag.

Bei Eheverträgen bestimmt sich der Geschäftswert nach dem zusammengerechneten Wert der gegenwärtigen Vermögen beider Ehegatten abzüglich der Schulden.[50]

Beispiel: Die Ehefrau ist Eigentümerin einer Eigentumswohnung mit einem Verkehrswert von 150 000 DM, jedoch belastet mit einem Darlehen von 70 000 DM.

VI. Steuerliche Auswirkungen von Eheverträgen

Ihr sonstiges Vermögen hat einen Wert von 20 000 DM. Der Ehemann hat ein schuldenfreies Vermögen von 40 000 DM. Die zusammengerechneten Vermögen ergeben den Geschäftswert von 140 000 DM für die Beurkundung des Ehevertrages. Die Gebühr des Notars beträgt 640,– DM (zuzüglich Mehrwertsteuer und Schreibauslagen).

Nachfolgend einige Beispiele zur **Höhe der Notargebühr**:

Geschäftswert:	Gebühr
20 000,– DM	200,– DM
40 000,– DM	280,– DM
60 000,– DM	360,– DM
80 000,– DM	440,– DM
100 000,– DM	520,– DM
200 000,– DM	820,– DM
250 000,– DM	1 000,– DM
300 000,– DM	1 120,– DM
500 000,– DM	1 720,– DM
700 000,– DM	2 320,– DM
1 000 000,– DM	3 220,– DM

Betrifft der Ehevertrag nur bestimmte Gegenstände, so ist deren Wert maßgebend. Vereinbaren die Eheleute z. B., daß ein bestimmter Vermögensgegenstand eines Ehegatten beim Zugewinnausgleich ausgenommen sein soll, ist dessen Wert der maßgebliche Geschäftswert.

Besonders hinzuweisen ist auf eine Vorschrift der Kostenordnung, nach der die Gebühr nur einmal berechnet wird, wenn gleichzeitig mit einem Ehevertrag ein **Erbvertrag** beurkundet wird (§ 46 Abs. 3 KostO). Schließen im vorstehenden Berechnungsbeispiel die Eheleute mit dem Ehevertrag einen Erbvertrag, bleibt es bei der Gebühr von 640 DM. Auf weitere Einzelheiten darf hier verzichtet werden. Wer vor Abschluß einer ehevertraglichen Vereinbarung eine Auskunft über die Gebühren haben möchte, kann diese beim Notar erfragen.

B. Vertragsmuster mit Anmerkungen

1. Vertragsmuster

Ehevertrag mit Vereinbarung der Gütertrennung, Ausschluß des Versorgungsausgleichs und Verzicht auf nachehelichen Unterhalt, verbunden mit einem Erb- und Pflichtteilsverzichtsvertrag

Verhandelt am . . . in . . .
Vor dem Notar . . . in . . .
                    erschienen:
1. Frau . . ., städtische Angestellte,
   geboren am 7. Januar 1943 in . . . (Geburts-Reg. Nr. . . .),
2. Herr . . ., Lehrer,
   geboren am 23. Dezember 1941 in . . . (Geburts-Reg. Nr. . . .),
beide wohnhaft . . .
ausgewiesen durch Vorlage ihrer Personalausweise.

Die Erschienenen erklärten:
Wir haben am . . . vor dem Standesbeamten in . . . die Ehe geschlossen. Wir sind deutsche Staatsangehörige. Wir leben im gesetzlichen Güterstand der Zugewinngemeinschaft. Unsere Ehe ist kinderlos. Wir sind beide berufstätig und verfügen über eine ausreichende Altersversorgung.

Wir schließen folgenden
EHEVERTRAG

I.

Vereinbarung der Gütertrennung

1. Wir heben den gesetzlichen Güterstand der Zugewinngemeinschaft auf und vereinbaren für unsere Ehe den Güterstand der Gütertrennung.
2. Der Notar hat uns darauf hingewiesen, daß durch die Vereinbarung der Gütertrennung ein Ausgleich des Zugewinns bei Beendigung der Ehe, insbesondere nach einer Scheidung, nicht stattfindet, und daß sich das gesetzliche Erbrecht und das Pflichtteilsrecht vermindern können. Jeder von uns ist berechtigt, ohne Zustimmung des anderen über sein Vermögen im ganzen, auch über die ihm gehörenden Gegenstände des ehelichen Haushalts, frei zu verfügen.
3. Auf etwa bisher entstandene Ansprüche auf Ausgleich des Zugewinns verzichten wir und nehmen diesen Verzicht gegenseitig an.
4. Eine Aufstellung unseres beiderseitigen Vermögens wollen wir diesem Vertrag nicht beifügen.

5. Wir beantragen die Eintragung der Gütertrennung in das Güterrechtsregister. Der Notar soll jedoch die Eintragung nur auf besondere schriftliche Anweisung eines von uns veranlassen.

II.
Ausschluß des Versorgungsausgleichs

1. Wir schließen den Versorgungsausgleich im Falle einer Scheidung unserer Ehe aus.
2. Der Notar hat uns über die Bedeutung des Ausschlusses des Versorgungsausgleichs belehrt, insbesondere darüber, daß ein Ausgleich der in der Ehezeit erworbenen Anwartschaften oder Aussichten auf eine Versorgung wegen Alters oder verminderter Erwerbsfähigkeit, gleich aus welchem Grund, nach Scheidung unserer Ehe nicht stattfindet. Er hat uns auf die Folgen für die soziale Sicherung im Scheidungsfall hingewiesen.
3. Uns ist bekannt, daß der Ausschluß des Versorgungsausgleichs unwirksam ist, wenn einer von uns innerhalb eines Jahres Antrag auf Scheidung der Ehe stellt. Wir erklären, daß auch in diesem Fall die Vereinbarung der Gütertrennung aufrechterhalten bleiben soll.

III.
Vereinbarung über die Unterhaltspflicht
für die Zeit nach der Scheidung

1. Wir vereinbaren für den Fall der Scheidung unserer Ehe den gegenseitigen und vollständigen Verzicht auf die Gewährung nachehelichen Unterhalts, auch für den Fall der Not, und nehmen diesen Verzicht gegenseitig an.
2. Der Notar hat uns über die Folgen dieses Unterhaltsverzichts belehrt, insbesondere über das Risiko, daß im Falle der Scheidung jeder für sich selbst für den eigenen Unterhalt Sorge zu tragen hat. Wir erklären, daß wir beide über Einkommen aus Berufstätigkeit verfügen und berufstätig bleiben wollen.

IV.
Erb- und Pflichtteilsverzicht

1. Herr . . . verzichtet Frau . . . gegenüber auf sein gesetzliches Erbrecht und auf sein Pflichtteilsrecht.
Frau . . . nimmt diesen Verzicht an.
2. Frau . . . verzichtet Herrn . . . gegenüber auf ihr gesetzliches Erbrecht und auf ihr Pflichtteilsrecht.
Herr . . . nimmt diesen Verzicht an.
3. Der Notar hat die Beteiligten darauf hingewiesen, daß durch diesen Vertrag der Verzichtende von der gesetzlichen Erbfolge ausgeschlossen ist, er auch keinen Pflichtteilsanspruch hat.

V.
Schlußbestimmungen

1. Sollte eine der vorstehenden Vereinbarungen, gleich aus welchem Rechtsgrund, unwirksam sein oder werden, verpflichten wir uns, eine dem wirt-

I. Form und Zeitpunkt des Ehevertrages

schaftlichen Sinn und Zweck der unwirksamen Regelung nächstkommende, wirksame Vereinbarung zu treffen.

2. Letztwillige Verfügungen wollen wir im Zusammenhang mit diesem Ehevertrag nicht treffen.
3. Die mit diesem Vertrag verbundenen Kosten tragen wir je zur Hälfte.

Diese Niederschrift wurde den Erschienenen von dem Notar vorgelesen, von den Erschienenen genehmigt und von ihnen und dem Notar wie folgt eigenhändig unterschrieben:

Inhalt der Erläuterungen

	Rdn.
I. Form und Zeitpunkt des Ehevertrages, Güterrechtsregister	
1. Form	36
2. Zeitpunkt des Ehevertrages	37
3. Eintragung in das Güterrechtsregister?	38
II. Die Zugewinngemeinschaft – Grundzüge der gesetzlichen Regelung	
1. Grundsatz der Vermögenstrennung und selbständigen Vermögensverwaltung	39
2. Zugewinnausgleich bei Scheidung	42
3. Zugewinnausgleich beim Tod eines Ehegatten	49
4. Die Verfügungsbeschränkungen der §§ 1365 ff., 1369 BGB	53
III. Die Gütertrennung	55
IV. Modifizierte Zugewinngemeinschaft statt Gütertrennung	
1. Vor- und Nachteile	59
2. Aufhebung der Gütertrennung	61
V. Die Gütergemeinschaft	64
VI. Der Versorgungsausgleich	
1. Grundzüge der gesetzlichen Regelung	65
2. Ausschluß des Versorgungsausgleichs	68
VII. Unterhalt des geschiedenen Ehegatten	
1. Grundzüge der gesetzlichen Regelung	72
a) Die einzelnen Unterhaltstatbestände	74
b) Unterhaltsbedürftigkeit/ Leistungsfähigkeit	79
c) Maß und Umfang des zu leistenden Unterhalts	82
d) Ausschluß des Unterhaltsanspruchs und sein Erlöschen	84
2. Der Unterhaltsverzicht	86

Erläuterungen zum 1. Vertragsmuster:

I. Form und Zeitpunkt des Ehevertrages, Güterrechtsregister

1. Form

Nach § 1410 BGB muß der Ehevertrag bei gleichzeitiger Anwesenheit beider Ehegatten zur Niederschrift eines Notars geschlossen werden. „Zur Niederschrift eines Notars" heißt, daß der Ehevertrag zu beurkunden ist, es also nicht genügt, wenn die Ehegatten den Vertrag aufsetzen und ihre Unterschriften bei einem Notar beglaubigen lassen.

Das Erfordernis „gleichzeitiger Anwesenheit" schließt den Abschluß des Ehevertrages durch Angebot und Annahme aus.[51] Das Gesetz will sicherstellen, daß beide Ehegatten bei der Beurkundungsverhandlung anwesend sind und unparteiisch von dem Notar über die Bedeutung ihrer Vereinbarungen belehrt werden.

Das Gesetz verlangt nicht den persönlichen Abschluß des Ehevertrages, läßt es also zu, daß ein Ehegatte vertreten wird. Die widerruflich erteilte Vollmacht zum Abschluß eines Ehevertrages bedarf grundsätzlich keiner notariellen Beurkundung.[52] Angesichts der weitreichenden Bedeutung eines jeden Ehevertrags sollte von dieser Möglichkeit nur in Ausnahmefällen Gebrauch gemacht werden, etwa bei einem langfristigen Auslandsaufenthalt eines Ehegatten. Der Notar ist gesetzlich verpflichtet (§ 17 Abs. 2a BeurkG), darauf zu bestehen, daß die Ehegatten persönlich bei der Beurkundungsverhandlung anwesend sind, da er sie nur so belehren und beraten kann.

Ein Ehevertrag, der nicht der Form des § 1410 BGB genügt, ist formnichtig, damit ohne jede rechtliche Verbindlichkeit. Das gilt auch für einen privatschriftlichen Vorvertrag[53] oder die einseitige Verpflichtung eines Ehegatten, in eine vom anderen Ehegatten gewünschte ehevertragliche Vereinbarung einzuwilligen.

In gleicher Weise formbedürftig ist die Aufhebung eines Ehevertrages oder die Änderung eines Ehevertrages.[54] Haben beispielsweise die Ehegatten Gütertrennung vereinbart und wollen nun zum gesetzlichen Güterstand der Zugewinngemeinschaft zurückkehren, kann dies nur in einem vom Notar beurkundeten neuen Ehevertrag geschehen, mit dem die Gütertrennung aufgehoben wird.

2. Zeitpunkt des Ehevertrages

37   Ein Ehevertrag kann vor der Ehe und zu jedem Zeitpunkt während der Ehe geschlossen werden.[55] Wird der Ehevertrag vor der Eheschließung geschlossen, treten seine Wirkungen mit der Eheschließung ein.[56] Unverheiratete Partner können auch vor oder ohne förmliches Verlöbnis einen Ehevertrag schließen.

Ist ein Ehegatte noch nicht volljährig (Vollendung des 18. Lebensjahres), bedarf er der Zustimmung seiner Eltern. Ist gesetzlicher Vertreter ein Vormund/ein Betreuer, bedarf der Ehevertrag auch der Genehmigung des Vormundschaftsgerichts.[57]

Es gilt hier, einen verbreiteten Irrtum auszuräumen, nämlich ein einmal geschlossener Ehevertrag gelte unveränderbar. Richtig ist, daß ein Ehevertrag jederzeit – Einvernehmen der Ehegatten vorausgesetzt – in beliebiger Weise geändert werden kann. Änderbar sind alle Vereinbarungen, also nicht nur die zum Güterstand, sondern auch die zum Versorgungsausgleich und zum nachehelichen Unterhalt. Es ist dringend zu empfehlen, den Inhalt eines Ehevertrages in Zeitabständen zu überprüfen, da sich die persönlichen und wirtschaftlichen Verhältnisse im Laufe der Ehe verändern können, die eine Anpassung der getroffenen Vereinbarungen ratsam sein lassen.

Wird während der Ehezeit der gesetzliche Güterstand der Zugewinngemeinschaft aufgehoben und Gütertrennung vereinbart, entsteht zu diesem

Zeitpunkt die Forderung auf Ausgleich des Zugewinns (vgl. Rdn. 47). Ob und in welcher Höhe eine Ausgleichszahlung erfolgen soll oder ob hierauf verzichtet wird, ist bei Vereinbarung der Gütertrennung zu regeln. Zur Versagung der steuerlichen Anerkennung einer rückwirkenden Aufhebung der Gütertrennung vgl. Rdn. 62.

3. Eintragung in das Güterrechtsregister?

Die praktische Bedeutung des Güterrechtsregisters ist gleich Null.[58] Abgesehen von dem seltenen Fall der Beschränkung oder der Ausschließung des Geschäftsbesorgungsrechts nach § 1357 BGB (vgl. Rdn. 25), der eine Eintragung im Güterrechtsregister voraussetzt, ist für die Vereinbarung der Gütertrennung oder der Gütergemeinschaft die Eintragung im Register nicht erforderlich.[59] Der Ehevertrag ist bereits mit seinem Abschluß wirksam.

Da zudem eine Eintragung im Güterrechtsregister Gerichtskosten auslöst, wird in der Praxis hierauf ausnahmslos verzichtet. Jeder Ehegatte bleibt berechtigt, einseitig zu einem späteren Zeitpunkt die Eintragung zu beantragen.[60]

38

II. Die Zugewinngemeinschaft – Grundzüge der gesetzlichen Regelung

1. Grundsatz der Vermögenstrennung und selbständigen Vermögensverwaltung

Der Wunsch von Eheleuten, den gesetzlichen Güterstand der Zugewinngemeinschaft aufzuheben, bzw. von Verlobten, diesen Güterstand bereits vorab für die künftige Ehe auszuschließen, um durch Ehevertrag Gütertrennung zu vereinbaren, beruht in der weitaus größten Zahl der Fälle auf einem Irrtum über das gesetzliche Güterrecht, als Ordnung der güterrechtlichen Verhältnisse unter den Ehegatten. Dieser Irrtum ist verständlich, legt doch der Begriff Zugewinn „gemeinschaft" es nahe, daß mit Eheschließung das bereits vorhandene und das künftige Vermögen eines jeden Ehegatten „gemeinschaftliches" Vermögen werden mit der weiteren Konsequenz, daß der eine Ehegatte mit seinem Vermögen für Schulden des anderen Ehegatten haftet.[61]

39

Beispiel: Die künftigen Eheleute wollen Gütertrennung vereinbaren, weil der Mann außer Schulden nichts in die Ehe einbringt. Die Frau verfügt über eine Eigentumswohnung mit Wohnungseinrichtung und ein Sparguthaben. Sie befürchtet, daß nach der Heirat die Gläubiger ihres Mannes auf ihr Vermögen zugreifen können, sie also durch die Heirat kraft Gesetzes eine gesamtschuldnerische Haftung für die Verbindlichkeiten ihres Mannes übernimmt.

Diese Befürchtung ist grundlos. Der gesetzliche Güterstand der Zugewinn „gemeinschaft" ist in Wirklichkeit ein Güterstand der **Vermögenstren-**

nung unter **Ausschluß der Haftung** für die Verbindlichkeiten des anderen Ehegatten.[62] Im Prinzip ist die Zugewinngemeinschaft „Gütertrennung mit Ausgleich des Zugewinns".[63] Sie unterscheidet sich von der Gütertrennung allein dadurch, daß bei Beendigung der Ehe (Scheidung oder Tod) der Zugewinn ausgeglichen wird, das ist der Vermögenszuwachs, den die Ehegatten in der Ehe erzielt haben.

§ 1363 Abs. 2 BGB lautet:
Das Vermögen des Mannes und das Vermögen der Frau werden nicht gemeinschaftliches Vermögen der Ehegatten; dies gilt auch für Vermögen, das ein Ehegatte nach der Eheschließung erwirbt. Der Zugewinn, den die Ehegatten in der Ehe erzielen, wird jedoch ausgeglichen, wenn die Zugewinngemeinschaft endet.

In unserem Beispiel wird der Ehemann mit der Eheschließung weder Miteigentümer der Eigentumswohnung und der Wohnungseinrichtung noch Mitberechtigter des Sparguthabens; seine Gläubiger können auf diese Vermögenswerte nicht zugreifen.

Beispiel: Die Eltern der künftigen Ehefrau legen großen Wert darauf, daß ihre Tochter vor der Heirat mit ihrem künftigen Ehemann Gütertrennung vereinbart. Sie haben ihrer Tochter im Wege der vorweggenommenen Erbfolge bereits ein wertvolles Mehrfamilienhausgrundstück übertragen; die Tochter darf auch auf ein reiches Erbe hoffen. Da sie den künftigen Schwiegersohn als geschäftlich unerfahren und leichtsinnig einschätzen, soll er von der Verwaltung des jetzigen und künftigen Vermögens ausgeschlossen sein, auch bei einem Scheitern der Ehe daran nicht teilhaben.

Die elterliche Sorge ist verständlich, aber unberechtigt. Sie ist verständlich, weil die Eltern bei ihrer Eheschließung möglicherweise als gesetzlichen Güterstand den der „Verwaltung und Nutznießung des Mannes am eingebrachten Gut der Frau" kannten. Mit dem Inkrafttreten des Gleichberechtigungsgesetzes, dem 1. 7. 1958, gilt nun die selbständige Vermögensverwaltung.

§ 1364 BGB bestimmt:
Jeder Ehegatte verwaltet sein Vermögen selbständig.[64]

40 Jeder Ehegatte ist daher in der Verwaltung seines eigenen Vermögens völlig frei; das gilt sowohl für die Verwaltung der Aktiva als auch für Schuldenverwaltung.[65] Grundlos ist auch die Befürchtung der Eltern, bei einer Scheidung der Ehe habe der Schwiegersohn einen Anspruch auf Übertragung eines Teils dieses Vermögens auf sich, also z. B. auf Übertragung eines Miteigentumsanteils an dem wertvollen Hausgrundstück. Richtig ist vielmehr, daß sowohl das Hausgrundstück als auch das Vermögen, das die Tochter von ihren Eltern erben wird, nach § 1374 BGB zu dem sog. „Anfangsvermögen" gehören, das bei Scheidung der Ehe nicht ausgleichspflichtig ist. Es gilt aber die Besonderheit, daß die Wertsteigerung des Anfangsvermögens Zugewinn darstellt und daher ausgleichspflichtig ist (Rdn. 48), so daß insoweit

II. Die Zugewinngemeinschaft

eine ehevertragliche Vereinbarung richtig sein kann (s. Formulierungsbeispiel unter Rdn. 101). [66] Die Forderung auf Ausgleich des Zugewinns ist zudem stets eine Geldforderung (von der seltenen Ausnahme in § 1383 BGB einmal abgesehen).

Im Ergebnis bleibt festzustellen, daß für die Zugewinngemeinschaft die Grundsätze der Vermögenstrennung, der selbständigen Vermögensverwaltung und damit auch der getrennten Schuldenhaftung gelten. Diese gelten auch für das Vermögen, das ein Ehegatte nach der Eheschließung erwirbt. Hierunter fallen nicht nur Vermögenswerte, die ein Ehegatte von Todes wegen (als Erbe oder Vermächtnisnehmer) oder durch Schenkung erwirbt, sondern auch alle Vermögenswerte, die er aus seinem Einkommen geschaffen hat.

2. Der Zugewinnausgleich bei Scheidung

Der Grundsatz der Vermögenstrennung und damit fehlender Beteiligung 42
des einen Ehegatten am Vermögen des anderen gilt für die gesamte Ehezeit. Er wird jedoch durchbrochen, wenn die Zugewinngemeinschaft endet.

§ 1363 Abs. 2 Satz 2 BGB bestimmt:

Der Zugewinn, den die Ehegatten in der Ehe erzielen, wird jedoch ausgeglichen, wenn die Zugewinngemeinschaft endet.

Die **Zugewinngemeinschaft endet**
- mit dem Tode eines Ehegatten;
- bei Scheidung der Ehe;
- bei einem vorzeitigen Ausgleich des Zugewinns (d. h. vor Scheidung der Ehe) nach §§ 1385, 1386 BGB;
- mit Abschluß eines Ehevertrages nach der Eheschließung, in dem entweder die Gütertrennung ausdrücklich vereinbart wird, eine bestehende Gütergemeinschaft aufgehoben wird oder zumindest der Ausgleich des Zugewinns für die Zukunft ausgeschlossen wird (§ 1414 BGB);
- mit dem ehevertraglichen Ausschluß des Versorgungsausgleichs. Er führt nach § 1414 Satz 2 BGB zum Eintritt der Gütertrennung, falls die Eheleute nicht ausdrücklich etwas anderes bestimmen.

In ihrer praktischen Bedeutung stehen der Fall der Scheidung der Ehe und des Todes eines Ehegatten im Vordergrund. Bei der Überlegung, ob durch Ehevertrag der Ausgleich des Zugewinns ausgeschlossen werden soll oder nicht, geht es darum, Vorsorge für den Fall des Scheiterns der Ehe (Scheidung) und die sich daran anschließende vermögensrechtliche Auseinandersetzung zu treffen, die schnell zu unschönen Streitigkeiten führen kann. Die Frage, ob die Gütertrennung, die zum Fortfall des Anspruchs auf Zugewinnausgleich führt, der „richtige" Güterstand ist, kann erst dann beantwortet werden, wenn das Prinzip der Zugewinngemeinschaft, der den Zugewinnausgleich rechtfertigende Gedanke, auf Sachrichtigkeit im Einzelfall überprüft ist.

Die Zugewinngemeinschaft ist **auf den Typ der Hausfrauenehe zugeschnitten**.[67] Dem Gedanken, daß bei Scheidung der Ehe (und beim Tod) ein Zugewinn auszugleichen ist, liegt die für die Hausfrauenehe (auch für die „Hausmannsehe") richtige Überlegung zugrunde, daß in einer arbeitsteiligen Ehe der Ehegatte am Gewinn des anderen zu beteiligen ist, der durch die Führung des Haushalts und/oder Betreuung der Kinder gehindert war, beruflich tätig zu sein, damit aber erst dem anderen volle Teilhabe am Berufsleben ermöglicht hat.[68]

> **Beispiel:** Nach der Geburt eines Kindes übt die Ehefrau zunächst ihre Tätigkeit als Lehrerin nicht mehr aus, nach der Geburt weiterer Kinder gibt sie ihren Beruf endgültig auf. Das Einkommen des Ehemanns erlaubt es, daß sich die Frau ganz dem Haushalt und den Kindern widmet. Nach 20 Jahren wird die Ehe geschieden. Der Ehemann konnte dank seines hohen Einkommens Vermögen schaffen: er ist Eigentümer eines Hausgrundstücks, er besitzt Aktien und Bankguthaben.

43 Die gesetzliche Regelung rechtfertigt in diesem Beispiel das Prinzip, daß der Ehegatte, der durch Verzicht auf eigenes Einkommen auch kein Vermögen schaffen konnte, bei Scheidung der Ehe am Zugewinn des anderen, weil gemeinschaftlich erarbeitet, hälftig teilnimmt, also einen Ausgleich in Höhe der Hälfte des Zugewinns in Geld erhält.[69]

Ist der Grundgedanke des Zugewinnausgleichs bei der Hausfrauenehe richtig, kann gleichwohl die schematische Teilung zur Hälfte, die das Gesetz anordnet, „ungerecht" sein, also auch bei der sog. „Hausfrauenehe" Anlaß für ehevertragliche Korrekturen geben.[70]

> **Beispiel:** Die Eheleute haben während des Studiums geheiratet. Der Ehemann war beruflich erfolgreich; er ist Chefarzt einer Klinik. Die Ehefrau hat den Studienabschluß nicht geschafft. Obgleich die Ehe kinderlos ist, lehnt die Ehefrau die Aufnahme einer weniger qualifizierten Berufstätigkeit wegen des hohen Einkommens ihres Mannes als unzumutbar ab.

Hier ist zumindest fraglich, ob der Verzicht auf eigenes Einkommen und das Ausmaß der Mitverursachung des geschaffenen Vermögens es rechtfertigen, dieses Vermögen hälftig zu teilen. Aus der Sicht des ausgleichspflichtigen Ehemanns gilt das um so mehr, wenn die Ehefrau an der ehelichen Lebensgemeinschaft nicht mehr festhalten will, also sie Antrag auf Scheidung stellt.

Rechtfertigt sich der Zugewinnausgleich bei Scheidung aus dem durch Funktionsteilung erzwungenen Verzicht der Hausfrau auf eigenen Erwerb, ist aber dieser Verzicht – wie im Beispiel – gerade nicht ehebedingt, so verliert die gesetzliche Regelung auch an Überzeugungskraft und führt zu einem ehevertraglichen Korrekturbedarf.

> **Beispiel:** Die Eheleute haben ein gleich hohes Einkommen. Der Ehemann ist ein Autonarr und auch im übrigen ausgabefreudig, während die Ehefrau ihr Geld beisammen hält und es in festverzinslichen Wertpapieren anlegt. Bei Scheidung der Ehe hat der Ehemann keinen Zugewinn, die sparsame Ehefrau dagegen ein während der Ehe geschaffenes Vermögen von DM 200 000,–.

II. Die Zugewinngemeinschaft

Bei einem unterschiedlichen Ausgabeverhalten führen die gesetzlichen Vorschriften über den Zugewinnausgleich, die hierauf keine Rücksicht nehmen, zu ungerechten Ergebnissen, da nicht einzusehen ist, warum die Ehefrau bei Scheidung der Ehe DM 100 000,- an ihren Mann auszugleichen hat. Die Ehefrau ist gut beraten, mit einem Ehevertrag für den Fall der Scheidung der Ehe den Zugewinnausgleich auszuschließen.

Die **Berechnung des Zugewinns** bei Scheidung der Ehe erfolgt anhand einer zunächst simplen Subtraktion. Nach § 1373 BGB ist Zugewinn *„der Betrag, um den das Endvermögen eines Ehegatten das Anfangsvermögen übersteigt"*. Endvermögen und Anfangsvermögen sind Rechnungsgrößen.[71] Endvermögen ist das Vermögen, das einem Ehegatten nach Abzug der Verbindlichkeiten bei der Beendigung des Güterstandes (i.d. Regel bei Scheidung: Berechnungszeitpunkt ist die Rechtshängigkeit des Scheidungsantrags, § 1384 BGB) gehört, § 1375 Abs.1 Satz 1 BGB. Anfangsvermögen ist das Vermögen, das einem Ehegatten nach Abzug der Verbindlichkeiten beim Eintritt des Güterstandes (i.d. Regel bei Eheschließung) gehört, § 1374 Abs.1 BGB. Übersteigt der Zugewinn des einen Ehegatten den Zugewinn des anderen, so steht die Hälfte des Überschusses dem anderen Ehegatten zu, § 1378 Abs.1 BGB.

44

Beispiel: Beträgt das Endvermögen des Ehemannes bei Scheidung der Ehe 500 000,-DM, sein Anfangsvermögen 100 000,- DM (jeweils nach Abzug der Verbindlichkeiten), so hat er einen Zugewinn von 400 000,- DM. Beträgt das Endvermögen der Ehefrau 50 000,- DM, ihr Anfangsvermögen 20 000,- DM, so hat sie einen Zugewinn von 30 000,- DM. Der Zugewinn des Ehemannes (400 000,- DM) übersteigt den Zugewinn der Ehefrau (30 000,- DM) um 370 000,- DM. Die Hälfte dieses Überschusses steht der Ehefrau zu, die also eine Ausgleichsforderung in Geld in Höhe von 185 000,- DM gegen ihren Ehemann hat.

Das Gesetz ordnet für die Ermittlung des End- und des Anfangsvermögens als Vergleichsgrößen zur Berechnung des Zugewinns bestimmte Hinzurechnungen oder Abzüge an. Zunächst sind sowohl vom Anfangs- als auch vom Endvermögen die Verbindlichkeiten abzuziehen.

Beispiel: Die Ehefrau ist Eigentümerin eines Mehrfamilienhauses mit einem Verkehrswert von 500 000,- DM. Der Verkehrswert entspricht dem Kaufpreis, der mit einem Darlehen von 300 000,- DM finanziert wurde, auf das inzwischen 30 000,- DM zurückgezahlt sind. Der restliche Kaufpreis von 200 000,- DM stammt aus eigenen Mitteln, die aus dem Einkommen während der Ehezeit erwirtschaftet wurden. Das Hausgrundstück ist also bei der Berechnung des Zugewinns unter Abzug der Darlehensverbindlichkeiten mit einem Wert von 230 000,- DM anzusetzen.

Für die **Ermittlung des Anfangsvermögens** gilt nach § 1374 Abs.1, 2. Halbsatz BGB die Besonderheit, daß die Verbindlichkeiten nur bis zur Höhe des Vermögens abgezogen werden. Bei der Berechnung des Zugewinns kann also das Anfangsvermögen nie negativ sein.[72] Bringt ein Ehegatte ausschließlich Verbindlichkeiten „in die Ehe ein", oder sind die Passiva höher als die Aktiva, ist es notwendig, eine Benachteiligung des anderen Ehegatten durch Ehevertrag auszuschließen (vgl. Rdn. 98).

45

Bei vielen Eheleuten gibt es die (unrichtige) Vorstellung, daß Vermögensgegenstände, die einer von ihnen während der Ehe durch **Schenkung oder als Erbe** erhält, in das ausgleichspflichtige Vermögen einbezogen werden. Richtig ist, daß diese Vermögensgegenstände dem (nicht ausgleichspflichtigen) **Anfangsvermögen** zugerechnet werden.[73]

§ 1374 Abs. 2 BGB lautet:
Vermögen, das ein Ehegatte nach Eintritt des Güterstandes von Todes wegen oder mit Rücksicht auf ein künftiges Erbrecht, durch Schenkung oder als Ausstattung erwirbt, wird nach Abzug der Verbindlichkeiten dem Anfangsvermögen hinzugerechnet, soweit es nicht den Umständen nach zu den Einkünften zu rechnen ist.

Zu diesem „privilegierten" Erwerb zählt:[74]
- alles, was einem Ehegatten als Erwerb von Todes wegen zufällt. Das ist der Erwerb als Erbe (auch als Miterbe, Vorerbe und Nacherbe[75]), der Erwerb aus Vermächtnis und Pflichtteil. Hierzu zählen auch Abfindungsansprüche oder Gegenleistungen für den Verzicht auf die Geltendmachung von Pflichtteilsansprüchen.
- der Erwerb mit Rücksicht auf ein künftiges Erbrecht. Das sind Vermögenswerte, die der Ehegatte in vorweggenommener Erbfolge übertragen erhalten hat (z. B. das von den Eltern geschenkte Grundstück); hierzu zählt auch, was als Ersatz für das Erbrecht oder das Pflichtteil an einen Ehegatten geleistet wurde (z. B. ein Geldbetrag für einen Erbverzicht oder den Verzicht auf Pflichtteilsansprüche, auch das, was das nichteheliche Kind durch vorzeitigen Erbausgleich erhalten hat).
- der Erwerb aus Schenkung und Ausstattung, überhaupt alles, was dem Ehegatten unentgeltlich zugewendet worden ist.

Dem Anfangsvermögen sind diese Erwerbe nicht hinzuzurechnen, soweit sie „den Umständen nach zu den Einkünften zu rechnen" sind. Hiermit sind in erster Linie solche Beträge gemeint, die die Eltern eines Ehegatten etwa während eines Studiums als Zuschuß zur Bestreitung des gemeinsamen Haushalt geleistet haben.[76]

Zur Klarstellung: Was ein Ehegatte vor der Eheschließung von Todes wegen oder durch Schenkung erhalten hat, gehört bereits nach § 1374 Abs. 1 BGB zu dem (nicht ausgleichspflichtigen) Anfangsvermögen.

Maßgeblicher Zeitpunkt, zu dem das Anfangsvermögen zu ermitteln ist, ist der „Eintritt des Güterstandes", also regelmäßig der Tag der Eheschließung, sonst das Datum eines Ehevertrages, mit dem ein vertraglicher Güterstand (Gütertrennung, Gütergemeinschaft) aufgehoben wird und Zugewinngemeinschaft vereinbart wird.[77]

Dem **Endvermögen**, also dem Vermögen, das jedem Ehegatten nach Abzug der Verbindlichkeiten bei der Beendigung des Güterstandes gehört, werden nach § 1375 Abs. 2 BGB die Beträge hinzugerechnet, um den dieses Endvermögen dadurch vermindert ist, daß ein Ehegatte während der Ehe

II. Die Zugewinngemeinschaft

– unentgeltliche Zuwendungen gemacht hat, durch die er nicht einer sittlichen Pflicht oder einer auf den Anstand zu nehmenden Rücksicht entsprochen hat,
– Vermögen verschwendet hat oder
– Handlungen in der Absicht vorgenommen hat, den anderen Ehegatten zu benachteiligen.

Eine Hinzurechnung scheidet allerdings aus, wenn das Ereignis länger als 10 Jahre zurückliegt oder der andere Ehegatte mit der unentgeltlichen Zuwendung oder der Verschwendung einverstanden gewesen ist.

Beispiel: Da die Scheidung der Ehe absehbar ist, überträgt der Ehemann Aktien, die er aus seinem Einkommen während der Ehe erworben hat, als „Vorsorgemaßnahme für die Scheidung" auf eine ihm nahestehende Person.

Solche Manipulationen zur Verkürzung des Zugewinnausgleichsanspruchs untersagt das Gesetz; der Wert der Aktien wird dem Endvermögen zugerechnet und fällt unter den Zugewinnausgleich.

Maßgebend für die Berechnung des Endvermögens ist bei der Scheidung der **Zeitpunkt** der Rechtshängigkeit des Scheidungsantrags (§ 1384 BGB), das ist der Tag der Zustellung des Scheidungsantrags. Zugewinn, den ein Ehegatte nach diesem Zeitpunkt bis zur Rechtskraft des Urteils erzielt, ist also nicht mehr ausgleichspflichtig, selbst bei einem mehrjährigen Scheidungsverfahren, wohl aber der Zugewinn aus der Zeit des Getrenntlebens.

„**Bilanzstichtag**" zur Ermittlung des Zugewinns ist in aller Regel für das Anfangsvermögen der Tag der Eheschließung, für das Endvermögen der Zeitpunkt der Beendigung des Güterstands, also regelmäßig Rechtshängigkeit des Scheidungsantrags.

Für das Anfangsvermögen werden die Werte zugrunde gelegt, den das bei der Eheschließung vorhandene Vermögen in diesem Zeitpunkt hatte, für das dem Anfangsvermögen hinzuzurechnende Vermögen (der „privilegierte" Erwerb von Todes wegen, Schenkung etc.) der Wert, den es im Zeitpunkt des Erwerbes hatte. Bei der Berechnung des Endvermögens wird der Wert zugrunde gelegt, den das bei Beendigung des Güterstandes vorhandene Vermögen zu diesem Zeitpunkt hat. Entsprechendes gilt für die Bewertung von Verbindlichkeiten (§ 1376 BGB).

Aktiva und Passiva sind mit ihrem vollen **wirklichen Wert**[78] anzusetzen, nicht etwa mit ihrem Steuerwert. Grundstücke sind daher mit dem Verkehrswert, Wertpapiere mit dem Tageskurs anzusetzen, dingliche Nutzungsrechte (z. B. Nießbrauch) sind zu kapitalisieren. Schwierigkeiten der Bewertung ergeben sich für die Praxis eines Freiberuflers, ein einzelkaufmännisches Unternehmen oder eine Unternehmensbeteiligung.[79] Ein land- oder forstwirtschaftlicher Betrieb, der bei der Berechnung des Anfangsvermögens und des Endvermögens zu berücksichtigen ist, ist mit dem Ertragswert anzusetzen.[80]

Die **Differenz** zwischen dem Endvermögen und dem Anfangsvermögen ergibt den **Zugewinn** eines jeden Ehegatten. Der Ehegatte, der den höheren Zugewinn erzielt hat, hat die Hälfte des Überschusses an den anderen Ehegatten in Geld auszugleichen. Diese **Ausgleichsforderung** entsteht nach § 1378 Abs. 3 Satz 1 BGB mit der Beendigung des Güterstandes, also bei Scheidung mit Rechtskraft des Scheidungsurteils. Übersteigt die an sich geschuldete Summe den Wert des Nettovermögens des ausgleichspflichtigen Ehegatten bei Beendigung des Güterstands, so wird die Ausgleichsforderung auf den Betrag des Nettovermögens gekürzt (§ 1378 Abs. 2 BGB).

Außer im Fall der Scheidung der Ehe ist der Zugewinn dann auszugleichen, wenn der Güterstand in anderer Weise beendet wird, insbesondere durch Vereinbarung der Gütertrennung. Vereinbaren Eheleute Gütertrennung nach der Eheschließung, entsteht mit Abschluß des Vertrages eine Ausgleichsforderung des Ehegatten, der während der Ehezeit bis zu diesem Zeitpunkt den geringeren Zugewinn hatte. Ob und in welcher Weise der Zugewinnausgleich durchgeführt werden soll, ist Gegenstand des Ehevertrages. Soll er nicht durchgeführt werden, ist ein entsprechender Verzicht zu erklären (Erlaßvertrag).

Der ausgleichsberechtigte Ehegatte hat sich auf seine Forderung das **anrechnen** zu lassen, was ihm von dem anderen Ehegatten durch Rechtsgeschäft unter Lebenden mit der Bestimmung zugewendet ist, daß es auf die Ausgleichsforderung angerechnet werden soll (§ 1380 Abs. 1 BGB). Im Zweifel gilt, daß Zuwendungen dann angerechnet werden sollen, wenn ihr Wert den Wert von Gelegenheitsgeschenken übersteigt, die nach den Lebensverhältnissen der Ehegatten üblich sind.[81] Anzurechnen sind insbesondere auch alle Schenkungen und ehebedingte Zuwendungen (hierzu Rdn. 103 und 146 ff.), die ein Ehegatte dem anderen während der Ehe gemacht hat.

48 Berechnung und Durchführung des Zugewinns bei Scheidung lassen „Schwachstellen" erkennen, die selbst beim gesetzlichen Leitbild der Hausfrauenehe, weit mehr bei anderen Ehetypen, Anlaß für ehevertragliche Korrekturen geben, sei es durch Vereinbarung der Gütertrennung, sei es – weniger einschneidend – durch Modifizierung der Zugewinngemeinschaft.

Hierzu folgende Beispiele:

1. Beispiel: Die Ehefrau hat im Wege der vorweggenommenen Erbfolge von ihren Eltern Ackerland erhalten (Verkehrswert damals: 20 000,– DM), das in der Folgezeit Bauland wird (Verkehrswert heute: 600 000,– DM). Bei Scheidung der Ehe wird sie die Forderung des Mannes, die Wertsteigerung des Grundbesitzes in den ausgleichspflichtigen Zugewinn einzubeziehen, als Unfug bezeichnen, weil der weiterhin unbebaute Grundbesitz zu ihrem Anfangsvermögen gehört.

Sie wird sich belehren lassen müssen, daß nach der Rechtsprechung[82] außerordentliche Wertsteigerungen des Anfangsvermögens ausgleichspflichtigen Zugewinn darstellen, also in der Tat die Wertsteigerung in Höhe von 580 000,– DM mit der Hälfte (290 000,– DM) an den Ehemann herauszuzahlen ist, wenn dieser keinen Zugewinn erzielt hat.

Dieses Ergebnis ist die Konsequenz der Bewertung von Anfangs- und Endvermögen mit dem jeweiligen Zeitwert. Der Umstand, daß reine Wertsteige-

II. Die Zugewinngemeinschaft 41

rungen (abgezogen wird lediglich die Geldentwertung[83]) ausgleichspflichtigen Zugewinn darstellen, obgleich der Wertzuwachs nicht das Ergebnis der Mitarbeit des Ehegatten ist, wird allgemein als ungerecht empfunden, zumal wenn es den ausgleichspflichtigen Ehegatten im Ergebnis dazu zwingt, die Hälfte des Grundbesitzes zu verkaufen.

Zu den ehevertraglichen Vereinbarungsmöglichkeiten vgl. Rdn. 101, 102.

2. Beispiel: Der Ehemann erbt während der Ehe die Beteiligung an einem Unternehmen (Wert im Zeitpunkt des Erbfalls: 100 000,- DM). Dank seiner guten Unternehmensführung und sparsamer Entnahmen wächst das Unternehmen in den Folgejahren; bei Scheidung der Ehe stellt die Beteiligung einen Wert von 1 100 000,- DM dar.

Bereits im ersten Beispiel haben wir gesehen, daß die Wertsteigerungen des Anfangsvermögens (abzüglich der Geldentwertung) ausgleichspflichtigen Zugewinn darstellen, ein rechtliches Ergebnis, das in den meisten Fällen den Eheleuten unbekannt und vom ausgleichspflichtigen Ehegatten auch als ungerecht angesehen wird. Hier kommt ein weiteres Problem hinzu. Unterstellen wir, daß der ausgleichspflichtige Zugewinn allein in der Wertsteigerung der Unternehmensbeteiligung besteht, der Ehemann auch über kein sonstiges Vermögen verfügt, hat er nach Scheidung der Ehe an seine frühere Frau (nach Abzug der Geldentwertung, die für das Rechenbeispiel mit 50 000,- DM angenommen werden soll), 475 000,- DM zu zahlen. Diese Zahlungsverpflichtung kann nicht nur zur Existenzgefährdung des Ehemannes führen, sondern das ganze Unternehmen in wirtschaftliche Schwierigkeiten bis zur Notwendigkeit der Liquidation treiben.

Zu den ehevertraglichen Vereinbarungsmöglichkeiten vgl. Rdn. 120.

Im **Gebiet der neuen Bundesländer** gilt seit dem 3.10.1990 das Güterrecht des BGB, d.h. der bis dahin geltende gesetzliche Güterstand der Eigentums- und Vermögensgemeinschaft des DDR-FGB ist von Gesetzes wegen in den gesetzlichen Güterstand der Zugewinngemeinschaft übergeleitet. Dies gilt nicht, wenn und soweit die Ehegatten etwas anderes vereinbart haben oder wenn ein Ehegatte bis zum 2.10.1992 eine notariell beurkundete Fortsetzungserklärung gegenüber einem Kreis- oder Amtsgericht abgegeben hat.

Im Falle der Überleitung der Eigentums- und Vermögensgemeinschaft in die Zugewinngemeinschaft erfolgt der Vermögensausgleich, sobald es zum Zugewinnausgleich kommt, in zwei Schritten: das bis zum 2.10.1990 begründete Allein- und Gemeinschaftseigentum wird abzüglich der Verbindlichkeiten mit dem Wert zum 3.10.1990 beim jeweiligen Anfangsvermögen berücksichtigt, sodann der Zugewinn ab 3.10.1990 festgestellt. Eine rückwirkende Ausdehnung des Zugewinnausgleichs auf das ab Ehebeginn angesammelte Gesamtvermögen ist ausgeschlossen. Ein Ausgleichsanspruch nach § 40 FGB – DDR kommt auch nach Überleitung des DDR-Güterstandes in die Zugewinngemeinschaft in Betracht und kann gesondert geltend gemacht werden.[84]

3. Zugewinnausgleich beim Tod eines Ehegatten

49 Die gesetzliche Regelung des Zugewinnausgleichs im Todesfall gibt den Ehegatten selten Anlaß, ehevertragliche Vereinbarungen zu treffen. In einer intakten Ehe geht es beim Ehevertrag nahezu ausschließlich um die vorsorgliche Konfliktlösung für den Fall der Scheidung. Soll diese durch Vereinbarung der Gütertrennung erreicht werden, werden allzu häufig die (schädlichen) erbrechtlichen Konsequenzen nicht gesehen. Auch manche Rechtsberater empfehlen allzu vorschnell die Gütertrennung, wenn diese für den Fall der Scheidung der Ehe zu sachgerechten Ergebnissen führt. Selbst wenn im Zusammenhang mit der Gütertrennung deren erbrechtliche Auswirkungen durch eine gegenseitige Erbeinsetzung der Eheleute „gemildert" werden, ist der vollständige „Ausstieg" aus dem Güterstand der Zugewinngemeinschaft mit Nachteilen verbunden, die im Einzelfall folgenschwer sein können.

Der Ausgleich des Zugewinns beim Tod eines Ehegatten erfolgt in aller Regel über die „**erbrechtliche Lösung**". Der Zugewinnausgleich wird dadurch verwirklicht, daß sich der gesetzliche Erbteil des überlebenden Ehegatten pauschal um ein Viertel der Erbschaft erhöht, unabhängig davon, ob die Ehegatten tatsächlich einen Zugewinn erzielt haben (§ 1371 Abs. 1 BGB). Der Vorteil dieser erbrechtlichen Lösung liegt darin, daß im Erbfall auf die konkrete Berechnung des Zugewinns verzichtet wird, damit auch Streitigkeiten zwischen dem überlebenden Ehegatten und den Kindern oder sonst erbberechtigten Verwandten des verstorbenen Ehegatten vermieden werden.

Beim Güterstand der Zugewinngemeinschaft wird der überlebende Ehegatte nach § 1931 BGB unter Einbeziehung der Zugewinnausgleichspauschale gesetzlicher Erbe:
– neben den Abkömmlingen des verstorbenen Ehegatten (das sind seine Kinder, beim Vorversterben eines Kindes seine Enkelkinder) zur Hälfte;
– neben Verwandten der zweiten Ordnung (das sind die Eltern des Erblassers und deren Abkömmlinge) und neben den Großeltern des Erblassers zu Dreiviertel;
– in allen übrigen Fällen ist der überlebende Ehegatte Alleinerbe.

Die gesetzliche Erbfolge gilt nur dann, wenn der verstorbene Ehegatte nicht durch Testament (Erbvertrag) anderes bestimmt hat. Haben sich die Eheleute gegenseitig zum alleinigen Erben eingesetzt, geht diese letztwillige Verfügung vor.

50 Wird der überlebende Ehegatte nicht Erbe und steht ihm auch kein Vermächtnis zu, so kann er Ausgleich des Zugewinns nach den Vorschriften verlangen, die für den Fall der Scheidung der Ehe gelten. Diese **güterrechtliche Lösung** gilt, wenn der Erblasser durch eine letztwillige Verfügung (Testament/Erbvertrag) seinen Ehegatten enterbt hat, indem er andere Personen (z. B. seine Kinder) zu Erben eingesetzt hat, dem Ehegatten auch kein Vermächtnis ausgesetzt hat, das wertmäßig in etwa seinem gesetzlichen Erbteil entspricht, im Ergebnis also der überlebende Ehegatte leer ausgeht.[85]

II. Die Zugewinngemeinschaft

Beispiel: Der Ehemann hat zum Alleinerben seines erheblichen Vermögens seinen Sohn eingesetzt und seiner Ehefrau 5000,– DM vermacht. Die Ehefrau wird damit nicht einverstanden sein. Nichts anderes wird gelten, wenn die Ehefrau zwar zur Erbin eingesetzt ist, aber zu nur einem geringfügigen Anteil („zu einem $1/_{100}$ Anteil").

§ 1371 Abs. 3 BGB räumt dem überlebenden Ehegatten in diesen Fällen das Recht ein, das Vermächtnis bzw. die Erbschaft auszuschlagen, um sodann Zugewinnausgleich wie im Falle der Scheidung der Ehe zu fordern. Der auszugleichende Zugewinn wird konkret festgestellt, also das End- und Anfangsvermögen eines jeden Ehegatten ermittelt und der Überschuß des höheren Zugewinns hälftig ausgeglichen.

Neben dem Zugewinnausgleich steht dem überlebenden Ehegatten der sog. kleine Pflichtteil zu, das ist ein Geldanspruch in Höhe der Hälfte des Werts seines gesetzlichen Erbteils.[86]

Beispiel: Nach zweijähriger Ehe stirbt die Frau, die in ihrem Testament ihre Tochter zur Alleinerbin eingesetzt hat. Das Nachlaßvermögen hat einen Wert von 200000,– DM, das zugleich für die Berechnung des Zugewinns das Endvermögen ist. Bei einem Anfangsvermögen von 180000,– DM beträgt der Zugewinn der Frau damit 20000,– DM. Der Mann hat während der Ehezeit einen Zugewinn von 8000,– DM, so daß ihm eine Ausgleichsforderung von 6000,– DM zusteht. Daneben hat er einen Pflichtteilsanspruch, der sich in diesem Fall nach dem nicht erhöhten gesetzlichen Erbteil (neben dem Abkömmling: ein Viertel) bestimmt. Der Mann kann daher nach der güterrechtlichen Lösung Zugewinnausgleich in Höhe von 6000,– DM und zusätzlich als Pflichtteil 24250,– DM (= die Hälfte des gesetzlichen Erbteils) bei einem (um den Zugewinnausgleichsbetrag verminderten) Nachlaßwert von 194000,– DM) von der Erbin verlangen.

Es würde zu weit führen, hier die Einzelheiten darzustellen.[87] Die abstrakte Darstellung der rechtlichen Möglichkeiten des benachteiligten Ehegatten im Erbfall stiftet eher Verwirrung als Klarheit. Eine rechtliche Beratung gibt nur Sinn, wenn sie den Familien- und Vermögensverhältnissen im Einzelfall Rechnung trägt. Richtig bleibt, daß der Abschluß eines Ehevertrages regelmäßig zum Anlaß genommen werden sollte, auch die Frage zu stellen, ob die gesetzliche Erbfolge zu sachgerechten Ergebnissen beim Tode eines Ehegatten führt. Das wird nur sehr selten der Fall sein, so daß letztwillige Verfügungen in einem einseitigen Testament, einem gemeinschaftlichen Testament oder einem Erbvertrag zu treffen sind.

Ehevertragliche Vereinbarungen können sogar ins Leere laufen, wenn nicht abgestimmte erbrechtliche Regelungen getroffen sind.

Beispiel: Die Unternehmerin heiratet in zweiter Ehe einen erheblich jüngeren Mann. Die Ehefrau hat ihren einzigen Sohn zum Alleinerben eingesetzt; hierbei soll es auch bleiben, weil der Ehemann ausreichend versorgt ist. Die Eheleute vereinbaren Gütertrennung in der Annahme, daß in beiden Fällen der Beendigung des Güterstandes (durch Scheidung oder Tod) gegenseitige Ansprüche ausgeschlossen sind.

Die vertragliche Regelung ist unvollständig, da beim Tod der Frau der Mann einen Anspruch auf das Pflichtteil hat. Im Beispielsfall kann er von dem Sohn Zahlung eines Geldbetrages in Höhe eines Viertels des Nachlaßvermögens beanspruchen. Richtig ist es hier, die Gütertrennung mit einem Erb- und Pflichtteilsverzichtsvertrag zu verbinden (vgl. Rdn. 127).

Für die Mehrzahl der Ehen bietet der gesetzliche **Güterstand der Zugewinngemeinschaft**, bezogen auf den Fall des Todes eines Ehegatten, eine **sachgerechte Lösung**. Wollen die Eheleute sich durch gemeinschaftliches Testament/Erbvertrag gegenseitig zum Alleinerben einsetzen (möglicherweise mit Schlußerbeneinsetzung der gemeinsamen Kinder), kann sich die Gütertrennung sogar nachteilig auswirken.

52 Die Gütertrennung kann dazu führen, daß sich die Pflichtteilsansprüche der Kinder erhöhen. Haben die Eheleute, die sich gegenseitig zum Alleinerben eingesetzt haben, zwei Kinder, können die Kinder nach der (zwingenden) gesetzlichen Regelung in § 2303 Abs. 1 BGB beim Tode des erstversterbenden Elternteils vom Längstlebenden den Pflichtteil verlangen, der in der Hälfte des Werts des gesetzlichen Erbteils besteht. Da sich beim Güterstand der Zugewinngemeinschaft der Erbteil des Ehegatten pauschal um ein Viertel erhöht, er also neben den Kindern zur Hälfte kraft Gesetzes Erbe ist, machen die Pflichtteilsansprüche beider Kinder zusammen ein Viertel des Nachlaßwerts aus. Bei Gütertrennung erhöht sich das gesetzliche Erbteil der Kinder auf insgesamt zwei Drittel, so daß der überlebende Ehegatte bei Geltendmachung der Pflichtteilsansprüche ein Drittel des Nachlaßwerts herauszuzahlen hat.[88] Die Erfahrung zeigt, daß je höher der Pflichtteilsanspruch ist, desto größer die Versuchung, ihn auch geltend zu machen. Nichts anderes gilt für den Fall, daß die Ehe kinderlos ist und neben dem überlebenden, zum Alleinerben eingesetzten Ehegatten die Eltern des Verstorbenen nach dem Gesetz zur Erbfolge berufen wären. Bei der Zugewinngemeinschaft beträgt der Pflichtteilsanspruch der Eltern ein Achtel des Nachlaßwerts; bei der Gütertrennung verdoppelt er sich auf ein Viertel. Geschwister des verstorbenen Ehegatten und sonstige entferntere Verwandte haben kein Pflichtteilsrecht.

Bei einem größeren Vermögen liegen die Vorteile der Zugewinngemeinschaft (im Vergleich zur Gütertrennung) vor allem auch im erbschaftsteuerlichen Bereich. Es ist in der Praxis immer wieder festzustellen, daß Eheleute mit einem großen Vermögen zu Beginn ihrer Ehe Gütertrennung vereinbart haben, ohne daß ihnen die **erbschaftsteuerlichen Nachteile** dieses Güterstandes bekannt sind. § 5 Abs. 1 ErbStG „privilegiert" den Güterstand der Zugewinngemeinschaft insoweit, als der Betrag, den der überlebende Ehegatte bei der güterrechtlichen Lösung als Ausgleichsforderung geltend machen könnte, steuerfrei bleibt (vgl. Rdn. 33).

4. Die Verfügungsbeschränkungen der §§ 1365 ff., 1369 BGB[89]

53 Der (bereits dargestellte) Grundsatz der **selbständigen Vermögensverwaltung eines jeden Ehegatten** bedeutet auch, daß jeder Ehegatte grundsätzlich ohne Einwilligung des anderen Ehegatten mit seinem Vermögen machen kann, was er will.

II. Die Zugewinngemeinschaft

Beispiel: Der Ehemann hat sein Einkommen, soweit es nicht zum Unterhalt der Familie benötigt wurde, in festverzinslichen Papieren angelegt. Auch gegen den ausdrücklichen Widerspruch seiner Frau kann er die Papiere verkaufen, um etwa an der Börse zu spekulieren. Die Ehefrau hat von ihren Eltern eine Eigentumswohnung geerbt, die sie ihrer Tochter zur Hochzeit schenken möchte. Auch wenn der Ehemann damit nicht einverstanden ist, kann die Schenkung erfolgen.

Weder der Ehemann noch die Ehefrau benötigen zu ihren Vermögensdispositionen der Zustimmung des anderen Ehegatten.

Der Grundsatz erfährt in § 1365 BGB eine **Ausnahme** insoweit, als ein Ehegatte über sein Vermögen „im ganzen" nur mit Einwilligung des anderen Ehegatten verfügen kann. Damit sind nicht nur Verträge gemeint, mit denen ein Ehegatte über die Gesamtheit seines Vermögens verfügt, sondern auch Verträge, die im wesentlichen das ganze Vermögen (das „nahezu gesamte" Vermögen) erfassen.[90]

Ist z. B. die Eigentumswohnung der einzig nennenswerte Vermögenswert der Ehefrau, kann sie nicht ohne Einwilligung ihres Ehemannes diese Wohnung verschenken oder verkaufen. § 1365 BGB enthält ein absolutes Veräußerungsverbot, das die Erhaltung der wirtschaftlichen Grundlagen der Familie sichern, zugleich auch den anderen Ehegatten vor einer Gefährdung seiner künftigen Zugewinnausgleichsforderung schützen soll. Das Veräußerungsverbot in § 1365 BGB hat vor allem Bedeutung für Grundstückskaufverträge, wenn das Grundstück das nahezu gesamte Vermögen des Ehegatten ausmacht.

Beispiel: Der Ehemann verkauft die ihm allein gehörende Eigentumswohnung zum Kaufpreis von 150 000,- DM. Außer der Eigentumswohnung hat er Ersparnisse von 5 000,- DM. Obgleich hier wirtschaftlich an die Stelle der Eigentumswohnung der Kaufpreis tritt, das Vermögen des Ehemannes vor und nach dem Verkauf gleich hoch ist, findet die Vorschrift Anwendung, weil nach der Rechtsprechung beim Wertvergleich der Kaufpreis nicht berücksichtigt werden darf. Somit ergibt der Wertvergleich, daß der Ehemann vor dem Verkauf ein Vermögen von 155 000,- DM hatte, nach dem Verkauf verbleiben ihm 5 000,- DM (der Kaufpreis bleibt außer Ansatz). Das sind weniger als 15 % seines ursprünglichen Vermögens, so daß der Vertrag über den Verkauf des Wohnungseigentums als dem nahezu gesamten Vermögen der Genehmigung der Ehefrau bedarf. Verweigert die Ehefrau die Genehmigung, ist der Vertrag unwirksam; die Ehefrau kann sogar vom Käufer verlangen, Eigentum und Besitz auf ihren Ehemann zurückzuübertragen.

Verweigert die Ehefrau ohne ausreichenden Grund die Genehmigung und entspricht der Verkauf den Grundsätzen einer ordnungsmäßigen Verwaltung, so kann nach § 1365 Abs. 2 BGB das Vormundschaftsgericht auf Antrag des verfügenden Ehegatten die Zustimmung des anderen Ehegatten ersetzen.[91] Diese Möglichkeit ist allerdings ohne große praktische Bedeutung.

Die dem § 1365 BGB entsprechende Vorschrift des § 1369 BGB verlangt die **Einwilligung des anderen Ehegatten,** wenn ein Ehegatte über ihm gehörende Gegenstände des ehelichen Haushalts verfügt oder sich hierzu verpflichtet. Die Verfügungsbeschränkungen aus § 1365 und § 1369 BGB entfallen bei Vereinbarung der Gütertrennung. Sie können aber auch unter Beibehaltung des gesetzlichen Güterstands der Zugewinngemeinschaft ausgeschlossen werden.⁹² Allerdings ist zu beobachten, daß Eheleute dieses Zustimmungserfordernis nicht als so schwerwiegend ansehen, daß gerade deswegen eine ehevertragliche Vereinbarung getroffen werden müßte.

Ist ein Ehegatte Unternehmer oder an einer Gesellschaft beteiligt, gilt § 1365 BGB, so daß der Verkauf des Unternehmens oder der Beteiligung der Zustimmung des anderen Ehegatten bedarf, wenn es sich um das nahezu gesamte Vermögen handelt. Wenn in Gesellschaftsverträgen bestimmt ist, daß Gesellschafter nur sein kann, wer Gütertrennung vereinbart hat, geht dies über das Regelungsziel weit hinaus. Um den Zugewinnausgleichsanspruch seines Ehegatten, der in der Tat das Unternehmen gefährden kann, abzuwehren, zugleich die Verfügungsbeschränkung des § 1365 BGB auszuschließen, genügt es, wenn der Gesellschaftsvertrag bestimmt, daß der Gesellschafter durch Modifizierung der Zugewinngemeinschaft die Gesellschaftsbeteiligung aus dem Zugewinnausgleich herauszunehmen hat und § 1365 BGB hierfür ausgeschlossen wird⁹³ (vgl. hierzu das 3. Vertragsmuster).

III. Die Gütertrennung

55   Die Gütertrennung ist ein Wahlgüterstand, d.h. sie tritt in aller Regel nur ein, wenn die Ehegatten dies durch Ehevertrag ausdrücklich vereinbaren.

§ 1414 BGB lautet:

Schließen die Ehegatten den gesetzlichen Güterstand aus oder heben sie ihn auf, so tritt Gütertrennung ein, falls sich nicht aus dem Ehevertrag etwas anderes ergibt. Das gleiche gilt, wenn der Ausgleich des Zugewinns oder der Versorgungsausgleich ausgeschlossen oder die Gütergemeinschaft aufgehoben wird.

Gütertrennung tritt ein,⁹⁴ wenn
- die künftigen Ehegatten vor der Eheschließung für ihre Ehe den gesetzlichen Güterstand ausschließen;
- die Ehegatten nach der Eheschließung den gesetzlichen Güterstand aufheben;
- die Ehegatten den Ausgleich des Zugewinns insgesamt ausschließen, also für alle Fälle der Beendigung des Güterstandes, insbesondere für den Fall der Scheidung und des Todes eines Ehegatten;
- die Ehegatten den Versorgungsausgleich ausschließen;
- die Ehegatten die Gütergemeinschaft aufheben.
Sie tritt nach § 1388 BGB auch ein mit Rechtskraft des Urteils auf vorzeitigen Zugewinnausgleich.

Die Bedeutung dieser Auslegungsregel ist gering, weil die rechtlich beratenen Ehegatten bei Abschluß eines Ehevertrages stets eine ausdrückliche Ver-

III. Die Gütertrennung

einbarung treffen, ob oder ob nicht für ihre Ehe der Güterstand der Gütertrennung gelten soll.

Soll ehevertraglich allein der Versorgungsausgleich ausgeschlossen werden, ohne daß Gütertrennung gewünscht wird, bedarf es zur Widerlegung der gesetzlichen Auslegungsregel der Klarstellung im Ehevertrag, daß der gesetzliche Güterstand der Zugewinngemeinschaft beibehalten wird.[95]

Schließen die Ehegatten den Versorgungsausgleich aus und vereinbaren zugleich Gütertrennung, ist § 1408 Abs. 2 Satz 2 BGB zu beachten. Danach ist der Ausschluß des Versorgungsausgleichs unwirksam, wenn innerhalb eines Jahres nach Vertragsschluß Antrag auf Scheidung der Ehe gestellt wird. In diesem Fall stellt sich die Frage, ob die Unwirksamkeit der Vereinbarung über den Ausschluß des Versorgungsausgleichs auch zur Unwirksamkeit der Gütertrennung führt. Dies kann im Einzelfall gewünscht sein, in der Regel wollen die Ehegatten aber am Güterstand der Gütertrennung auch in diesem Fall festhalten. Zu empfehlen ist daher, die Frage des Schicksals der Gütertrennung bei Unwirksamwerden des Ausschlusses des Versorgungsausgleichs ausdrücklich zu bestimmen (vgl. Rdn. 69).

Der Güterstand der Gütertrennung wird durch das Fehlen jeglicher güterrechtlicher Beziehungen zwischen den Ehegatten gekennzeichnet. In vermögensrechtlicher Hinsicht unterscheiden sich die Rechtsbeziehungen zwischen den Ehegatten nicht von denen zwischen unverheirateten Personen.[96]

Gütertrennung bedeutet, daß bei Beendigung des Güterstandes, sei es durch den Tod eines Ehegatten, sei es durch Scheidung der Ehe, ein Zugewinnausgleich nicht stattfindet. Die Verfügungsbeschränkungen der §§ 1365, 1369 BGB entfallen. Dagegen bleiben die Vorschriften über die allgemeinen Wirkungen der Ehe (§§ 1353–1362 BGB) auch bei der Gütertrennung anwendbar.

Ein **Vergleich** zwischen dem gesetzlichen Güterstand der Zugewinngemeinschaft und dem der Gütertrennung zeigt, daß das maßgebliche Unterscheidungsmerkmal der Zugewinnausgleich ist. Wünschen die Ehegatten den Ausschluß des Zugewinnausgleichs sowohl für den Fall der Scheidung der Ehe als auch für den Tod eines von ihnen, ist die Gütertrennung der richtige Güterstand. Dagegen kommt die Gütertrennung nicht in Betracht, wenn der Ausgleich des Zugewinns zumindest für bestimmte Vermögenswerte oder für einen bestimmten Fall der Beendigung des Güterstandes (insbesondere beim Tod eines Ehegatten) durchgeführt werden soll. Bei diesen Fallgestaltungen ist die Modifizierung des gesetzlichen Güterstands der Zugewinngemeinschaft der richtige Weg.

Die **Nachteile der Gütertrennung** (vgl. Rdn. 60) sollten für die Ehegatten Anlaß sein, die Entscheidung für diesen Güterstand erst zu treffen, wenn sie sich umfassend über alle Rechtsfolgen unterrichtet haben. Es mag richtig sein, daß die Gütertrennung den Vorzug der rechtlichen Klarheit und Einfachheit hat.[97] Sie vermeidet unerfreuliche Auseinandersetzungen beim Scheitern der Ehe und betont die Eigenverantwortlichkeit des Ehegatten.

Was „klar" und „einfach" ist, ist aber nicht notwendig auch sachgerecht, sondern dient dem Ehegatten als Vorwand zur Vereinbarung der Gütertrennung, dem es zum (unfairen) Vorteil gereicht. Ich bleibe dabei, daß der gesetzliche Güterstand der Zugewinngemeinschaft für die Mehrzahl der Ehen im Prinzip sachgerechter ist.[98]

Beispiel: Die Ehegatten haben bereits vor der Eheschließung Gütertrennung vereinbart. Sie waren zu diesem Zeitpunkt beide berufstätig. Nach der Geburt eines Kindes gibt die Ehefrau ihre Berufstätigkeit auf. Nach 20 Ehejahren kommt es zur Scheidung der Ehe.

Der Fall ist insoweit typisch, als die Ehegatten bei Vereinbarung der Gütertrennung, die bei Berufstätigkeit beider Ehegatten sachgerecht ist (oder es zumindest sein kann), nicht bedacht haben, daß für die Frau nach der Geburt eines Kindes und Verzicht auf eigenes Einkommen die Möglichkeit der Vermögensbildung ehebedingt entfällt. In einer modernen Ehe wird in vielen Fällen die Benachteiligung des Ehegatten, der den Haushalt führt, bereits während der Ehe durch Zuwendungen des anderen Ehegatten ausgeglichen, insbesondere beim gemeinsamen Erwerb von Immobilien zum hälftigen Miteigentum. Der Ehegatte, gegen den sich der Verzicht auf Zugewinnausgleich bei Scheidung der Ehe auswirkt, steht sich bei einer gleichmäßigen Vermögensbeteiligung bereits während der Ehe sogar besser als der Ehegatte, der einen Vermögensausgleich erst bei Scheidung der Ehe und dann nur durch einen Geldbetrag erhält. Die Meinung, die Gütertrennung sei ein Güterstand für „aufgeklärte und wache Eheleute", ist nur insoweit richtig, als damit eine Grundvoraussetzung für die mit der Gütertrennung verbundenen vermögensrechtlichen Risiken genannt ist; sie ist unvollständig, weil der (letztlich entscheidende) Hinweis fehlt, daß trotz aller „Wachsamkeit" der Ehegatte ohne Einkommen auf freigebige Zuwendungen des anderen Ehegatten während der Ehe angewiesen ist, auf die er keinen Rechtsanspruch hat, also trotz aller Versprechungen beim Abschluß des Ehevertrages von der Teilhabe an dem gemeinsam erarbeiteten Vermögen ausgeschlossen werden kann.[99]

Beispiel: Beide Ehegatten haben eine gescheiterte Ehe hinter sich und aus der ersten Ehe Abkömmlinge. Beide Ehegatten sind berufstätig, allerdings mit einem unterschiedlich hohen Einkommen. Ein Kinderwunsch besteht nicht.

Hier ist die Vereinbarung der Gütertrennung (ausnahmsweise) sachgerecht. Das 1. Vertragsmuster ist auf diesen Ehetyp zugeschnitten. Über die zusätzliche Vereinbarung des Ausschlusses des Versorgungsausgleichs, des Verzichts auf nachehelichen Unterhalt und des gegenseitigen Verzichts auf das Erbrecht und Pflichtteilsrecht wird sichergestellt, daß bei einer Scheidung der Ehe vermögensrechtliche Ansprüche jeder Art ausgeschlossen sind, auch beim Tod eines Ehegatten. Jeder Ehegatte erhält volle Testierfreiheit.

Zu besonderen Fallgestaltungen, in denen die Vereinbarung der Gütertrennung für Eheleute im fortgeschrittenen Alter empfehlenswert sein kann, vgl. Rdn. 165.

IV. Modifizierte Zugewinngemeinschaft statt Gütertrennung

1. Vor- und Nachteile

Im Hinblick auf den Zugewinnausgleich stehen sich die Zugewinngemein- 59
schaft und die Gütertrennung im Verhältnis „Alles oder Nichts" gegenüber.
Die **Vertragsfreiheit** im Ehegüterrecht erlaubt **Zwischenlösungen.** Diese Zwischenlösungen, die schlagwortartig als Güterstand der „modifizierten" Zugewinngemeinschaft bezeichnet werden, sind bei der Bevölkerung zu wenig bekannt. Auch manche Rechtsberater neigen allzu schnell zur Empfehlung der Gütertrennung, sobald ein sachgerechter Gesichtspunkt für die Korrektur des vollständigen Zugewinnausgleichs im Falle der Scheidung der Ehe vorliegt.[100]

Beispiel: Der Ehemann ist als Kommanditist an einem Unternehmen beteiligt. Er ist in der Gesellschaft nicht tätig und von Beruf Beamter. Die Ehefrau ist nach der Geburt von zwei Kindern nicht mehr berufstätig; sie verfügt über kein eigenes Vermögen.

Die Fallgestaltung ist insoweit typisch, als in der Tat gute Gründe dafür sprechen, die Gesellschaftsbeteiligung des Ehemannes zur Vermeidung tatsächlicher und rechtlicher Schwierigkeiten, insbesondere auch zum Schutz der Gesellschaft, aus dem Zugewinnausgleich bei Scheidung der Ehe auszuklammern, aber auch insoweit, als kein Grund ersichtlich ist, durch Vereinbarung der Gütertrennung Ansprüche auf Ausgleich des Zugewinns der Ehefrau bei Scheidung insgesamt auszuschließen. Es ist weder ein Interesse des Ehemanns als Gesellschafter noch ein Interesse der Gesellschaft ersichtlich, eine Teilhabe der Ehefrau auch an dem Vermögen auszuschließen, das aus entnommenen Gewinnen und/oder aus den Beamtenbezügen gebildet worden ist. Bei Familiengesellschaften kann es sachgerecht sein, als Gesellschafternachfolger beim Tode eines Gesellschafters nur dessen Abkömmlinge zuzulassen und durch einen Pflichtteilsverzicht des anderen Ehegatten eine Gefährdung dieser Nachfolgeregel durch den Pflichtteilsanspruch des überlebenden Ehegatten, der sich gegen die Abkömmlinge richtet, auszuschließen. Die Empfehlung, im Interesse der Erhaltung der Familiengesellschaft Gütertrennung zu vereinbaren, ist unter zwei Gesichtspunkten zu beanstanden. Zum einen geht sie zu weit, weil sie zu einer pauschalen Schlechterstellung des Ehegatten im Erbfall führt, indem sie auch das Privatvermögen umfaßt. Zum andern „springt die Gütertrennung zu kurz", weil sie den Pflichtteilsanspruch des längstlebenden Ehegatten hinsichtlich der Gesellschaftsbeteiligung nicht beschränkt.

Es sprechen daher gute Gründe dafür, statt der Gütertrennung eine ehevertragliche Vereinbarung zu treffen, nach der unter Beibehaltung des gesetzlichen Güterstands der Zugewinngemeinschaft im übrigen die Gesellschaftsbeteiligung vom Zugewinnausgleich sowohl bei Scheidung der Ehe als auch beim Tod des Ehemanns ausgeschlossen wird. Die Ehefrau verzichtet auf ihren Pflichtteilsanspruch, jedoch beschränkt auf die Gesellschaftsbeteiligung

(„gegenständlich beschränkter Pflichtteilsverzichtsvertrag"). Vgl. 3. Vertragsmuster unter I. und Rdn. 120 und 127.
Diese Vertragsgestaltung trägt den berechtigten Interessen des Ehemannes als Gesellschafter Rechnung; sie vermeidet eine nicht gerechtfertigte darüber hinausgehende Benachteiligung der Ehefrau.

60 Als **Nachteile der Gütertrennung** gegenüber der Zugewinngemeinschaft sind stichwortartig zu nennen:
– Die Gütertrennung führt zu einem vollständigen Ausschluß jeglichen Anspruchs auf Zugewinnausgleich.
– Die Gütertrennung führt zu einem Ausschluß des Zugewinns nicht nur bei Scheidung der Ehe (um die Lösung dieses Konfliktfalls geht es den Ehegatten nahezu ausnahmslos), sondern auch beim Tod eines Ehegatten. Bei einer bis zum Tod eines Ehegatten intakten Ehe sollen aber die Rechte des überlebenden Ehegatten überhaupt nicht geschmälert werden.
– Pflichtteilsansprüche der Kinder, deren Geltendmachung beim Tod des erstversterbenden Ehegatten unerwünscht sind, können sich erhöhen (vgl. Rdn. 52).
– Der überlebende Ehegatte verliert den steuerlichen Zugewinnausgleichsfreibetrag nach § 5 ErbStG (vgl. Rdn. 33 und 52).
– Die Vereinbarung der Gütertrennung – ohne gleichzeitigen Ausschluß des Versorgungsausgleichs – kann ungewollte nachteilige Konsequenzen für die Altersversorgung im Scheidungsfall haben. Hat der eine Ehegatte durch Abschluß einer Lebensversicherung auf Kapitalbasis Vorsorge für das Alter getroffen, die nicht dem Versorgungsausgleich sondern dem Zugewinnausgleich unterliegt, der aber durch die Gütertrennung ausgeschlossen ist, während die Altersvorsorge des anderen Ehegatten durch eine Pension oder Rente sichergestellt ist, kommt es zu einem einseitigen Ausgleich der Versorgungsansprüche als unbedachte Folge der Gütertrennung. Richtig ist es, in diesem Fall den Versorgungsausgleich auszuschließen oder die Ausgleichsquote herabzusetzen (vgl. Rdn. 70).

2. Aufhebung der Gütertrennung

61 Ehegatten können einen vertraglichen Güterstand (Gütertrennung, Gütergemeinschaft) jederzeit durch einen Ehevertrag aufheben, um den gesetzlichen Güterstand der Zugewinngemeinschaft oder einen anderen Vertragsgüterstand zu vereinbaren. Die Zahl unsinniger Eheverträge mit Vereinbarung der Gütertrennung ist erschreckend groß. Gerade bei der Beratung von **Ehegatten im fortgeschrittenen Alter**, die Verfügungen von Todes wegen treffen wollen (Testament oder Erbvertrag), ist immer wieder festzustellen, daß sie vor oder unmittelbar nach der Eheschließung Gütertrennung vereinbart haben in der unrichtigen Vorstellung, nur so ein Haftungsrisiko des anderen Ehegatten ausschließen zu können. Als Motiv für die Vereinbarung der Gütertrennung wird auch die Vorsorge für den Fall der Scheidung der Ehe ge-

IV. Modifizierte Zugewinngemeinschaft 51

nannt. Nahezu ausnahmslos sind die erbrechtlichen und erbschaftsteuerlichen Nachteile der Gütertrennung unbekannt. Wollen sich die Eheleute zunächst gegenseitig zum alleinigen Erben einsetzen und die Kinder zu Erben des Längstlebenden von ihnen, kann die Verwirklichung dieses Wunsches durch die im Vergleich zur Zugewinngemeinschaft erhöhten Pflichtteilsansprüche der Kinder beim Tode des Erstversterbenden gefährdet werden. Bei einem erheblichen Vermögen der Eheleute spricht gegen die Beibehaltung der Gütertrennung vor allem der Wegfall des Freibetrages nach § 5 Abs. 1 Erbschaftsteuergesetz (vgl. Rdn. 52).

In diesen Fällen ist dringend zu raten, die **Gütertrennung schnellstens aufzuheben**, um zum gesetzlichen Güterstand der Zugewinngemeinschaft zurückzukehren. Die erbrechtlichen und erbschaftsteuerlichen Vorteile der Zugewinngemeinschaft bleiben auch dann erhalten, wenn die Ehegatten ehevertraglich den Ausschluß des Zugewinnausgleichs für den Fall der Scheidung der Ehe vereinbaren oder einzelne Vermögenswerte, wie etwa eine Unternehmensbeteiligung, vom Zugewinnausgleich ausnehmen.

Zivilrechtlich ist anerkannt, daß beim Übergang von der Gütertrennung zum gesetzlichen Güterstand der Zugewinnausgleich rückwirkend für die gesamte Ehedauer vereinbart werden kann, indem das Vermögen, das ein jeder Ehegatte bei der Eheschließung besaß, zum Anfangsvermögen erklärt wird, also nicht das Vermögen, das er bei Abschluß des Ehevertrages, mit dem die Gütertrennung aufgehoben wird, besitzt.[101] 62

Lange Zeit strittig war, ob eine solche rückwirkende Vereinbarung erbschaftsteuerrechtliche Wirkung hat. Der Bundesfinanzhof hat entschieden, daß Eheleute auch mit erbschaftsteuerrechtlicher Wirkung durch Ehevertrag rückwirkend ab dem Tag der Eheschließung die Zugewinngemeinschaft vereinbaren können.[102] Der Gesetzgeber hat im Mißbrauchsbekämpfungs- und Steuerbereinigungsgesetz durch eine Änderung in § 5 Abs. 1 ErbStG diese Möglichkeit ausgeschlossen. Danach bleiben bei der Berechnung des Betrages, der gemäß § 5 Abs. 1 S. 1 ErbStG nicht als Erwerb i.S. des § 3 ErbStG gilt, von den Vorschriften der §§ 1373–1383 und 1390 BGB abweichende güterrechtliche Vereinbarungen unberücksichtigt. Die Vermutung des § 1377 Abs. 3 BGB, daß das Endvermögen eines Ehegatten seinen Zugewinn darstellt, findet keine Anwendung. Bei nachträglicher Vereinbarung der Zugewinngemeinschaft durch Ehevertrag gilt nach § 5 Abs. 1 S. 4 ErbStG der Tag des Vertragsabschlusses als Zeitpunkt des Eintritts des Güterstandes. Die (verfehlte) steuerliche Nichtanerkennung einer richtigen Korrektur des Güterstandes sollte ein zusätzliches Argument sein, von der Vereinbarung der Gütertrennung abzusehen. Fraglich ist, ob die Eheleute den Ehevertrag wegen Irrtums anfechten können. Das erbschaftsteuerliche Rückwirkungsverbot würde in diesem Fall nicht greifen, da die Anfechtung zur anfänglichen Nichtigkeit des Ehevertrages führt (§ 142 BGB), also die Gütertrennung nicht durch Vertrag aufgehoben wird. Trotz fehlender steuerlicher Anerkennung für die Vergangenheit bleibt die Empfehlung, die Gütertrennung rückwirkend aufzuheben, richtig (gegebenenfalls mit der Modifizierung, daß bei Scheidung der Ehe der Zugewinnausgleich ausgeschlossen bleibt, nicht dagegen bei Beendigung der Ehe durch den Tod eines Ehegatten). Zum einen kann für den ab Vertragschluß entstehenden Zugewinn der steuerliche Freibetrag in Anspruch genommen werden. Zum anderen „greift" die neue gesetzliche Regelung nicht, wenn im Erbfall der Ehegatte den Ausgleich des Zugewinns nach den güterrechtlichen Vorschriften (also wie bei Scheidung) verlangt (vgl. Rdn. 50). Unter erbschaftsteuerlichen Gesichtspunkten kann es in Einzelfällen richtig sein, daß der Überlebende sogar die Erbschaft ausschlägt, um neben dem Ausgleich des Zugewinns (der für die gesamte Ehezeit steuerfrei bleibt) den Pflichtteil zu verlangen.[103]

63 Formulierungsvorschlag:

Die Erschienenen erklärten:
Wir schließen folgenden
EHEVERTRAG
1. Wir haben am ... vor dem Notar ... in ... Gütertrennung vereinbart. Eine Eintragung im Güterrechtsregister ist nicht erfolgt.
2. Wir heben diesen Ehevertrag rückwirkend auf und vereinbaren den gesetzlichen Güterstand der Zugewinngemeinschaft. Wir vereinbaren ausdrücklich, daß Anfangsvermögen das Vermögen ist, das jedem von uns bei der Eheschließung gehört hat, also nicht das Vermögen, das einem jeden von uns heute gehört. Vorsorglich fechten wir diesen Ehevertrag wegen Irrtums an.

Diese Niederschrift wurde den Erschienenen von dem Notar vorgelesen, von den Erschienenen genehmigt und von ihnen und dem Notar wie folgt eigenhändig unterschrieben:

Es wurde bereits kurz darauf hingewiesen, daß es den Ehegatten selbstverständlich unbenommen ist, in einer zusätzlichen Vereinbarung am Ausschluß des Zugewinnausgleichs für den Fall der Scheidung der Ehe festzuhalten.

Hier ist der Ehevertrag wie folgt zu ergänzen:

3. Für den Fall, daß unser Güterstand auf andere Weise als durch den Tod eines von uns beendet wird, insbesondere im Falle der Scheidung der Ehe, schließen wir den Ausgleich des Zugewinns vollständig aus. Im übrigen bleibt es beim gesetzlichen Güterstand, insbesondere auch beim Zugewinnausgleich im Todesfall.

V. Die Gütergemeinschaft

64 Auf ein Vertragsmuster zur Gütergemeinschaft wird verzichtet. Die praktische Bedeutung der Gütergemeinschaft, von ländlichen Gebieten abgesehen, ist äußerst gering.[104]

Die Gütergemeinschaft führt zu einem gesamthänderisch gebundenen, gemeinschaftlichen Vermögen der Ehegatten, d.h. das Vermögen des Mannes

VI. Der Versorgungsausgleich

und das Vermögen der Frau werden durch die Gütergemeinschaft gemeinschaftliches Vermögen (Gesamtgut). Das gilt auch für das Vermögen, das jeder Ehegatte während der Gütergemeinschaft erwirbt. Anders als beim Güterstand der Zugewinngemeinschaft oder der Gütertrennung kann bei der Gütergemeinschaft ein Ehegatte allein nicht über das gemeinschaftliche Vermögen verfügen, auch nicht über einzelne Vermögensgegenstände, sie zum Beispiel nicht verkaufen. Das gilt auch für die Vermögenswerte, die ein Ehegatte mit in die Ehe gebracht hat. Bei der Gütergemeinschaft haftet der eine Ehegatte für Schulden des anderen Ehegatten.

Die Abneigung gegen die Gütergemeinschaft ist auch damit zu erklären, daß die gesetzliche Regelung sehr kompliziert ist, es neben dem Gesamtgut das Sondergut und Vorbehaltsgut gibt, auch die Auseinandersetzung bei Scheidung oder Tod schwierige Fragen aufwerfen kann.

Die Nichtbehandlung der Gütergemeinschaft soll nicht bedeuten, daß es nicht in besonders gelagerten Einzelfällen gute Gründe dafür geben kann, diesen Güterstand durch Ehevertrag zu vereinbaren.

Die Abwägung der Vor- und Nachteile der Gütergemeinschaft, die möglichen weiteren Vereinbarungen zu diesem Güterstand, insbesondere zur Verwaltung des Gesamtguts, schließlich die erbrechtlichen Konsequenzen lassen sich im Rahmen eines Mustervertrages nicht ausreichend behandeln. Es ist daher unverzichtbar, daß sich die Ehegatten vor ihrer Entscheidung von einem Notar beraten lassen, der im konkreten Einzelfall die Gesichtspunkte für oder gegen die Gütergemeinschaft nennen wird.

VI. Der Versorgungsausgleich

1. Grundzüge der gesetzlichen Regelung[105]

Der Versorgungsausgleich wird bei Scheidung der Ehe im Grundsatz in der Weise vorgenommen, daß die Werte der in der Ehezeit von jedem Ehegatten erworbenen Anwartschaften oder Aussichten auf eine Versorgung wegen Alters oder wegen Berufs- oder Erwerbsunfähigkeit (ab 1.01.2000 sind die Worte „Berufs- oder Erwerbsunfähigkeit" durch „verminderte Erwerbsfähigkeit" ersetzt) einander gegenübergestellt werden. Dem Ehegatten mit dem wertniedrigeren Anrecht steht die Hälfte des sich aus der Gegenüberstellung ergebenden Wertunterschieds als Ausgleich zu.

Die Vorschriften über den Versorgungsausgleich in §§ 1587ff. BGB übertragen das Prinzip des Zugewinnausgleichs auf die Versorgungsanrechte.[106] Der Versorgungsausgleich ist unabhängig vom Güterstand, also auch bei vereinbarter Gütertrennung durchzuführen.

Ziel des Versorgungsausgleichs ist es, dem Ausgleichsberechtigten nach Scheidung der Ehe eine eigenständige Alterssicherung zu verschaffen.[107]

Der Versorgungsausgleich beruht auf dem Grundgedanken, daß die in der Ehe erworbenen Versorgungsanrechte gemeinsam geschaffen worden sind, auch wenn nur ein Ehegatte erwerbstätig war und Beiträge geleistet hat.[108] Deshalb werden die als Ergebnis gemeinsamer Lebensleistung erworbenen Versorgungsanwartschaften im Falle der Scheidung der Ehe gleichmäßig zwischen den Eheleuten aufgeteilt, so daß jeder Ehegatte die Hälfte der in der Ehezeit erworbenen Versorgungswerte erhält. Leitbild der Vorschriften über den Versorgungsausgleich ist die „Hausfrauenehe" („Alleinverdienerehe").

Das Verfahren zur Ermittlung des Ausgleichsbetrages ist dem der Ermittlung des Zugewinns (Endvermögen – Anfangsvermögen = Zugewinn; der Mehrbetrag des Zugewinns ist zur Hälfte an den anderen Ehegatten auszugleichen) ähnlich.

Für die sich bei Abschluß eines Ehevertrages stellende Frage, ob und inwieweit der Versorgungsausgleich ausgeschlossen werden soll, genügt ein Überblick über die Ermittlung der Versorgungsanrechte und deren Aufteilung bei Scheidung der Ehe.

In den Versorgungsausgleich werden **alle Anwartschaften und Aussichten auf eine Versorgung** wegen Alters oder Berufs- oder Erwerbsunfähigkeit einbezogen, die von den Ehegatten **in der Ehezeit erworben** wurden. Als Ehezeit gilt nach § 1587 Abs. 2 BGB die Zeit vom Beginn des Monats, in dem die Ehe geschlossen worden ist, bis zum Ende des Monats, der dem Eintritt der Rechtshängigkeit des Scheidungsantrags vorausgeht. Die Versorgungsanrechte aus der Zeit vor der Eheschließung werden ebensowenig einberechnet, wie die Versorgungsanrechte, die erst nach dem Eintritt der Rechtshängigkeit des Scheidungsantrages (Zustellung des Scheidungsantrags beim anderen Ehegatten) begründet werden, wohl aber Anrechte aus der Zeit des Getrenntlebens.

66 Dem Versorgungsausgleich unterliegen Versorgungsanwartschaften
– aus öffentlich-rechtlichen Dienstverhältnissen (oder aus einem Arbeitsverhältnis mit Anspruch auf Versorgung nach beamtenrechtlichen Vorschriften oder Grundsätzen)
– **Beamtenversorgung** –;
– Renten oder Rentenanwartschaften aus den gesetzlichen Rentenversicherungen, die den gesetzlichen Rentenanpassungen unterliegen,
– **gesetzliche Rentenversicherung** –;
– Leistungen, Anwartschaften oder Aussichten auf Leistungen der betrieblichen Altersversorgung, also insbesondere aus Pensionszusagen, Pensionsrückstellungen, Pensionskassen, Unterstützungskassen und aus der Direktversicherung durch den Arbeitgeber bei einem Versicherungsunternehmen
– **betriebliche Altersversorgung** –;
– Sonstige Renten oder ähnliche wiederkehrende Leistungen, insbesondere aus berufsständischen Versicherungen (z.B. der Ärzte, Rechtsanwälte und Notare), Zusatzversorgungen des öffentlichen Dienstes, die Altershilfe der Landwirte;

VI. Der Versorgungsausgleich

– Rentenansprüche aus privaten Lebensversicherungsverträgen. Ausgenommen sind private Kapitalversicherungen, selbst wenn der Versicherungsvertrag ein Rentenwahlrecht vorsieht, es sei denn das Rentenwahlrecht ist bis zum Eintritt der Rechtshängigkeit des Scheidungsantrags ausgeübt worden.
Eine Kapitallebensversicherung wird mit ihrem wahren Wert, nicht mit dem Rückkaufswert, beim Zugewinnausgleich berücksichtigt.[109]
Nicht dem Versorgungsausgleich unterliegen Anwartschaften oder Aussichten, die weder mit Hilfe des Vermögens noch durch Arbeit der Ehegatten begründet oder aufrechterhalten worden sind (§ 1587 Abs. 1 Satz 2 BGB). Hierzu zählen vor allem Entschädigungsleistungen aus dem Bundesversorgungsgesetz.
Das Familiengericht ermittelt den **Wertunterschied der Versorgungsanrechte**. Dabei werden die Werte für jeden Ehegatten getrennt addiert und dann gegenübergestellt. Vom Differenzbetrag erhält der Ehegatte mit den geringeren Werten die Hälfte als Ausgleichsanspruch.
An die Wertermittlung schließt sich die Feststellung der zur Verfügung stehenden Ausgleichsart an. Beim öffentlich-rechtlichen Versorgungsausgleich kommen insbesondere in Betracht: die Übertragung von Rentenanwartschaften auf den ausgleichsberechtigten Ehegatten (sog. Splitting), die Begründung von Rentenanwartschaften und Minderung der Versorgung aus einem öffentlich-rechtlichen Dienstverhältnis (sog. Quasi-Splitting), die Begründung von Versorgungsanwartschaften durch Realteilung, hilfsweise Anordnung des schuldrechtlichen Versorgungsausgleichs.[110]
Die Einzelheiten des Versorgungsausgleichs sind recht kompliziert. Es genügt, wenn das Prinzip des Versorgungsausgleichs gesehen wird, nämlich nach Scheidung die während der Ehe für eine Alterssicherung erworbenen Anrechte, unabhängig davon, wem sie zustehen, gleichmäßig auf beide Ehegatten zu verteilen. Hat der ausgleichsberechtigte Ehegatte bereits Versorgungsanrechte, werden diese über den Versorgungsausgleich aufgestockt, hat er bislang keine, wird für ihn eine eigene und selbständige Altersversorgung begründet. Sind die Anrechte beider Ehegatten gleich hoch, entfällt ein Ausgleich.
Nach § 1587c BGB findet ein Versorgungsausgleich nur ausnahmsweise nicht statt. Der Grundgedanke dieser Härteklausel, die nicht generelle Ungereimtheiten bei der Berechnung der auszugleichenden Versorgungsanrechte vermeidet, zielt auf die Fälle, in denen die Durchführung des Versorgungsausgleichs grob unbillig wäre.

2. Ausschluß des Versorgungsausgleichs

Nach § 1408 Abs. 2 BGB können Ehegatten (auch Verlobte) in einem Ehevertrag durch eine ausdrückliche Vereinbarung den Versorgungsausgleich ausschließen. Diese Vereinbarung bedarf der Form des Ehevertrages (§ 1410 BGB), also der notariellen Beurkundung.

Der **Ausschluß ist unwirksam,** wenn innerhalb eines Jahres nach Vertragsschluß (bei Verlobten: innerhalb eines Jahres nach Eheschließung[111]) Antrag auf Scheidung der Ehe gestellt wird.[112] Die Sperrfrist soll den Mißbrauch der Vertragsfreiheit bei einer bevorstehenden Scheidung verhindern.[113] Der scheidungswillige Ehegatte soll den möglicherweise ahnungslosen anderen Ehegatten nicht zu einem Verzicht überreden können.

Obgleich die Scheidungsvereinbarungen nicht Thema dieses Buches sind, soll darauf hingewiesen werden, daß eine konkrete Scheidungsabsicht der Wirksamkeit des ehevertraglich vereinbarten Ausschlusses des Versorgungsausgleichs nicht entgegensteht. Leben die Ehegatten bereits getrennt und ist eine Scheidung absehbar, kann der Versorgungsausgleich in einem Ehevertrag gleichwohl vollständig ausgeschlossen werden. Wird nach Ablauf der einjährigen Sperrfrist Antrag auf Scheidung der Ehe gestellt, unterliegt der Ausschluß des Versorgungsausgleichs nicht der gerichtlichen Genehmigungspflicht, wie dies in § 1587 o BGB für die Scheidungsvereinbarung vorgeschrieben ist. Es ist daher nicht selten, daß Ehegatten, wenn die Erteilung der Genehmigung zu einem vollständigen Ausschluß des Versorgungsausgleichs durch das Familiengericht zweifelhaft ist, durch Ehevertrag diesem Wunsch Rechnung tragen, um erst nach Ablauf des Sperrjahres Antrag auf Scheidung der Ehe zu stellen. Da eine gegenseitige Verpflichtung, den Antrag auf Scheidung nicht vor Ablauf des Sperrjahres zu stellen, unwirksam ist, also der vereinbarte Ausschluß des Versorgungsausgleichs durch einen vorzeitigen Antrag eines Ehegatten gegenstandslos gemacht werden kann, sollten bereits getrennt lebende Ehegatten vorsorglich auch eine Vereinbarung nach § 1587 o BGB treffen. Auch der vollständige und entschädigungslose Verzicht auf den Versorgungsausgleich kann im Einzelfall genehmigungsfähig sein.[114]

Formulierungsvorschlag (im Anschluß an den ehevertraglichen Ausschluß des Versorgungsausgleichs):

Sollte diese Vereinbarung durch den Antrag auf Scheidung der Ehe innerhalb eines Jahres gemäß 1408 Abs. 2 Satz 2 BGB unwirksam sein, so soll sie dennoch als Vereinbarung gemäß 1587 o BGB Bestand behalten. Der Notar hat uns darauf hingewiesen, daß in diesem Fall die Vereinbarung der Genehmigung des Familiengerichts bedarf. Wir erklären übereinstimmend, daß wir den Ausschluß des Versorgungsausgleichs im Hinblick auf die kurze Ehezeit und unter Berücksichtigung der in diesem Ehevertrag weiterhin getroffenen Vereinbarungen als angemessen ansehen. Wir verpflichten uns gegenseitig, die Genehmigung des Familiengerichts herbeizuführen.

Mit der Möglichkeit, den Versorgungsausgleich durch Ehevertrag auszuschließen, hat sich der Gesetzgeber für die Vertragsfreiheit entschieden. Es besteht auch hier volle Vertragsfreiheit (ohne spätere richterliche Inhaltskontrolle bei Scheidung der Ehe auf Angemessenheit des Vereinbarten), von der gesetzlichen Regelung abweichenden Vorstellungen über den Ausgleich oder Nichtausgleich von Versorgungsanrechten im Scheidungsfall vertrag-

VI. Der Versorgungsausgleich

lich Geltung zu verschaffen. Während der bestehenden Ehe kann der Ausschluß des Versorgungsausgleichs auch auf den Zeitpunkt der Eheschließung zurückbezogen werden.

Fraglich ist, ob es Fallgestaltungen gibt, bei denen in einem Ehevertrag der vollständige Ausschluß des Versorgungsausgleichs („Totalausschluß") sittenwidrig und damit nach § 138 BGB nichtig ist. Vereinzelt wird gefordert, bei Scheidung der Ehe sei zu prüfen, ob der vollständige Verzicht des an sich ausgleichsberechtigten Ehegatten auf Teilhabe an den Versorgungsanrechten des anderen Ehegatten unter dem Gesichtspunkt der Sittenwidrigkeit zumindest dann zu beanstanden ist, wenn der Verzichtende im Alter oder bei Invalidität der Sozialhilfe anheim fällt.[115] Nach der Entscheidung eines Oberlandesgerichts aus dem Jahre 1999[115a] ist der Ausschluß des Versorgungsausgleichs in einem Ehevertrag, der auch die Vereinbarung der Gütertrennung und den Verzicht auf nachehelichen Unterhalt enthält, bei einer Hausfrauenehe und bei guten Einkommens- und Vermögensverhältnissen des Ehemannes sittenwidrig und damit nichtig unabhängig davon, ob der Ehevertrag vor oder nach der Heirat geschlossen wurde. Das Urteil zeigt eine Tendenz, daß sich Gerichte als „späterer Vormund" eines Ehegatten bei Abschluß des Ehevertrages verstehen, von deren Billigung es abhängt, ob die eigenverantwortliche Entscheidung eines Ehegatten wirksam ist.

Steht es Verlobten frei, für den Fall der Scheidung der beabsichtigten Ehe vermögensrechtliche Vereinbarungen zu treffen, bedeutet diese Vertragsfreiheit auch Nichteinmischung der Gerichte durch spätere Inhaltskontrolle, bei der Spekulationen über den Verlauf der späteren Ehe angestellt werden. Die Eheleute, die eine vertragliche Regelung treffen, wollen vom Rechtsberater wissen, ob diese im Krisenfall, nämlich bei Scheidung der Ehe, Bestand hat. Lautet die Antwort: „vielleicht?", fördert diese Rechtsunsicherheit die Bereitschaft zur Eheschließung und damit zur Übernahme gegenseitiger Verantwortung nicht.

Richtigerweise ist bei der Frage der Sittenwidrigkeit des Ausschlusses des Versorgungsausgleichs (auch des Verzichts auf nachehelichen Unterhalt) zu unterscheiden, in welcher Ehesituation die Vereinbarung getroffen wird.

1. Beispiel: Nach 20-jähriger Ehe verzichtet die Ehefrau, die als Hausfrau und Mutter von vier Kindern keine eigene Altersversorgung hat, auf den Versorgungsausgleich, auch auf nachehelichen Unterhalt und Zugewinnausgleich.

Da der Versorgungsausgleich gerade auf die Personengruppe zugeschnitten ist, die „ehebedingt" auf eine eigene Altersvorsorge verzichten mußte, läuft das Verlangen des Ehemannes auf vollständigen Verzicht auf Versorgungsausgleich dem Anstandsgefühl aller billig und gerecht Denkenden zuwider.[116] Der ehevertraglich vereinbarte Ausschluß des Versorgungsausgleich ist unwirksam, da die Ehefrau im Alter auf Sozialhilfe angewiesen ist (zum Unterhaltsverzicht vgl. Rdn. 88).

Anders ist es im

2. **Beispiel:** Die Frau erwartet ein Kind. Der Mann ist nur bereit, die Ehe mit ihr zu schließen, wenn sie auf Versorgungsausgleich verzichtet (möglicherweise auch auf nachehelichen Unterhalt und Zugewinnausgleich). Nach eingehender Beratung durch den Notar, der seine Belehrung über die rechtlichen Risiken auch in der Urkunde vermerkt (vgl. Abschnitt II. im 2. Vertragsmuster), willigt die Frau in den Abschluß des Ehevertrages ein. Bei Scheidung der Ehe beruft sie sich darauf, ihr Verzicht auf Versorgungsausgleich sei sittenwidrig, da ihr Mann hiervon die Eheschließung abhängig gemacht habe.[117]

Sie wird hiermit keinen Erfolg haben, da es einen rechtlichen Zwang zur Eheschließung nicht gibt, sie auch nicht ohne rechtliche Beratung den Vertrag unterschrieben hat.

Von derartigen äußerst seltenen Fällen abgesehen, ist es heute ganz herrschende Meinung,[118] daß der vollständige Ausschluß des Versorgungsausgleichs auch dann wirksam vereinbart werden kann, wenn er im Ergebnis dazu führt, daß bei einer späteren Scheidung ein Ehegatte ohne Altersversorgung bleibt. Selbst wenn im Ehevertrag mit dem Ausschluß des Versorgungsausgleichs zugleich Gütertrennung und ein Verzicht auf nachehelichen Unterhalt vereinbart werden, ist dies grundsätzlich wirksam, auch wenn sich hieraus im Scheidungsfall unbillige Härten für einen Ehegatten ergeben.[119]

70   Eine ganz andere Frage ist es, ob es **vernünftig** ist, den Versorgungsausgleich auszuschließen.[120] Hier gilt, was bereits zur Zugewinngemeinschaft gesagt wurde: in der Mehrzahl der Ehen führt der Versorgungsausgleich zu sachgerechten Ergebnissen.[121] Dies gilt insbesondere für die Hausfrauenehe. Die Hausfrau verzichtet mit Rücksicht auf die Familie auf eigene Erwerbstätigkeit, damit zugleich auf eine eigene Altersversorgung. Der Zuschnitt der gesetzlichen Regelung über den Versorgungsausgleich auf die Hausfrauenehe bedeutet allerdings auch, daß deren Richtigkeitsgewähr zumindest nicht ohne weiteres für Eheleute gilt, die ihre Lebensgemeinschaft anders ausgerichtet haben.[122]

Beispiel: Die Ehefrau ist Beamtin, der Ehemann will seinen Beruf aufgeben, um fortan als freier Künstler mit einer vagen Hoffnung auf finanziellen Erfolg zu leben.

Hier ist verständlich, wenn die Frau die Entscheidung ihres Mannes, auf sicheres Einkommen (und Aufbau einer Altersversorgung) zu verzichten, nicht mit der Kürzung ihrer Pension im Falle des Scheiterns der Ehe bezahlen will.

Auch bei der sog. **Doppelverdienerehe** (mit einem unterschiedlich hohen Einkommen der Ehegatten) sprechen gute Gründe für den vollständigen Ausschluß des Versorgungsausgleichs.

Nahezu zwingend ist eine Vereinbarung über den Versorgungsausgleich immer dann, wenn die Ehegatten **Gütertrennung** vereinbart haben und der eine Ehegatte seine Vorsorge für das Alter durch eine Kapitallebensversicherung, Kauf einer Immobilie oder andere Vermögensanlagen getroffen hat (Vermögenswerte, die er bei Scheidung nicht auszugleichen hat), während der andere Ehegatte über ausgleichspflichtige Versorgungsanrechte verfügt.

Versorgungsausgleich und Ausschluß des Versorgungsausgleichs stehen 71
(wie Zugewinngemeinschaft und Gütertrennung) im Verhältnis von „Alles
oder Nichts" zueinander. Die Empfehlung, Gütertrennung nur nach einer
sehr sorgfältigen Abwägung der Vor- und Nachteile als Güterstand zu wählen, vor allem zu überlegen, ob eine sachgerechte Lösung nicht über eine
(weniger folgenreiche) Modifizierung der Zugewinngemeinschaft zu erreichen ist, gilt auch für die Vereinbarung über den Ausschluß des Versorgungsausgleichs.
Zu den vielfältigen Möglichkeiten der Modifizierung des Versorgungsausgleichs siehe Rdn. 104 ff.

Beispiel: Die jungen Eheleute, beide berufstätig, wollen den Versorgungsausgleich ausschließen. Ihr Verständnis der Ehe als „Ehe auf Probe mit Trauschein" läßt den Ausschluß des Versorgungsausgleichs sachgerecht erscheinen. Was aber ist, wenn die Ehe – trotz aller Skepsis – von Bestand ist? Bereits diese Möglichkeit sollte zu der Überlegung Anlaß geben, den Ausschluß des Versorgungsausgleichs auflösend bedingt derart zu vereinbaren, daß er nicht mehr gelten soll, wenn die „Probezeit" abgelaufen ist. Vor allem sollte bedacht werden, daß nach der Geburt eines Kindes aus der jetzigen „Doppelverdienerehe" eine „Hausfrauenehe" werden kann.

Im **Ergebnis** kann festgestellt werden, daß der Ausschluß des Versorgungsausgleichs in einem vorsorglichen Ehevertrag nur dann sachgerecht ist, wenn ein ehebedingter Verzicht eines Ehegatten (meist der Frau) auf Vorsorge für das Alter, sei es auch nur für die Zeit der Betreuung eines gemeinsamen Kindes, nicht in Betracht kommt. Damit soll nicht gesagt werden, daß nicht auch hier vernünftige Gründe dafür sprechen können, den Versorgungsausgleich abweichend vom Gesetz zu regeln. Dies bedingt jedoch nicht den vollständigen und gegenseitigen Verzicht auf die Durchführung des Versorgungsausgleichs im Scheidungsfall.

VII. Unterhalt des geschiedenen Ehegatten

1. Grundzüge der gesetzlichen Regelung

Die Reform des Scheidungsrechts aus dem Jahre 1977 regelt Unterhalts- 72
ansprüche des geschiedenen Ehegatten (abweichend vom früheren Recht)
unabhängig davon, ob den unterhaltsbedürftigen Ehegatten ein Verschulden
am Scheitern der Ehe trifft oder nicht. Die Diskussion, ob es richtig ist, die
Frage nach dem Unterhalt unabhängig vom Zerrüttungsverschulden zu beantworten, wird auch heute noch kontrovers geführt.[123] Es ist verständlich,
daß das Thema „nachehelicher Unterhalt" im Beratungsgespräch, insbesondere mit jungen Eheleuten, das weitaus schwierigste ist. In der Regel drängt
der Mann auf einen vollständigen Unterhaltsverzicht, während die Frau –
aus guten Gründen – dem Vorschlag ablehnend gegenübersteht, da sie ihre Situation im Scheidungsfall nach der Geburt eines Kindes und Verzicht auf eigene Berufstätigkeit in Betracht zieht.

Zu beobachten ist, daß die Befürchtung, nach einer kurzen Ehezeit ein Leben lang an den geschiedenen Ehegatten Unterhalt leisten zu müssen, auch auf Fehlvorstellungen über die gesetzliche Regelung beruht, die durch Berichte in der Boulevard-Presse („Ehemann zahlt untreuer Frau eine Lebensrente von 6000,– DM monatlich") verstärkt werden.

Es ist daher notwendig, daß sich die Ehegatten vor ihrer Entscheidung, auf Unterhalt für die Zeit nach Scheidung der Ehe vollständig zu verzichten, über die **gesetzliche Regelung** unterrichten.

Wichtig ist hier erneut der Hinweis, daß sich der Gesetzgeber bei der Regelung des Unterhalts des geschiedenen Ehegatten **am Leitbild der „Hausfrauenehe"** orientiert hat. Neben dem Zugewinnausgleich und dem Versorgungsausgleich dient auch der Anspruch auf nachehelichen Unterhalt der **wirtschaftlichen Sicherung des sozial schwächeren Teils** nach der Scheidung. Je weiter sich der von den Ehegatten gewählte Ehetyp von dem der „Hausfrauenehe" entfernt, je mehr liegt es nahe, ehevertraglich abweichende Vereinbarungen zu treffen.

§ 1569 BGB lautet:
Kann ein Ehegatte nach der Scheidung nicht selbst für seinen Unterhalt sorgen, so hat er gegen den anderen Ehegatten einen Anspruch auf Unterhalt nach den folgenden Vorschriften.

73   Damit ist der **Grundsatz** ausgesprochen, daß ein geschiedener Ehegatte Anspruch auf Unterhalt nur dann hat, wenn er nicht selbst für sich sorgen kann. Zugleich ist gesagt, daß der Unterhaltsanspruch von einem Verschulden am Scheitern der Ehe unabhängig ist. Schließlich zeigt die Vorschrift, daß nicht in jedem Fall der wirtschaftlich schwächere Ehegatte Unterhalt beanspruchen kann; es müssen stets die Voraussetzungen eines gesetzlichen Unterhaltstatbestandes (§§ 1570–1576 BGB) erfüllt sein.

Das Gesetz geht von der **wirtschaftlichen Eigenverantwortung** des geschiedenen Ehegatten für seinen Unterhalt aus, verweist ihn also darauf, für seinen Unterhalt durch Berufstätigkeit selbst aufzukommen.[124] Richtig ist aber auch die Feststellung, daß nach dem geltenden Recht der bedüftige Ehegatte die Möglichkeit hat, sein Existenzrisiko endgültig auf den Partner der geschiedenen Ehe abzuwälzen. Dieser hat möglicherweise – ohne eigenes Verschulden am Scheitern der Ehe – für die Kosten des Unterhalts des geschiedenen Ehegatten bis zu seinem Lebensende (und seine Erben darüberhinaus (§ 1586 b BGB) aufzukommen.[125]

Die Ehegatten sollen sich die Frage stellen, ob nach ihrem Verständnis der Ehe, dem von ihnen gelebten oder geplanten Ehetyp, einer für den anderen bereit ist, das Unterhaltsrisiko nach einem Scheitern der Ehe zu tragen.

Die Antwort auf diese Frage sollte nicht pauschal gegeben werden. Es ist zwischen den einzelnen Unterhaltstatbeständen des Gesetzes zu unterscheiden. Der Katalog der gesetzlichen Unterhaltstatbestände betrifft ganz verschiedene Sachverhalte, die zu einer Unterhaltsberechtigung eines Ehegatten

VII. Unterhalt des geschiedenen Ehegatten

nach Scheidung führen. Wichtig ist vor allem, daß die **Unterhaltsberechtigung** „ehebedingt" sein kann, es aber nicht sein muß.[126] Der Unterhaltsanspruch wegen Betreuung eines gemeinschaftlichen Kindes ist „ehebedingt", weil der Ehegatte, der mit Einverständnis des anderen die Betreuung und Erziehung des Kindes übernommen hat und dieser Aufgabe seine eigenen beruflichen Pläne untergeordnet hat, damit auch nach Scheidung eine Aufgabe erfüllt, „die als Nachwirkung der geschiedenen Ehe dem Wohl und Interesse des Kindes dient, und dazu bestimmt ist, diesem eine von der Zerrüttung der Familie möglichst wenig beeinträchtigte, intensive persönliche Betreuung zu gewähren".[127] Stützt dagegen der geschiedene Ehegatte seinen Unterhaltsanspruch darauf, daß er seinen Arbeitsplatz verloren hat und auf dem Arbeitsmarkt keine ihm angemessene Erwerbstätigkeit zu haben ist, ist dieser Fall der Unterhaltsbedürftigkeit nicht ehebedingt, weil das Arbeitsplatzrisiko den Verheirateten wie den Unverheirateten in gleicher Weise trifft.

Die Ausrichtung unseres Themas am „Ehetyp" zur Beantwortung der Frage, ob ein ehevertraglicher Regelungsbedarf besteht oder nicht, verlangt für das Unterhaltsrecht eine **Differenzierung nach Unterhaltstatbeständen**. Das Ergebnis der Überlegungen kann dazu führen, auf nachehelichen Unterhalt vollständig zu verzichten (also für alle denkbaren Unterhaltstatbestände), aber auch dazu, einen oder mehrere gesetzliche Unterhaltstatbestände vom gegenseitigen Unterhaltsverzicht auszunehmen, schließlich auch dazu, den gesetzlichen Unterhaltsanspruch in anderer Weise zu modifizieren, sei es ihn auf einen bestimmten Unterhaltstatbestand zu beschränken, sei es ihn zeitlich zu befristen oder der Höhe nach zu begrenzen.

a) Die einzelnen Unterhaltstatbestände:

• Unterhalt wegen Betreuung eines Kindes

§ 1570 BGB lautet:
Ein geschiedener Ehegatte kann von dem anderen Unterhalt verlangen, solange und soweit von ihm wegen der Pflege oder Erziehung eines gemeinschaftlichen Kindes eine Erwerbstätigkeit nicht erwartet werden kann.

Ein gemeinschaftliches Kind ist auch ein adoptiertes Kind beider Ehegatten oder das von einem Ehegatten adoptierte Kind des anderen Ehegatten.[128]
Bei der Frage, ob und in welchem Umfang von dem geschiedenen Ehegatten, der ein gemeinschaftliches Kind betreut, eine Erwerbstätigkeit erwartet werden kann, ist auf das Alter und die Zahl der Kinder sowie die Betreuungssituation vor und nach der Scheidung abzustellen.
Danach braucht sich der Ehegatte im Regelfall nicht auf eine Erwerbstätigkeit verweisen zu lassen, solange er ein nicht schulpflichtiges Kind betreut. Gleiches gilt für das erste Grundschuljahr. Bei einem einzigen schulpflichtigen Kind ist der betreuende Elternteil für die Zeit danach regelmäßig gehalten, eine Halbtagstätigkeit zu übernehmen. Bei einem Alter des Kindes

zwischen 11 und 15 Jahren ist in jedem Fall eine Halbtagstätigkeit zumutbar, nach Vollendung des 15. Lebensjahres des Kindes eine Ganztagstätigkeit.[129] Bei der Betreuung von zwei und mehr Kindern im Alter von weniger als 11 Jahren ist der Ehegatte im allgemeinen nicht verpflichtet, eine Erwerbstätigkeit aufzunehmen, auch nicht im Falle der Betreuung eines Problemkindes.[130]

75 • **Unterhalt wegen Alters**
Nach § 1571 BGB kann ein geschiedener Ehegatte von dem anderen Unterhalt verlangen, wenn von ihm im Zeitpunkt der Scheidung wegen seines Alters eine Erwerbstätigkeit nicht mehr erwartet werden kann.
Hat der geschiedene Ehegatte das 65. Lebensjahr vollendet, braucht er einer Erwerbstätigkeit nicht nachzugehen, hat er das 60. Lebensjahr vollendet, braucht er eine solche nicht aufzunehmen, ihm ist es jedoch zuzumuten, seine bisherige Erwerbstätigkeit fortzusetzen.[131]
Der Ehegatte, der im Zeitpunkt der Ehescheidung wegen der Pflege oder Erziehung eines gemeinschaftlichen Kindes Unterhalt verlangen kann, kann für die Zeit danach wegen Alters ebenfalls unterhaltsberechtigt sein. Auch beim Wegfall der Voraussetzungen für einen Unterhaltsanspruch wegen Krankheit (§ 1572 BGB) oder wegen Arbeitslosigkeit kann sich eine Unterhaltsberechtigung wegen Alters anschließen.

76 • **Unterhalt wegen Krankheit**
Nach § 1572 BGB kann ein geschiedener Ehegatte von dem anderen Unterhalt verlangen, solange und soweit von ihm vom Zeitpunkt der Scheidung an (nach der Beendigung der Kindesbetreuung, der Beendigung der Ausbildung, Fortbildung oder Umschulung oder des Wegfalls der Voraussetzungen für einen Unterhaltsanspruch wegen Arbeitslosigkeit) wegen Krankheit oder anderer Gebrechen oder Schwächen seiner körperlichen oder geistigen Kräfte eine Erwerbstätigkeit nicht erwartet werden kann.

• **Unterhalt bis zur Erlangung einer angemessenen Erwerbstätigkeit**
Soweit ein geschiedener Ehegatte keinen Unterhaltsanspruch nach den bisher genannten Vorschriften hat, kann er gleichwohl Unterhalt verlangen, solange und soweit er nach der Scheidung keine angemessene Erwerbstätigkeit zu finden vermag (§ 1573 BGB). Gemeint ist der Fall der Arbeitslosigkeit, aber auch der Fall, in dem die Einkünfte aus einer Ganztags- oder Halbtagstätigkeit nicht ausreichen (sog. Aufstockungs- oder Ergänzungsunterhalt, § 1573 Abs. 2 BGB), schließlich der Fall, daß zu einem nach der Scheidung liegenden Zeitpunkt die Einkünfte aus einer angemessenen Erwerbstätigkeit wegfallen oder nicht mehr ausreichen.
Diese Unterhaltstatbestände sind es vor allem, die bei einer Scheidung der Ehe in Einzelfällen vom unterhaltspflichtigen Ehegatten als ungerecht empfunden werden.
Hierzu zwei Beispiele:

VII. Unterhalt des geschiedenen Ehegatten

1. Beispiel: Im Zeitpunkt der Eheschließung übt der Mann erfolgreich eine Tätigkeit als Industriekaufmann aus. Er gibt diese Tätigkeit auf, um zu studieren. Nach einer Entscheidung des OLG Hamm (FamRZ 1978, 899) kann er nach § 1573 Abs. 1 BGB von seiner geschiedenen Ehefrau Unterhalt verlangen.

2. Beispiel: Der Chefarzt einer Klinik heiratet seine Sekretärin, die ihre Berufstätigkeit aufgibt. Nach 20-jähriger Ehe kommt es zur Scheidung. Die jetzt 45-jährige Ehefrau (die Ehe ist kinderlos) braucht ihren erlernten Beruf als Sekretärin nicht wieder aufzunehmen, weil dies nach den ehelichen Lebensverhältnissen für sie unangemessen ist. Selbst wenn sie berufstätig wird, kann sie den Unterschiedsbetrag zwischen ihren eigenen Einkünften und den Kosten der gewohnten Lebensführung als Aufstockungs- oder Ergänzungsunterhalt vom geschiedenen Mann verlangen.

Diese als „Nerzklausel" kritisierte Lebensstandardgarantie des § 1573 Abs. 2 BGB, die zu einer schematischen hälftigen Quotelung der Einkommensdifferenz führen kann, ist in beiden Beispielsfällen nicht überzeugend. Die gesetzlichen Korrekturmöglichkeiten in § 1573 Abs. 5 und § 1578 Abs. 1 BGB, aufgrund derer im Scheidungsverfahren, etwa bei einer kinderlosen Ehe von nicht allzu langer Dauer, die Bemessung des Unterhaltsanspruchs zeitlich begrenzt und danach auf den angemessenen Lebensbedarf abgestellt werden kann, gelten nur ausnahmsweise.[132]

Vorsorgende ehevertragliche Vereinbarungen sind insbesondere bei der Doppelverdienerehe (mit unterschiedlichem hohem Einkommen), aber auch bei der kinderlosen Einverdienerehe daher anzuraten.

- **Unterhalt zur Ausbildung, Fortbildung und Umschulung**

Nach § 1575 BGB kann ein geschiedener Ehegatte, der in Erwartung der Ehe oder während der Ehe eine Schul- oder Berufsausbildung nicht aufgenommen oder abgebrochen hat, von dem anderen Ehegatten Unterhalt verlangen, wenn er diese oder eine entsprechende Ausbildung sobald wie möglich aufnimmt, um eine angemessene Erwerbstätigkeit, die den Unterhalt nachhaltig sichert, zu erlangen und der erfolgreiche Abschluß der Ausbildung zu erwarten ist. Der Unterhaltsanspruch besteht längstens für die Zeit, in der eine solche Ausbildung im allgemeinen abgeschlossen wird; dabei sind ehebedingte Verzögerungen der Ausbildung zu berücksichtigen.

- **Unterhalt aus Billigkeitsgründen**

Ein geschiedener Ehegatte kann nach § 1576 BGB von dem anderen Unterhalt verlangen, soweit und solange von ihm aus sonstigen schwerwiegenden Gründen eine Erwerbstätigkeit nicht erwartet werden kann und die Versagung von Unterhalt unter Berücksichtigung der Belange beider Ehegatten grob unbillig wäre. Schwerwiegende Gründe dürfen nicht allein deswegen berücksichtigt werden, weil sie zum Scheitern der Ehe geführt haben.

Diese Ausnahmevorschrift betrifft vor allem Fälle, in denen ein geschiedener Ehegatte durch die Pflege und Erziehung eines nicht gemeinschaftlichen Kindes (z. B. auch eines Pflegekindes, das die Ehegatten während der Ehe aufgrund eines gemeinschaftlichen Entschlusses aufgenommen haben) gehindert ist, einer Erwerbstätigkeit nachzugehen.[133]

79   b) **Unterhaltsbedürftigkeit/Leistungsfähigkeit.** Sind die Voraussetzungen eines Unterhaltstatbestandes (die in den §§ 1570–1576 BGB abschließend genannt sind) erfüllt, kann der geschiedene Ehegatte gleichwohl nur Unterhalt verlangen, solange und soweit er sich nicht aus seinen Einkünften und seinem Vermögen selbst unterhalten kann (§ 1577 Abs. 1 BGB) **und** der andere Ehegatte nach seinen Erwerbs- und Vermögensverhältnissen in der Lage ist, ohne Gefährdung des eigenen angemessenen Unterhalts dem Berechtigten Unterhalt zu gewähren (§ 1581 BGB).

Das Gesetz stellt danach den Unterhaltsanspruch des geschiedenen Ehegatten unter zwei weitere Voraussetzungen. Zum einen wird der geschiedene Ehegatte **auf eigene Einkünfte** (Arbeitseinkommen, Vermögenserträgnisse[134]) **und die Verwertung seines Vermögens verwiesen,** ehe er einen Anspruch gegen den anderen Ehegatten geltend machen kann. Zum Vermögen gehört auch, was der Ehegatte als Zugewinnausgleich bei Scheidung der Ehe erhalten hat,[135] ebenso die Vermögenswerte, die die Ehegatten während der Ehe gemeinsam erworben haben (z. B. ein Mehrfamilienhaus, das den Eheleuten zu je 1/2 Anteil gehört), schließlich die Vermögenswerte, die der Ehegatte bei der Vermögensauseinandersetzung im Zusammenhang mit der Scheidung erhalten hat. Hat z. B der Ehemann das Mehrfamilienhaus zu Alleineigentum erhalten, hat er dieses notfalls zu verwerten, bevor ihm ein Anspruch auf Unterhalt gegen seine geschiedene Ehefrau zusteht. Zu dem Vermögen zählt auch, was der an sich unterhaltsberechtigte Ehegatte nach Scheidung der Ehe als Erbe erhält.

Von der Verpflichtung, zur Bestreitung der Unterhaltskosten auch den Stamm des eigenen Vermögens zu verwerten, macht § 1577 Abs. 3 BGB insoweit eine Ausnahme, als die Verwertung nicht unwirtschaftlich oder unter Berücksichtigung der beiderseitigen wirtschaftlichen Verhältnisse nicht unbillig sein darf. Die Veräußerung eines „bescheidenen Eigenheims", das von einem Ehegatten selbst genutzt wird, wird in aller Regel sowohl unwirtschaftlich als auch unbillig sein.[136]

Zum anderen findet der Unterhaltsanspruch des bedürftigen Ehegatten seine **Grenzen in der Leistungsfähigkeit des unterhaltspflichtigen Ehegatten.**

§ 1581 BGB lautet:
Ist der Verpflichtete nach seinen Erwerbs- und Vermögensverhältnissen unter Berücksichtigung seiner sonstigen Verpflichtungen außerstande, ohne Gefährdung des eigenen angemessenen Unterhalts dem Berechtigten Unterhalt zu gewähren, so braucht er nur insoweit Unterhalt zu leisten, als es mit Rücksicht auf die Bedürfnisse und die Erwerbs- und Vermögensverhältnisse des geschiedenen Ehegatten der Billigkeit entspricht. Den Stamm des Vermögens braucht er nicht zu verwerten, soweit die Verwertung unwirtschaftlich oder unter Berücksichtigung der beiderseitigen wirtschaftlichen Verhältnisse unbillig wäre.

80   Ist also der Unterhaltsverpflichtete gerade noch in der Lage, aus seinen Einkünften und/oder seinem Vermögen den eigenen notwendigen Unterhalt

VII. Unterhalt des geschiedenen Ehegatten

zu bestreiten, besteht mangels Leistungsfähigkeit überhaupt keine Unterhaltspflicht. Die Billigkeitsregelung des § 1581 BGB greift dann ein, wenn sich nach Berechnung des an sich dem Berechtigten zustehenden Unterhalts der angemessene Unterhalt des Verpflichteten nicht mehr voll gewährleistet wäre. Dies erfolgt in der Praxis in der Weise, daß ein **Selbstbedarf** ermittelt wird, also ein Betrag, der dem Verpflichteten auf jeden Fall verbleiben muß. Auskunft über den Selbstbehalt (notwendigen Eigenbedarf) und die Unterhaltssätze geben die Bedarfstabellen und Unterhaltsrichtlinien, die von den Familiensenaten der Oberlandesgerichte erarbeitet und ständig fortgeschrieben werden.[137]

Nach der „Düsseldorfer Tabelle" (Stand 1.7.1999) beträgt der notwendige Eigenbedarf (Selbstbehalt) des nichterwerbstätigen Unterhaltspflichtigen monatlich DM 1300,–, des erwerbstätigen Unterhaltspflichtigen monatlich DM 1500,–.

Die Unterhaltsrichtlinien, die in Abständen fortgeschrieben werden, geben Auskunft über das anrechenbare Einkommen, über die Höhe des Kindesunterhalts, der sich nach dem Alter des unterhaltspflichtigen Kindes und der Zahl der unterhaltsberechtigten Kinder richtet, und über die Höhe des Ehegattenunterhalts.

Berechnungsbeispiel nach der Düsseldorfer Tabelle:

Der unterhaltspflichtige Mann hat ein „bereinigtes Nettoeinkommen" von DM 3000,– (das „bereinigte" Nettoeinkommen berücksichtigt insbesondere berufsbedingte Aufwendungen und Schulden aus der Ehezeit als Folge der Trennung). Unterhaltsberechtigt sind neben der nichterwerbstätigen Ehefrau zwei gemeinsame Kinder im Alter von 5 und 11 Jahren. Der Kindesunterhalt beträgt DM 405,– bzw. 492,–, mithin insgesamt DM 897,–. Danach verbleiben dem Ehemann DM 2113,–. Der sog. Bedarfskontrollbetrag, der nicht identisch ist mit dem Eigenbedarf, soll eine ausgewogene Verteilung des Einkommens zwischen dem Unterhaltspflichtigen und den unterhaltsberechtigten Kindern unter Berücksichtigung auch des Ehegattenunterhalts gewährleisten. Bei einem Nettoeinkommen von DM 3000,– des Ehemannes beträgt der Bedarfskontrollbetrag DM 1800,–.

Hier liegt auch unter Einbeziehung des Kindergeldes ein Mangelfall vor, also die Situation, daß das Einkommen des Unterhaltspflichtigen nicht ausreicht, um den eigenen Unterhalt, den Kindesunterhalt und den Ehegattenunterhalt sicherzustellen. Hier müssen sich alle Unterhaltsberechtigten eine Kürzung des Anspruchs gefallen lassen. Es ist also nicht so, wie vielfach angenommen wird, daß der unterhaltspflichtige Ehegatte stets $^3/_7$ seines anrechenbaren Einkommens an den unterhaltsberechtigten Ehegatten zu zahlen hat.

Als Zwischenergebnis ist festzuhalten, daß der geschiedene Ehegatte Unterhalt beanspruchen kann, wenn die Voraussetzungen eines Unterhaltstatbestandes gegeben sind, er unterhaltsbedürftig in dem Sinne ist, als er aus seinen Einkünften und seinem Vermögen sich nicht selbst unterhalten kann, und der andere Ehegatte aufgrund seiner Einkommens- und Vermögensverhältnisse in der Lage ist, Unterhalt zu gewähren.

c) Maß und Umfang des zu leistenden Unterhalts. Nach § 1578 Abs. 1 BGB bestimmt sich das Maß des Unterhalts nach den ehelichen Lebensverhältnissen im Zeitpunkt der Scheidung. Steht die Unterhaltspflicht eines Ehegatten fest, geht es nun um die Fragen, was zum Unterhalt gehört und in welcher Höhe Unterhalt geschuldet wird.

Der Unterhalt umfaßt den „gesamten Lebensbedarf". Hierzu gehören insbesondere die Aufwendungen für Wohnung, Nahrung und Kleidung, die Pflege der Gesundheit, aber auch die Kosten einer angemessenen Versicherung für den Fall des Alters sowie der Berufs- oder Erwerbsunfähigkeit (sog. Vorsorgeunterhalt, § 1578 Abs. 3 BGB), schließlich auch die Kosten einer Schul- oder Berufsausbildung, einer Fortbildung oder einer Umschulung.[138]

Das „**Maß des Unterhalts**", letztlich also die Höhe der monatlich zu zahlenden Geldrente (§ 1585 BGB), bestimmt sich „nach den ehelichen Lebensverhältnissen im Zeitpunkt der Scheidung". Die Gerichte ermitteln die Höhe des Unterhalts mit Hilfe von Unterhaltsrichtsätzen. Danach erhält der nicht erwerbstätige unterhaltsberechtigte Ehegatte $3/7$ des anrechnungsfähigen Nettoeinkommens des erwerbstätigen Ehegatten nach Abzug des Kindesunterhalts (ohne Abzug des Kindergeldes).[139]

Hierzu ein **Berechnungsbeispiel** nach der „Düsseldorfer Tabelle" (die nur mit geringen Abweichungen von den übrigen Oberlandesgerichten angewendet wird):

Der Ehemann hat ein Nettoeinkommen von 7000 DM. Er zahlt für die gemeinsamen Kinder im Alter von 5 bzw. 11 Jahren, die bei der Mutter leben, monatlichen Unterhalt in Höhe von 639,- DM bzw. 776,- DM. Danach verbleiben ihm 5585,- DM. Hiervon steht der Ehefrau als eigener Unterhalt grundsätzlich $3/7$ zu, also 2394,- DM.

83   Die Berechnung des Unterhalts bei einer „Doppelverdienerehe" mit einem unterschiedlich hohen Einkommen erfolgt nach der sog. **Differenzmethode**.

Hierzu folgendes **Beispiel:**

Der Ehemann verdient 4000 DM netto, die Ehefrau 1900 DM netto. Die Ehe ist kinderlos. Hier wird zunächst die Differenz der Einkommen errechnet; sie beträgt 2100 DM. Der Ehefrau steht Unterhalt gegen ihren Mann in Höhe von $3/7$ der Differenz zu, also in Höhe von 900 DM monatlich, jedoch begrenzt durch den vollen ehelichen Bedarf (§ 1578 BGB).

Da sich die Höhe des Unterhalts allein nach den ehelichen Lebensverhältnissen bestimmt, also nicht auf den notwendigen Bedarf des unterhaltsberechtigten Ehegatten begrenzt ist, kann das heißen, daß der geschiedene Ehegatte auch an einem außergewöhnlich hohen Einkommen des anderen Ehegatten mit der Quote von $3/7$ partizipiert.

Beispiel: Bei einem monatlichen Nettoeinkommen des freiberuflich tätigen Mannes von 28 000 DM steht der Ehefrau ein Betrag von 12 000 DM monatlich zu, eine Summe, die weit über dem liegt, was zur Bestreitung auch eines gehobenen Lebensunterhalts notwendig ist.

Das Gesetz kennt **keine Obergrenzen** für den „angemessenen" Unterhalt. Die Rechtsprechung begrenzt den Unterhaltsanspruch in Einzelfällen mit

VII. Unterhalt des geschiedenen Ehegatten 67

dem zutreffenden Argument, daß gerade bei einem Freiberufler Teile des Einkommens zur Vermögensbildung verwendet werden, also auch während der Ehe nicht zur Bestreitung des Unterhalts dienten.[140] Hier sprechen gute Gründe dafür, die Frage der Höhe des Unterhalts bei Scheidung der Ehe ehevertraglich zu begrenzen (vgl. Rdn. 116).

§ 1578 Abs. 1 Satz 2 BGB gibt dem Familiengericht im Scheidungsfall die Möglichkeit, die Bemessung des Unterhaltsanspruchs nach den ehelichen Lebensverhältnissen zeitlich zu begrenzen und danach auf den angemessenen Lebensbedarf abzustellen, soweit insbesondere unter Berücksichtigung der Dauer der Ehe sowie der Gestaltung von Haushaltsführung und Erwerbstätigkeit eine zeitlich unbegrenzte Bemessung nach den ehelichen Lebensverhältnissen unbillig wäre. Das gilt in der Regel nicht, wenn der Unterhaltsberechtigte nicht nur vorübergehend ein gemeinschaftliches Kind allein oder überwiegend betreut hat oder betreut.

d) **Ausschluß des Unterhaltsanspruchs und sein Erlöschen.** Nach § 1579 BGB 84 (Härteklausel im Unterhaltsrecht) ist ein Unterhaltsanspruch zu versagen, herabzusetzen oder zeitlich zu begrenzen, soweit die Inanspruchnahme des Verpflichteten auch unter Wahrung der Belange eines dem Berechtigten zur Pflege oder Erziehung anvertrauten gemeinschaftlichen Kindes **grob unbillig** wäre. Als Gründe nennt das Gesetz insbesondere, daß die Ehe von kurzer Dauer war oder dem Berechtigten ein offensichtlich schwerwiegendes, eindeutig bei ihm liegendes Fehlverhalten gegen den Verpflichteten zur Last fällt.

Eine „**kurze**" **Ehedauer** ist in der Regel eine nicht mehr als 2-jährige, sie ist es nicht mehr bei einer 5-jährigen oder längeren.[141]

Von einem **schwerwiegenden,** eindeutig bei dem unterhaltsbedürftigen Ehegatten liegenden **Fehlverhalten** ist auszugehen bei Ehebruch oder bei Aufnahme einer nichtehelichen Lebensgemeinschaft mit einem Dritten bereits während der Ehezeit, allerdings nur, wenn es sich um ein schuldhaftes Verhalten handelt.[142] Das bedeutet keine Rückkehr zum Verschuldensprinzip im nachehelichen Unterhaltsrecht, wohl aber werden (allerdings vage) Grenzen eines verschuldensunabhängigen Unterhaltsrechts im Sinne einer Rechtsmißbrauchsklausel gezogen.

Nach § 1586 BGB erlischt der Unterhaltsanspruch mit der Wiederheirat oder dem Tod des Berechtigten. Wird die zweite Ehe des unterhaltsberechtigten Ehegatten geschieden, kann der Unterhaltsanspruch nach § 1586a BGB wieder aufleben, wenn aus der ersten Ehe ein gemeinsames Kind zu betreuen ist.

Mit dem Tod des Verpflichteten endet die Unterhaltspflicht dagegen nicht; 85 sie geht nach § 1586b BGB auf den Erben als Nachlaßverbindlichkeit über. Der insgesamt vom Erben geschuldete Betrag wird jedoch begrenzt durch den (fiktiven) Pflichtteil, der dem unterhaltsberechtigten Ehegatten zugestanden hätte, wenn die Ehe nicht geschieden worden wäre. Der Pflichtteil des Ehegatten beträgt neben Abkömmlingen $^1/_4$ des Nachlaßwerts. Zur Auswirkung eines Erb- oder Pflichtteilsverzichts auf diesen Unterhaltsanspruch vgl. Rdn. 117.

Die Darstellung des Unterhaltsrechts des geschiedenen Ehegatten muß sich auf die Grundzüge beschränken; sie will nicht mehr, als eine erste Übersicht geben. Für den Abschluß des Ehevertrages genügen Grundkenntnisse von den Unterhaltstatbeständen und der Unterhaltsbemessung. Sie erlauben die Entscheidung, ob es beim gesetzlichen Unterhaltsrecht bleiben soll, ob hierauf vollständig und gegenseitig verzichtet werden soll, oder ob eine Vereinbarung getroffen werden soll, die dieses Unterhaltsrecht in dem einen oder anderen Punkt modifiziert.

2. Der Unterhaltsverzicht

86   Nach § 1585c BGB können die Ehegatten über die Unterhaltspflicht für die Zeit nach der Scheidung Vereinbarungen treffen. Für die Regelung der Unterhaltsansprüche der Ehegatten für die Zeit nach der Scheidung, d. h. ab Rechtskraft des Scheidungsurteils, besteht volle Vertragsfreiheit. Dagegen sind die gesetzlichen Vorschriften für den künftigen Unterhalt während Bestehens der Ehe und während der Zeit des Getrenntlebens zwingend (vgl. Rdn. 28).

Die Vertragsfreiheit erlaubt es den Ehegatten (selbstverständlich auch unverheirateten Partnern vor der Eheschließung), **vorsorglich** in einem Ehevertrag Vereinbarungen über die nachehelichen Unterhaltsansprüche zu treffen, also nicht erst bei einer konkreten Scheidungsabsicht. Das Gesetz bestimmt nicht, daß die Regelung über die Unterhaltspflicht für die Zeit nach der Scheidung in einem zeitlichen Zusammenhang mit einem – beabsichtigten oder schon anhängigen – Scheidungsverfahren getroffen werden muß. Es ist heute unbestritten, daß der Wirksamkeit eines vollständigen Unterhaltsverzichts nicht entgegensteht, daß er im unmittelbaren Anschluß an die Eheschließung oder bereits vor der Eheschließung vereinbart wird.[143]

87   Der Unterhaltsverzicht und sonstige Vereinbarungen über den nachehelichen Unterhalt bedürfen **nicht** der **Form des Ehevertrages,** der bei gleichzeitiger Anwesenheit beider Ehegatten zur Niederschrift eines Notars geschlossen werden muß. Privatschriftliche und sogar mündliche Vereinbarungen sind wirksam.

Die Kritik am Gesetzgeber, der hier auf die Form des Ehevertrages verzichtet hat, ist berechtigt.[144] Unterhaltsvereinbarungen, insbesondere ein vollständiger Verzicht auf Unterhalt, können bei Scheidung der Ehe in ihren Folgen für den unterhaltsbedürftigen Ehegatten einschneidender sein, als etwa die Vereinbarung der Gütertrennung und/oder des Ausschlusses des Versorgungsausgleichs, für die notarielle Beurkundung gesetzlich vorgeschrieben ist.

Von privatschriftlichen Unterhaltsvereinbarungen ist dringend abzuraten. Hierfür sprechen zwei Gründe. Zum einen sichert die notarielle Beurkun-

VII. Unterhalt des geschiedenen Ehegatten 69

dung den **Beweis**, daß die Ehegatten nach rechtlicher Beratung und in Kenntnis der rechtlichen Tragweite die getroffene Regelung wirklich gewollt haben. Eine privatschriftliche Unterhaltsvereinbarung kann dagegen im Scheidungsfall leicht vom unterhaltsberechtigten Ehegatten angefochten werden mit der Behauptung, er habe erst jetzt die Bedeutung erkannt, über die er sich bei Abschluß der Vereinbarung geirrt habe. Die Mitwirkung des Notars ist auch aus sachlichen Gründen geboten. Der Notar als unparteiischer Betreuer beider Ehegatten achtet darauf, daß sich die Vereinbarung im Rahmen des rechtlich Zulässigen hält, Irrtümer und Zweifel vermieden und eine Benachteiligung aus Unerfahrenheit ausgeschlossen wird.

Ausnahmsweise ist eine Unterhaltsregelung **beurkundungspflichtig**. Das ist der Fall, wenn die Unterhaltsregelung im Zusammenhang mit den beurkundungspflichten Vereinbarungen zum Güterrecht oder zum Versorgungsausgleich steht. Die privatschriftliche Unterhaltsvereinbarung ist bei einem derartigen Regelungszusammenhang nach § 139 BGB grundsätzlich nichtig.[145] Nichtig ist aber auch der beurkundete Ehevertrag, da in ihm die Unterhaltsregelung fehlt.

Beispiel: Die Eheleute haben durch Ehevertrag Gütertrennung vereinbart und den Versorgungsausgleich ausgeschlossen. Es soll nun der gegenseitige und völlige Verzicht auf nachehelichen Unterhalt vereinbart werden, den jedoch ein Ehegatte davon abhängig macht, daß der bestehende Ehevertrag aufgehoben wird, also bei Scheidung der Ehe Zugewinn- und Versorgungsausgleich verlangt werden kann.

Da die Aufhebung des Ehevertrages selbst der notariellen Beurkundung bedarf und der Unterhaltsverzicht zumindest für einen Ehegatten untrennbarer Bestandteil dieser Gesamtvereinbarung ist, bedarf auch der Unterhaltsverzicht der Form des Ehevertrages.

Es ist zunächst zu betonen, daß die **Zulässigkeit einer vorsorgenden Vereinbarung**, mit der die Ehegatten gegenseitig vollständig auf Unterhalt für die Zeit nach Scheidung der Ehe verzichten, unbestritten ist.[146] 88

Ein Unterhaltsverzicht ist weder mit dem Wesen der Ehe unvereinbar,[147] noch berührt er einen Kernbereich der Ehe, in dem von der gesetzlichen Ausgestaltung abweichende Parteivereinbarungen als Verstoß gegen zwingendes Recht (etwa Artikel 6 Abs. 1 Grundgesetz oder § 1353 Abs. 1 BGB) nicht anerkannt werden könnten.

Der Verzicht auf nachehelichen Unterhalt ist auch grundsätzlich wirksam, wenn nach Scheidung ein Ehegatte wegen der Pflege und Erziehung eines gemeinschaftlichen Kindes unterhaltsbedürftig ist. Auch der Unterhaltstatbestand der Kindesbetreuung (§ 1570 BGB) ist nicht unabdingbar.[148] Schließlich ist eine Verzichtsvereinbarung nicht stets schon dann als sittenwidrig anzusehen, wenn sie bei Scheidung der Ehe dazu führt, daß der an sich unterhaltsberechtigte Ehegatte der Sozialhilfe anheimfällt.[149]

Besondere familiäre und wirtschaftliche **Verhältnisse** der Ehegatten können jedoch dazu führen, daß der Unterhaltsverzicht nach § 138 BGB **sittenwidrig** und somit nichtig ist.

Beispiel: In einer Scheidungsvereinbarung, die die Eheleute während des Getrenntlebens im Hinblick auf die beabsichtigte Scheidung schlossen, verzichtet die Ehefrau auf nachehelichen Unterhalt. Sie bezog zu diesem Zeitpunkt Sozialhilfe. Da sie ein 5-jähriges behindertes Kind zu versorgen hatte, war sie – voraussehbar auf Jahre hinaus – nicht in der Lage, einer Erwerbstätigkeit nachzugehen.

89 Der Bundesgerichtshof hat entschieden, daß ein Vertrag, mit dem bewußt die Unterstützungsbedürftigkeit des geschiedenen Ehegatten zulasten der Sozialhilfe herbeigeführt wird, den guten Sitten zuwiderlaufend und damit nach § 138 BGB nichtig sein kann, auch wenn er nicht auf einer Schädigungsabsicht der Ehegatten gegenüber dem Träger der Sozialhilfe beruht.[150] Entscheidend komme es vielmehr auf den „aus der Zusammenfassung von Inhalt, Beweggrund und Zweck zu entnehmenden Gesamtcharakter" der Verzichtsvereinbarung an.

Zu berücksichtigen ist, daß alle Gerichtsurteile Scheidungsvereinbarungen zum Gegenstand hatten, also der Unterhaltsverzicht von einem Ehegatten zu einem Zeitpunkt erklärt wurde, zu dem entweder die Scheidung bereits beantragt oder doch zumindest konkret beabsichtigt war. Maßgeblich für die **Beurteilung der Sittenwidrigkeit** ist der **Zeitpunkt des Vertragsschlusses**. Von daher wird man für einen vorsorgenden Ehevertrag darauf abstellen müssen, ob bereits zu diesem Zeitpunkt besondere Umstände vorlagen, die den Unterhaltsverzicht sittenwidrig sein lassen. Später eintretende Umstände, etwa Arbeitslosigkeit des bei Abschluß des Vertrages berufstätigen Ehegatten, bleiben bei der Prüfung der Sittenwidrigkeit außer Betracht.

Dies gilt grundsätzlich auch, wenn nach der Vereinbarung des Unterhaltsverzichts ein gemeinschaftliches Kind geboren wird und nach Scheidung der Ehe von dem Ehegatten wegen der Pflege und Erziehung eines gemeinschaftlichen Kindes nicht erwartet werden kann, daß er (ganz oder teilweise) selbst für seinen Unterhalt sorgt.

Jüngeren Eheleuten, auch wenn sie beide derzeit berufstätig sind, kann zu einem umfassenden und unbedingtem Unterhaltsverzicht nicht geraten werden (vgl. Rdn. 92). Richtig ist es hier, entweder den Unterhaltsverzicht auflösend bedingt zu vereinbaren in dem Sinne, daß er unwirksam wird, wenn einer der Ehegatten wegen der Geburt eines Kindes seine Berufstätigkeit ganz oder teilweise aufgibt (vgl. 2. Vertragsmuster), oder zumindest den Unterhaltsanspruch wegen Betreuung und Erziehung eines gemeinsamen Kindes (§ 1570 BGB) vom Unterhaltsverzicht auszunehmen (vgl. Rdn. 114).

90 Zu Recht mißt die Rechtsprechung dem Unterhaltstatbestand der Kindesbetreuung besondere Bedeutung bei, da der Unterhaltsanspruch des geschiedenen Ehegatten auch dem **Wohl des gemeinschaftlichen Kindes** dient.

Beispiel: Die jungen Eheleute haben vor der Ehe einen umfassenden Verzicht auf nachehelichen Unterhalt vereinbart in der Erwartung, daß sie beide berufstätig bleiben und die Ehe kinderlos sein wird. Fünf Jahre später gibt die Frau nach der Geburt eines Kindes ihre Erwerbstätigkeit auf. Drei Jahre später wird die Ehe geschieden.

VII. Unterhalt des geschiedenen Ehegatten

Nach der Rechtsprechung[151] ist dem auf Unterhalt in Anspruch genommenen geschiedenen Ehegatten die Berufung auf einen Unterhaltsverzicht des anderen Ehegatten dann verwehrt, wenn sie gegen Treu und Glauben verstößt. Das ist insbesondere der Fall, wenn die zur Zeit des Unterhaltsverzichts bestehenden oder erwarteten Verhältnisse sich nachträglich so entwickelt haben, daß überwiegend schutzwürdige Interessen gemeinschaftlicher Kinder der Geltendmachung des Verzichts entgegenstehen. Zu Recht wird betont, daß die Ehefrau mit der Pflege und Erziehung des Kindes eine Aufgabe erfüllt, die als Nachwirkung der geschiedenen Ehe dem Wohl und Interesse des Kindes dient und dazu bestimmt ist, diesem eine von der Zerrüttung der Familie möglichst wenig beeinträchtigte, intensive persönliche Betreuung zu gewähren. Auf eine solche Betreuung und Erziehung habe das Kind auch im Verhältnis zu seinem Vater einen grundrechtlich geschützten Anspruch. Die Frau, die mit Einverständnis des Mannes die Betreuung und Erziehung des Kindes übernommen habe, habe dieser Aufgabe ihre eigenen beruflichen Pläne untergeordnet.

Die Rechtsprechung erklärt richtigerweise den Verzicht auf nachehelichen Unterhalt nicht für sittenwidrig und damit unwirksam. Sie nimmt eine „Ausübungskontrolle" vor, die die Wirksamkeit der Vereinbarung und damit die Vertragsfreiheit der Ehegatten unberührt läßt, schränkt aber die Durchsetzbarkeit der Regelung für bestimmte Sachverhalte ein, in denen die Berufung des durch die Vereinbarung Begünstigten treuwidrig ist. Die Ausübungskontrolle ermöglicht es den Gerichten, den Unterhaltsanspruch zeitlich, z. B. für die Zeit der Kindesbetreuung (§ 1570 BGB), zu begrenzen, auch der Höhe nach, also abweichend von der $^3/_7$-Regelung niedriger festzusetzen bis zum Notbedarf. Bei der Höhe des Unterhaltsanspruchs orientieren sich die Gerichte am Kindeswohl.

Der Notar, der einen Verzicht auf nacheheliche Unterhalt beurkunden soll, wird – richtigerweise – nicht nur darauf bestehen, daß beide Ehegatten bei der Beurkundung gleichzeitig und persönlich anwesend sind, er wird auch seine gesetzliche Pflichten zur Belehrung über die rechtliche Tragweite und zur Ermittlung des wirklichen Willens des Verzichtenden (auch auf Unterhalt im Falle der Kindesbetreuung nach Scheidung der Ehe?) besonders sorgfältig wahrnehmen, hierüber einen Belehrungsvermerk in die Urkunde aufnehmen, vor allem darauf hinwirken, daß der Fall der Unterhaltsbedürftigkeit eines Ehegatten wegen der Betreuung gemeinsamer Kinder vom Unterhaltsverzicht ausgenommen wird.

Das OLG Düsseldorf[152] hat einen Notar verurteilt, den Ehemann im Wege des Schadensersatzes von den Unterhaltsansprüchen seiner geschiedenen Ehefrau freizustellen, weil er den Ehemann nicht darauf hingewiesen hatte, daß er sich auf diesen Verzicht nicht berufen kann, wenn die Ehefrau bei der Scheidung der Ehe gemeinsame Kinder zu versorgen hat. Diese Entscheidung ist wohl als skurril zu bezeichnen, da das Gericht annimmt, bei pflichtgemäßer Belehrung wäre der Ehemann die Ehe nicht eingegangen. Soll der Rechtsberater wirklich darauf hinwirken, die Ehe zu verhindern, vor allem wenn wie im entschiedenen Fall die Ehefrau kurz vor der Geburt ihres zweiten Kindes stand?

Die Begründung der Rechtsprechung ist überzeugend; sie sollte Anlaß geben, (zumindest) den Unterhaltsanspruch aus § 1570 BGB aus dem Unterhaltsverzicht auszuklammern. Es sind allerdings auch Lebenssachverhalte vorstellbar, in denen trotz einer möglichen Unterhaltsbedürftigkeit des geschiedenen Ehegatten wegen der Betreuung eines gemeinschaftlichen Kindes der vollständige Unterhaltsverzicht gewünscht wird. Ist etwa die Ehefrau Tochter vermögender Eltern, die auf dem Abschluß eines Ehevertrages bestehen, in dem der künftige Schwiegersohn auf Zugewinnausgleich und nachehelichen Unterhalt verzichtet, um das „Familienvermögen nicht zu gefährden", ist sein Wunsch, auch seinerseits von Unterhaltsansprüchen freigestellt zu werden, verständlich. In diesen Fällen sollte zur Vermeidung des späteren Vorwurfs rechtsmißbräuchlichen Verhaltens der Verzicht auf Unterhalt wegen Kindesbetreuung ausdrücklich im Ehevertrag erwähnt und die persönlichen Gründe hierfür genannt werden.

Die Vereinbarung eines vorsorglichen Unterhaltsverzichts im Ehevertrag kann nachteilige Auswirkungen für die Fragen der Altersversorgung und des Versorgungsausgleichs im Scheidungsfall haben.

Nach §§ 592, 593, 590 RVO erhält der Ehegatte – auch der geschiedene – bei Tod aufgrund Arbeitsunfalls des anderen Ehegatten nur dann Rente, wenn der Verstorbene zur Zeit seines Todes Unterhalt zu leisten hatte oder wenigstens während des letzten Jahres vor seinem Tod geleistet hat. Ein Unterhaltsverzicht führt also zum Fortfall dieser Rente.

Hat ein Ehegatte Renten- oder Versorgungsansprüche aus einer früheren Ehe und verzichtet er gegenüber dem jetzigen Ehegatten „ohne verständigen Grund" auf Unterhalt, leben diese Ansprüche bei Scheidung der zweiten Ehe nicht wieder auf.

Nach § 5 des Gesetzes zur Regelung von Härten im Versorgungsausgleich (VAHRG) wird die Altersversorgung des Ausgleichspflichtigen nicht gekürzt, wenn und solange er an den Berechtigten Unterhalt zu zahlen hat und dieser selbst aufgrund der im Versorgungsausgleich erhaltenen Anrechte noch keine Rente erhält. Der Unterhaltsverzicht führt zur Kürzung der Rente des zum Ausgleich verpflichteten Ehegatten, obwohl der andere Ehegatte noch keinen Rentenanspruch hat.[153]

2. Vertragsmuster: Ehevertrag junger Eheleute

Modifizierte Zugewinngemeinschaft; auflösend bedingter Ausschluß des Versorgungsausgleichs und des Verzichts auf nachehelichen Unterhalt für den Fall der Geburt eines gemeinsamen Kindes

Verhandelt zu ... am ...
Vor dem Notar ... in ...
                      erschienen:
1. Frau ...
2. Herr ...
Die Erschienenen erklärten:
Wir beabsichtigen zu heiraten und wollen für unseren Güterstand und für den Fall der Scheidung der Ehe Vereinbarungen treffen. Wir sind deutsche Staatsangehörige.

Wir schließen folgenden

EHEVERTRAG

I.
Modifizierte Zugewinngemeinschaft

1. Für den Fall, daß unsere Ehe kinderlos bleibt und unser Güterstand auf andere Weise als durch den Tod eines von uns beendet wird, insbesondere durch Scheidung der Ehe, schließen wir den Ausgleich des Zugewinns vollständig aus. Im übrigen bleibt es beim gesetzlichen Güterstand der Zugewinngemeinschaft, insbesondere auch beim Zugewinnausgleich im Todesfall.
2. Eine Aufstellung unseres beiderseitigen Vermögens wollen wir diesem Vertrag nicht beifügen.

II.
Ausschluß des Versorgungsausgleichs

1. Wir schließen den Versorgungsausgleich im Falle einer Scheidung unserer Ehe aus.
Der Notar hat uns über die Bedeutung des Ausschlusses des Versorgungsausgleichs belehrt, insbesondere darüber, daß ein Ausgleich der in der Ehezeit erworbenen Anwartschaften oder Aussichten auf eine Versorgung wegen Alters oder verminderter Erwerbsfähigkeit, gleich aus welchem Grunde, nach Scheidung unserer Ehe nicht stattfindet. Er hat uns auf die Folgen für die soziale Sicherung im Scheidungsfall hingewiesen.
2. Uns ist bekannt, daß der Ausschluß des Versorgungsausgleichs unwirksam wird, wenn einer von uns innerhalb eines Jahres nach Eheschließung Antrag auf Scheidung der Ehe stellt.

3. Der Ausschluß des Versorgungsausgleichs wird auflösend bedingt vereinbart. Sollte wegen der Geburt eines gemeinsamen Kindes einer von uns seine Berufstätigkeit ganz oder teilweise aufgeben, wird die Vereinbarung mit dem auf die Geburt des Kindes folgenden Monatsersten unwirksam. Der Versorgungsausgleich soll also für die Zeit ab der Geburt eines gemeinsamen Kindes durchgeführt werden, nicht jedoch für den Zeitraum davor.

III.
Verzicht auf nachehelichen Unterhalt

1. Wir vereinbaren für den Fall der Scheidung unserer Ehe den gegenseitigen und vollständigen Verzicht auf die Gewährung nachehelichen Unterhalts, auch für den Fall der Not, und nehmen diesen Verzicht gegenseitig an.

Der Notar hat uns über die Folgen dieses Unterhaltsverzichts belehrt, insbesondere über das Risiko, daß nach Scheidung der Ehe jeder für sich selbst für den eigenen Unterhalt Sorge zu tragen hat.

Wir erklären, daß wir beide über Einkommen aus Berufstätigkeit verfügen und auch während der Ehe berufstätig bleiben wollen.

2. Der Unterhaltsverzicht wird auflösend bedingt vereinbart. Sollte wegen der Geburt eines Kindes einer von uns seine Berufstätigkeit ganz oder teilweise aufgeben, steht ihm Unterhalt nach den gesetzlichen Vorschriften zu.

Inhalt der Erläuterungen

	Rdn.		Rdn.
1. Vereinbarungsmöglichkeiten zum Zugewinnausgleich – modifizierte Zugewinngemeinschaft	93	h) Ausschluß der im Anfangsvermögen der Ehegatten während der Ehezeit eingetretenen Wertsteigerung vom Zugewinnausgleich	101
a) Ausschluß des Zugewinnausgleichs nur für den Fall der Scheidung	94	i) Herausnahme einzelner Vermögensgegenstände aus dem Zugewinnausgleich	102
b) Auflösend bedingter Ausschluß des Zugewinnausgleichs für den Fall der Geburt eines gemeinsamen Kindes	95	j) Gegenständliche Rückforderung „ehebedingter" Zuwendungen	102
c) Befristeter Ausschluß des Zugewinnausgleichs für den Fall einer kurzen Ehedauer	96	k) Anrechnung von Schenkungen	103
		l) Vereinbarungen zur Bewertung und zur Fälligkeit des Anspruchs auf Zugewinnausgleich	103a
d) Rücktrittsrecht eines Ehegatten von der Vereinbarung über den Ausschluß des Zugewinnausgleichs	97	2. Vereinbarungsmöglichkeiten zum Versorgungsausgleich	104
e) Negatives Anfangsvermögen eines Ehegatten	98	a) Auflösend bedingter Ausschluß des Versorgungsausgleichs für den Fall der Geburt eines gemeinsamen Kindes	105
f) Wertmäßige Festsetzung des Anfangsvermögens	99		
g) Pauschalierung des Anspruchs auf Zugewinn für den Fall der Scheidung der Ehe auf einen bestimmten Betrag	100	b) Befristeter Ausschluß des Versorgungsausgleichs für den Fall einer kurzen Ehedauer	106

2. Vertragsmuster: Ehevertrag junger Eheleute

c) Einseitiger Ausschluß des Versorgungsausgleichs 107
d) Herabsetzung der Ausgleichsquote 108
e) Ausschluß einzelner Anwartschaften auf Altersversorgung . 109
f) Ausschluß einzelner Zeiträume aus dem Versorgungsausgleich 110
g) Weitere Vereinbarungsmöglichkeiten zum Versorgungsausgleich 111
h) Vorsorgliche Vereinbarung über den Ausschluß des Versorgungsausgleichs nach § 1587o BGB 111a
3. Vereinbarungsmöglichkeiten zum nachehelichen Unterhalt 112
a) Auflösend bedingter Verzicht auf Unterhalt für den Fall der Geburt eines gemeinsamen Kindes 113
b) Unterhaltsverzicht mit Ausnahme des Kindesbetreuungsunterhalts 114
c) Befristung des Unterhaltsverzichts 115
d) Zeitliche und/oder betragsmäßige Begrenzung des Unterhaltsanspruchs 116
e) Einseitiger Verzicht auf Unterhalt 116
f) Unterhaltsverzicht mit Ausnahme des Notunterhalts . . . 117
g) Pflichtteilsverzicht und Unterhaltsanspruch 117a

Erläuterungen zum 2. Vertragsmuster:

Gerade junge Eheleute, die berufstätig sind und es auch bleiben wollen, neigen dazu, mit einem Ehevertrag die vermögensrechtlichen Konsequenzen des Scheiterns ihrer Ehe vollständig auszuschließen. Sie verstehen ihre Ehe als „Ehe auf Probe mit Trauschein". Sie stellen nicht das Prinzip der ehelichen Lebensgemeinschaft in Frage (§ 1353 Abs. 1 Satz 1 BGB: „Die Ehe wird auf Lebenszeit geschlossen."), denken auch nicht an eine „Probeehe" in dem Sinne, daß auf einseitiges Verlangen hin eine sofortige Scheidung erfolgen soll (dies wäre rechtlich unzulässig).[154] Ihnen geht es allein um die **vorsorgliche Konfliktlösung** für den Fall der Scheidung, um den Ausschluß jeglicher vermögensrechtlicher Nachwirkungen der gescheiterten Ehe.

Typischerweise wünschen junge Eheleute einen Ehevertrag mit dem Inhalt, wie er im 1. Vertragsmuster vorgestellt wurde. Dabei werden die Auswirkungen der Geburt eines gemeinsamen Kindes auf die eheliche Lebensgemeinschaft nicht bedacht. Die Geburt eines Kindes heißt regelmäßig, daß die Frau ganz oder teilweise auf ihre Berufstätigkeit verzichtet. Die Betreuung des Kindes bedeutet für die Frau, daß sie zumindest auf Zeit nicht selbst für ihren Unterhalt sorgen kann (bei einer Halbtagstätigkeit: nicht ausreichend), sie damit zugleich Nachteile bei der Altersversorgung in Kauf nimmt.

In einer fairen Partnerschaft ist es für den Mann einsichtig, daß die **durch die Geburt eines Kindes veränderte Ehesituation** nicht einseitig zulasten der Frau gehen kann, daher zumindest der umfassende Verzicht auf Durchführung des Versorgungsausgleichs und auf den Unterhaltsanspruch für die Zeit nach Scheidung der Ehe nicht sachgerecht ist.

92

Diese Erkenntnis bedeutet nun nicht, daß ein Ehevertrag überhaupt überflüssig ist. Hier liegt es nahe, im Ehevertrag zu unterscheiden zwischen dem Fall, daß bei Scheidung die Ehe kinderlos ist, und dem Fall, daß es nach der Geburt eines Kindes zur Scheidung der Ehe kommt. Im ersten Fall läßt sich der Wunsch nach einer „Scheidung ohne Folgen" durch Ausschluß des Zugewinnausgleichs und Versorgungsausgleichs, verbunden mit einem Verzicht auf nachehelichen Unterhalt verwirklichen. Im zweiten Fall sprechen gute Gründe dafür, es bei den auf diesen Ehetyp („Alleinverdienerehe" oder „Hausfrauenehe") zugeschnittenen gesetzlichen Vorschriften grundsätzlich zu belassen.

Das 2. Vertragsmuster „kombiniert" beide Fallgestaltungen. Es stellt den Ausschluß des Zugewinn- und Versorgungsausgleichs und den Unterhaltsverzicht unter eine **auflösende Bedingung**. Die Vereinbarung wird mit der Geburt eines Kindes unwirksam. In diesem Fall gelten also bei Scheidung der Ehe die gesetzlichen Vorschriften. Die Ansprüche auf Versorgungsausgleich und nachehelichen Unterhalt setzen jedoch voraus, daß ein Ehegatte nach der Geburt eines Kindes seine Berufstätigkeit ganz oder teilweise aufgegeben hat.

Das Vertragsmuster verwirklicht zunächst den Wunsch, bei Scheidung der **kinderlosen** Ehe jede Teilhabe des einen Ehegatten am Vermögenszuwachs des anderen Ehegatten (Zugewinn) und den bei einem unterschiedlich hohen Einkommen während der Ehezeit erwachsenden Anspruch des Ehegatten mit dem geringeren Einkommen auf Versorgungsausgleich auszuschließen, schließlich (dies ist regelmäßig das eigentliche Anliegen) Vorsorge zu treffen für den Fall, daß ein Ehegatte nach Scheidung der Ehe infolge Arbeitslosigkeit unterhaltsberechtigt und damit der andere Ehegatte unterhaltspflichtig wird. Dieses nicht ehebedingte Lebensrisiko soll auf den anderen Ehegatten nicht überwälzt werden.

Der im Vertragsmuster vorgeschlagene Wechsel von der ehevertraglichen Vereinbarung, mit der die vermögensrechtlichen Folgen der Scheidung ausgeschlossen werden, zurück zur Regelung des Gesetzes ist eines der üblichsten Vertragsmuster, das aber im Einzelfall zu unbilligen Ergebnissen führen kann und daher einer Ergänzung bedarf.

Beispiel: Die Ehefrau ist erfolgreiche Ärztin. Nach der Geburt eines Kindes schränkt sie ihre berufliche Tätigkeit zunächst ein. Bei Scheidung der Ehe steht sie wieder voll im Berufsleben und hat ein hohes Einkommen. Der Ehemann ist als freiberuflicher Kaufmann gescheitert. Obwohl allein die Ehefrau „ehebedingt" Nachteile in Kauf genommen hat, würden dem Ehemann bei Scheidung der Ehe ein Anspruch auf Zugewinn- und Versorgungsausgleich, vor allem ein Unterhaltsanspruch zustehen.

Diese unbillige Konsequenz der Unwirksamkeitsklausel im Ehevertrag läßt sich durch den einschränkenden Zusatz vermeiden, nach dem es bei der Regelung bleibt, die für den Fall der Kinderlosigkeit der Ehe getroffen wurde, falls der ausgleichs- und unterhaltsberechtigte Ehegatte nach der Geburt des Kindes keinen beruflichen Verzicht geleistet hat.

2. Vertragsmuster: Ehevertrag junger Eheleute

Formulierungsvorschlag (als Zusatz im 1. Vertragsmuster):

IV.

Sollte aufgrund der vorstehenden Vereinbarungen der Ehegatte, der wegen der Geburt eines Kindes seine Berufstätigkeit ganz oder teilweise aufgegeben hat, bei Scheidung der Ehe ausgleichspflichtig und/oder unterhaltsverpflichtet sein, so bleibt es bei der Vereinbarung, die für den Fall der Kinderlosigkeit der Ehe getroffen worden ist.

Weitere Möglichkeiten vertraglicher Modifizierung werden bei den nachfolgenden Einzelerläuterungen dargestellt.

1. Vereinbarungsmöglichkeiten zum Zugewinnausgleich – modifizierte Zugewinngemeinschaft[155]

Zu den Grundzügen der Zugewinngemeinschaft vgl. Rdn. 39 ff.; zu den Vorteilen der modifizierten Zugewinngemeinschaft gegenüber der Gütertrennung vgl. Rdn. 57 ff.

Die Vertragsfreiheit im Ehegüterrecht erlaubt es, in vielfältiger Weise den gesetzlichen Güterstand der Zugewinngemeinschaft zu modifizieren. Hierunter versteht man, daß die Ehegatten gewissermaßen vor der Schwelle zur Gütertrennung, die den vollständigen Verzicht auf Zugewinnausgleich sowohl für den Fall der Scheidung als auch für den Fall des Todes eines Ehegatten bedeutet, haltmachen, um unter grundsätzlicher Beibehaltung des gesetzlichen Güterstandes die Regeln über den Zugewinnausgleich in Einzelheiten zu ändern. Der gesetzliche Güterstand in einer dem Einzelfall angepaßten Modifizierung kann regelmäßig mehr leisten als die Gütertrennung, die für den wirtschaftlich schwächeren Ehegatten ein gefährlicher Güterstand ist.[156]

Wer sich nicht damit begnügt, zwischen zwei Modellen einer Konfektionsware (Zugewinngemeinschaft oder Gütertrennung) zu wählen, wird sich und dem Rechtsberater die richtige Frage stellen, ob nicht dem konkreten Anliegen, das Anlaß ist für die Überlegung, einen Ehevertrag zu schließen, über eine konkrete Korrektur der gesetzlichen Regelung der Zugewinngemeinschaft im Sinne einer Modifizierung dieses Güterstands Rechnung getragen werden kann.

Wer diesen mühsamen Weg der Ermittlung des konkreten Korrekturbedarfs im Einzelfall scheut, sollte sich allein wegen der erbrechtlichen und erbschaftsteuerlichen Nachteile der Gütertrennung (vgl. Rdn. 60), aber auch aus Rücksicht auf den wirtschaftlich schwächeren Ehegatten veranlaßt sehen, sich mit den Möglichkeiten einer Modifizierung des gesetzlichen Güterstandes näher zu befassen.

Die Gründe für die Vorzugswürdigkeit einer Modifizierung gegenüber der Abwahl der gesetzlichen Regelung beim Ehegüterrecht gelten übrigens in gleicher Weise für Modifizierungen des Versorgungsausgleichs und des nachehelichen Unterhalts.

Im folgenden sollen die in der Praxis besonders bedeutsamen Vereinbarungsmöglichkeiten zum Zugewinnausgleich vorgestellt werden:

94 a) **Ausschluß des Zugewinnausgleichs nur für den Fall der Scheidung.**
Die sicherlich bedeutsamste und häufig empfehlenswerte Möglichkeit der Modifizierung ist der Ausschluß des Zugewinnausgleichs nur für den Fall der Scheidung der Ehe, nicht jedoch beim Tode eines Ehegatten.[157]

Formulierungsvorschlag:
Für den Fall, daß unser Güterstand auf andere Weise als durch den Tod eines von uns beendet wird, insbesondere durch Scheidung der Ehe, schließen wir den Ausgleich des Zugewinns vollständig aus.[158]
Im übrigen bleibt es beim gesetzlichen Güterstand, insbesondere auch beim Zugewinnausgleich im Todesfall.

Die Formulierung, „Beendigung des Güterstandes auf andere Weise als durch den Tod eines von uns", meint den Fall der Scheidung, bezieht die (allerdings sehr seltenen) Fälle der Aufhebung der Ehe durch gerichtliches Urteil (§§ 1313 ff. BGB) ein.

Umfaßt von diesem modifizierten Ausschluß des Zugewinnausgleichs sind die Fälle der §§ 1385, 1386 BGB (Klage auf vorzeitiger Zugewinnausgleich bei Getrenntleben oder in sonstigen Fällen); sie führen zur Beendigung des Güterstandes der Zugewinngemeinschaft, da nach § 1388 BGB mit Rechtskraft des Urteils Gütertrennung eintritt.

Im Ergebnis bedeutet diese Modifizierung, daß der Zugewinnausgleich im Falle der Scheidung der Ehe nicht durchgeführt werden soll, es im übrigen aber bei der gesetzlichen Regelung der Zugewinngemeinschaft bleibt, also insbesondere bei den erbrechtlichen (auch erbschaftsteuerlichen) Vorteilen der Zugewinngemeinschaft gegenüber der Gütertrennung. Dem längstlebenden Ehegatten verbleiben die Erhöhung seines Erbteils um ein Viertel (§ 1371 Abs. 1 BGB) als pauschalierter Zugewinnausgleich und der erbschaftsteuerliche Freibetrag aus § 5 ErbStG. Wird er nicht Erbe (oder Vermächtnisnehmer), kann er nach § 1371 Abs. 2 BGB Ausgleich des tatsächlichen Zugewinns verlangen. Wünschen die Eheleute die gegenseitige Erbeinsetzung,[159] wird eine in diesem Fall unerwünschte Erhöhung des Pflichtteils der Kinder, die die Gütertrennung nach § 1931 Abs. 4 BGB bewirkt, vermieden (vgl. im übrigen Rdn. 52).

Der Formulierungsvorschlag beläßt es bei den Verfügungsbeschränkungen des §§ 1365, 1369 BGB. Zulässig ist es, ergänzend diese Verfügungsbeschränkungen auszuschließen.[160]

94a In keineswegs seltenen Fällen (vgl. Rdn. 165) entscheiden sich Eheleute nach längerer Ehedauer aus Haftungsgründen oder zur Abwehr von Pflichtteilsansprüchen oder aus steuerlichen Überlegungen den Zugewinn bereits zu Lebzeiten durch Vereinbarung der Gütertrennung endgültig auszugleichen. Da auch durch die Vereinbarung der Gütertrennung der Güterstand „beendet" wird, könnte nach dem vorstehenden Formulierungsvorschlag der jetzt von den Ehegatten gewünschte Ausgleich des Zugewinns nicht ver-

2. Vertragsmuster: Ehevertrag junger Eheleute

langt werden. Es ist daher zu empfehlen, die Vereinbarung – zumindest vorsorglich – wie folgt zu ergänzen:

Formulierungsvorschlag:
Der Ausgleich des Zugewinns kann jedoch verlangt werden, wenn wir in Zukunft durch Ehevertrag Gütertrennung vereinbaren.

Wird die modifizierte Zugewinngemeinschaft während der Ehe vereinbart, haben die Ehegatten zu entscheiden, ob eine Ausgleichszahlung für den bis zu diesem Zeitpunkt entstandenen Zugewinn geleistet werden soll, oder ob hierauf durch Erlaßvertrag verzichtet wird. Eine Ausgleichsleistung des einen Ehegatten an den anderen ist allerdings schenkungssteuerpflichtig, da der Güterstand der Zugewinngemeinschaft nicht i. S. des § 5 Abs. 2 ErbStG „beendet" wird. Die Übertragung von Eigentum oder Miteigentum an einem zu eigenen Wohnzwecken genutzten Haus oder an einer zu eigenen Wohnzwecken genutzten Eigentumswohnung ist nach § 13 Abs. 1 Nr. 4a ErbStG steuerfrei.

94b

Formulierungsvorschlag für Ausgleich:
Der Ehemann überträgt zum Ausgleich des bisher entstandenen Zugewinns seinen hälftigen Miteigentumsanteil an dem von den Ehegatten zu eigenen Wohnzwecken genutzten Grundbesitz ... auf die Ehefrau ohne jede weitere Gegenleistung.

Es folgen hier weitere Vereinbarungen, vor allem die Auflassung des hälftigen Miteigentumsanteils an die Ehefrau.

Formulierungsvorschlag für den Verzicht auf Zugewinnausgleich:
Auf etwa bisher entstandene Ansprüche auf Ausgleich des Zugewinns verzichten wir hiermit gegenseitig.

b) **Auflösend bedingter Ausschluß des Zugewinnausgleichs für den Fall der Geburt eines gemeinsamen Kindes.**

95

Der Ausschluß des Zugewinnausgleichs nur für den Fall der Scheidung der Ehe kann – wie im Vertragsmuster – auflösend bedingt[161] in der Weise vereinbart werden, daß er mit der Geburt eines Kindes unwirksam wird, also in diesem Fall auch bei Scheidung der Ehe der Zugewinnausgleich durchzuführen ist.

Der auflösend bedingte Ausschluß des Zugewinnausgleichs kann dahin modifiziert werden, daß der Zugewinnausgleich nur für die Zeit ab der Geburt eines gemeinsamen Kindes, also nicht von Beginn der Ehe an, durchgeführt werden soll. Nicht ausgleichspflichtiges Anfangsvermögen ist dann das Vermögen, das ein jeder Ehegatte bei Geburt des Kindes hat.

Formulierungsvorschlag:
Für den Fall, daß unser Güterstand auf andere Weise als durch den Tod eines von uns beendet wird, insbesondere durch Scheidung der Ehe, schließen wir den Ausgleich des Zugewinns vollständig aus.

Im übrigen bleibt es beim gesetzlichen Güterstand, insbesondere auch beim Zugewinnausgleich im Todesfall.

Die vorstehende Vereinbarung über den Ausschluß des Zugewinnausgleichs wird unwirksam, wenn einer von uns wegen der Geburt eines gemeinsamen Kindes seine Berufstätigkeit ganz oder teilweise aufgibt.

Der Zugewinnausgleich soll also für die Zeit ab der Geburt eines gemeinsamen Kindes durchgeführt werden, nicht jedoch für den Zeitraum davor; das bis dahin erworbene Vermögen ist Anfangsvermögen.

Die auflösende Bedingung kann auch so bestimmt werden, daß sie nur eintritt, wenn der Ehegatte, der auf seine berufliche Tätigkeit verzichtet hat, bei Scheidung der Ehe ausgleichsberechtigt ist.

Formulierungsvorschlag:
Sollte jedoch der Ehegatte, der wegen der Geburt eines Kindes seine Berufstätigkeit ganz oder teilweise aufgegeben hat, bei Scheidung der Ehe ausgleichspflichtig sein, so bleibt es bei der Vereinbarung, die wir für den Fall der Kinderlosigkeit der Ehe getroffen haben.

Rechtlich zulässig und im Einzelfall überlegenswert ist es, es auch bei der Geburt eines gemeinsamen Kindes beim Ausschluß des Zugewinnausgleichs für den Fall der Scheidung der Ehe zu belassen. Dies gilt insbesondere dann, wenn beide Ehegatten über erhebliches Vermögen verfügen, also der Zugewinn während der Ehe in erster Linie im Wertzuwachs dieses Vermögens besteht.

In den Ausschluß des Zugewinnausgleichs kann einbezogen werden der Fall, daß beim Tode eines Ehegatten die Voraussetzungen für die Scheidung gegeben waren, ein Ehegatte die Scheidung beantragt und der andere ihr zugestimmt hatte (§ 1933 BGB).

96 c) **Befristeter Ausschluß des Zugewinnausgleichs für den Fall einer kurzen Ehedauer.**

Gerade junge Eheleute bedenken häufig nicht, daß ein auf ihre derzeitige Ehesituation abstellender Verzicht auf Zugewinnausgleich bei einer längeren Ehedauer unangemessen werden kann.

Hierzu folgendes **Beispiel:**

Bei Abschluß des Ehevertrages befinden sich beide Ehegatten in der Berufsausbildung. Nach Beendigung des Studiums übt der Mann eine Tätigkeit mit hohem Einkommen aus. Auf Wunsch des Mannes beendet die Frau ihre Ausbildung, um sich ganz dem Haushalt zu widmen. Zu denken ist etwa auch an den Fall, daß die Frau die Pflege der Eltern des Mannes übernimmt.

Die veränderten Umstände können den Verzicht der Ehefrau auf Zugewinnausgleich unangemessen werden lassen. Hier kann eine zeitliche Befristung des Verzichts auf Zugewinnausgleich für den Fall einer kurzen Ehedauer erwägenswert sein.[162]

2. Vertragsmuster: Ehevertrag junger Eheleute

Formulierungsvorschlag:
Für den Fall, daß unser Güterstand auf andere Weise als durch den Tod eines von uns beendet wird, insbesondere im Falle der Scheidung der Ehe, schließen wir den Ausgleich des Zugewinns vollständig aus. Die Vereinbarung wird unwirksam mit der Geburt eines Kindes. Sie wird auch unwirksam bei einer Ehedauer von mehr als ... Jahren. Sollte einer von uns vor diesem Zeitpunkt Antrag auf Scheidung der Ehe stellen, der zur Scheidung unserer Ehe führt, bleibt es beim Ausschluß des Zugewinnausgleichs.

d) **Rücktrittsrecht eines Ehegatten von der Vereinbarung über den Ausschluß des Zugewinnausgleichs.**

In den vorstehenden Formulierungsbeispielen b) bis c) führt ein bestimmtes Ereignis (Geburt eines Kindes, längere Ehedauer) durch **Eintritt der auflösenden Bedingung** oder Überschreiten der Frist „automatisch" zum Fortfall des Ausschlusses des Zugewinnausgleichs. Rechtlich zulässig und überlegenswert ist in diesen Fällen auch die Vereinbarung eines Rücktrittsrechts beider Ehegatten oder eines Ehegatten.[163] Es liegt dann in der Entscheidung des Berechtigten, ob er bei Eintritt des Ereignisses an der Vereinbarung festhalten will oder nicht. Die Lösung über ein Rücktrittsrecht des möglicherweise benachteiligten Ehegatten (z. B. der Frau nach der Geburt eines Kindes) hat den Vorzug, daß der berechtigte Ehegatte den Rücktritt nicht zu erklären braucht, wenn er es nicht will, etwa weil er während der Ehe einen höheren Zugewinn erzielt hat, also bei Scheidung der Ehe ausgleichspflichtig würde.

Formulierungsvorschlag:
Für den Fall, daß unser Güterstand auf andere Weise als durch den Tod eines von uns beeendet wird, insbesondere durch Scheidung der Ehe, schließen wir den Ausgleich des Zugewinns vollständig aus.
Die Ehefrau ist berechtigt, von der Vereinbarung über den Ausschluß des Zugewinnausgleichs nach der Geburt eines gemeinsamen Kindes zurückzutreten. Die Erklärung des Rücktritts bedarf der Form der notariellen Beurkundung; sie wird wirksam mit Zugang beim Ehemann.

Die Beurkundungsform für den Rücktritt sollte allein schon aus Gründen der Beweissicherung vorgesehen werden.

e) **Negatives Anfangsvermögen eines Ehegatten.**

Sind die Verbindlichkeiten eines Ehegatten im Zeitpunkt der Eheschließung höher als sein Vermögen, wird nach dem Gesetz gleichwohl sein Anfangsvermögen mit 0-DM angesetzt (§ 1374 Abs. 1 BGB).
Diese gesetzliche Fiktion führt zu einer offensichtlichen Benachteiligung des anderen Ehegatten.

Beispiel: Der Ehemann hat bei der Eheschließung Schulden in Höhe von 200 000 DM, denen ein Vermögen von 50 000 DM gegenübersteht. Das Anfangsvermögen der Ehefrau beträgt 50 000 DM. Unterstellt, daß beide Ehegatten während der

Ehe jeweils einen Zugewinn von 150 000 DM erzielen, aus dem der Mann seine Schulden begleicht, während die Frau das Geld anlegt, steht dem Mann bei Scheidung ein Anspruch auf Zugewinnausgleich in Höhe von 75 000 DM gegen seine Frau zu, da bei ihm Anfangs- und Endvermögen = 0,- DM sind.

Die Ehefrau wird kein Verständnis dafür haben, daß sie bei einem gleich hohen Vermögenszuwachs während der Ehe ihrem früheren Mann ausgleichspflichtig wird. Es besteht ein dringender Korrekturbedarf durch eine ehevertragliche Vereinbarung.[164]

Formulierungsvorschlag:
Der Ehemann erklärt, daß seinem Vermögen im Wert von circa 50 000 DM Verbindlichkeiten in Höhe von 200 000 DM gegenüberstehen. Abweichend von § 1374 Abs. 1 BGB vereinbaren die Beteiligten, daß das Anfangsvermögen des Ehemannes mit minus 150 000 DM festgesetzt wird. Vorsorglich verzichtet der Ehemann bis zu diesem Betrag auf Ausgleich des Zugewinns gegenüber seiner Ehefrau.

f) Wertmäßige Festsetzung des Anfangsvermögens.
Bei Scheidung der Ehe kann es bereits aus tatsächlichen Gründen schwierig sein, den Wert des (nicht ausgleichspflichtigen) Anfangsvermögens zu ermitteln. Nach § 1377 Abs. 3 BGB wird vermutet, daß das Endvermögen eines Ehegatten seinen Zugewinn darstellt. Diese Vermutung kann widerlegt werden; hier ist aber der Ehegatte beweispflichtig, der sich auf einen geringeren Zugewinn beruft.[165]

Um jedes Risiko einer Nichtberücksichtigung von Anfangsvermögen zu vermeiden, können die Ehegatten bei Eheschließung (oder auch später) den Bestand und den Wert des jeweiligen Anfangsvermögens gemeinsam in einem Verzeichnis feststellen. Im Verhältnis der Ehegatten zueinander gilt dann die gesetzliche Vermutung, daß das Verzeichnis richtig ist (§ 1377 Abs. 1 BGB). Bei Abschluß des Ehevertrages ist dieses Vermögensverzeichnis aus Gründen der Beweissicherung der Urkunde als Anlage beizufügen.

Die Richtigkeitsvermutung gilt nur, wenn das Verzeichnis von den Ehegatten gemeinschaftlich errichtet wurde. Ein einseitig aufgestelltes Verzeichnis genügt nicht.

Formulierungsvorschlag:
Ein Verzeichnis des Anfangsvermögens i. S. des § 1374 Abs. 1 BGB unter Berücksichtigung der Verbindlichkeiten des Mannes und der Frau ist dieser Niederschrift als Anlage beigefügt.

Da die Aufstellung eines Inventarverzeichnisses mühsam sein kann, ist es auch möglich, im Ehevertrag das Anfangsvermögen eines jeden Ehegatten pauschal mit seinem ungefähren Wert festzustellen.[166]

Formulierungsvorschlag:
Das Anfangsvermögen der Ehefrau im Sinne von § 1374 Abs. 1 BGB wird mit 50 000 DM, das Anfangsvermögen des Ehemannes mit 30 000 DM festgesetzt.

2. Vertragsmuster: Ehevertrag junger Eheleute 83

Bei der Festsetzung des Anfangsvermögens bleibt unberücksichtigt das nach § 1374 Abs. 2 hinzuzurechnende Vermögen, das ein jeder von uns künftig von Todes wegen oder mit Rücksicht auf ein künftiges Erbrecht, durch Schenkung oder als Ausstattung erwirbt.

Rechtlich möglich ist es, das Anfangsvermögen niedriger als mit dem wirklichen Wert anzusetzen,[167] was zu einer Erhöhung der Zugewinnausgleichsforderung führt. Erbschaftsteuerlich wird eine solche Gestaltung allerdings nicht anerkannt; für sie besteht auch kein vernünftiger Anlaß. Gleiches gilt für einen höheren Ansatz des Anfangsvermögens, der zudem erbschaftsteuerlich schädlich ist, da er zu einer Kürzung des Freibetrages aus § 5 ErbStG führt.

g) Pauschalierung des Anspruchs auf Zugewinn für den Fall der Scheidung der Ehe auf einen bestimmten Betrag. 100

Da ehevertraglich auf Zugewinn für den Fall der Scheidung der Ehe insgesamt verzichtet werden kann, ist es rechtlich möglich, den Ausgleichsanspruch auf einen bestimmten Betrag zu pauschalieren oder einen Höchstbetrag zu vereinbaren.[168]

Von dieser Vertragsgestaltung muß abgeraten werden,[169] da die Festschreibung eines bestimmten Betrages oder Höchstbetrages bei der Ungewißheit der künftigen Entwicklung der Vermögensverhältnisse beider Ehegatten ein erhebliches Risiko der Benachteiligung eines Ehegatten (des ausgleichsberechtigten oder des ausgleichspflichtigen) in sich birgt.

h) Ausschluß der im Anfangsvermögen der Ehegatten während der Ehezeit eingetretenen Wertsteigerung vom Zugewinnausgleich. 101

Die hiermit angesprochene Möglichkeit der Modifizierung der Zugewinngemeinschaft ist von herausragender Bedeutung und häufig alleiniger Inhalt eines Ehevertrages.[170]

Zur Verdeutlichung des Problems das folgende **Beispiel:**

Zum Zeitpunkt der Eheschließung ist die Ehefrau Eigentümerin einer Eigentumswohnung (Wert: 200 000 DM). Nach der Eheschließung wird sie Erbin von Grundbesitz, der als Ackerland einen Wert von 100 000 DM hat. Nach 10 Jahren wird die Ehe geschieden. Zu diesem Zeitpunkt hat die Eigentumswohnung, ohne daß aus dem Einkommen investiert wurde, einen Verkehrswert von 300 000 DM. Das Ackerland ist Bauland geworden und hat nun einen Wert von 800 000 DM.

Da Eigentumswohnung und Grundstück nach § 1374 BGB zum (nicht ausgleichspflichtigen) Anfangsvermögen gehören, wird die Ehefrau einen Anspruch ihres Mannes auf Zugewinnausgleich entschieden zurückweisen. Die Ehefrau irrt. Nach der Rechtsprechung fallen reale Wertsteigerungen des Anfangsvermögens unter den Zugewinnausgleich.[171] Obgleich die Wertsteigerungen „eheneutral" in dem Sinne sind, daß sie nicht während der Ehe gemeinsam geschaffen worden sind, behandelt sie die Rechtsprechung als Zugewinn und billigt lediglich einen Abzug in Höhe der Geldentwertung zu.[172]

Im Beispiel hat die Ehefrau einen Zugewinn von 400 000 DM (abzüglich Geldentwertung) erzielt, der zur Hälfte in Geld an den Ehemann auszugleichen ist.

Dieses Ergebnis wird allgemein als ungerecht empfunden, daher eine ehevertragliche Lösung gewünscht, Wertsteigerungen des Anfangsvermögens aus dem ausgleichspflichtigen Zugewinn auszuschließen.

Formulierungsvorschlag:
Für den Fall, daß unser Güterstand auf andere Weise als durch den Tod eines von uns beendet wird, insbesondere durch Scheidung der Ehe, vereinbaren wir, daß Wertsteigerungen des Anfangsvermögens vom Zugewinnausgleich ausgeschlossen sind. Das gilt auch für die Vermögenswerte, die ein jeder von uns in Zukunft von Todes wegen, mit Rücksicht auf ein künftiges Erbrecht oder durch Schenkung noch erwerben wird. Diese Vermögenswerte einschließlich der Surrogate und der sie betreffenden Verbindlichkeiten sollen weder bei der Berechnung des Anfangsvermögens noch des Endvermögens des jeweiligen Ehegatten berücksichtigt werden.

Diese Modifizierung der Zugewinngemeinschaft[173] umfaßt auch die sog. Surrogate des nicht ausgleichspflichtigen Vermögens. Damit meint man die Vermögenswerte, die an die Stelle des veräußerten, vom Zugewinnausgleich ausgeschlossenen Vermögensgegenstandes treten. Veräußert in unserem Beispiel die Ehefrau das Bauland und legt den Erlös in Wertpapieren an, gehören diese zum Anfangsvermögen, so daß auch deren Wertsteigerungen vom ausgleichspflichtigen Zugewinn ausgenommen bleiben. Dies kann klarstellend im Ehevertrag gesagt werden.[174] Auch nur der Klarstellung dient der Hinweis, daß Verbindlichkeiten der vom Zugewinnausgleich ausgenommenen Vermögenswerte, also z. B. ein Bankdarlehen, zu dessen Sicherung auf der Eigentumswohnung der Ehefrau eine Grundschuld eingetragen ist, nicht als Abzugsposten bei der Zugewinnausgleichsberechnung berücksichtigt werden können.

101 a Der Formulierungsvorschlag berücksichtigt nicht den Fall, daß die Wertsteigerung des Anfangsvermögens aus dem während der Ehe geschaffenen Vermögen, das ausgleichspflichtig bleiben soll, bewirkt wird, z. B. die Eigentumswohnung von der Ehefrau mit einem Kostenaufwand von DM 50 000,- modernisiert wird. Auch wird dem Fall nicht Rechnung getragen, daß der andere Ehegatte aus seinem ausgleichspflichtigem Vermögen in einen Gegenstand des Anfangsvermögens der Ehefrau investiert, z. B. der Ehemann der Ehefrau einen Betrag von DM 100 000,- zur Bebauung ihres Grundbesitzes gibt.

Diese Wertsteigerungen bleiben richtigerweise ausgleichspflichtig. Es ist jedoch dringend zu empfehlen, angesichts der Unwägbarkeiten der Berechnung des Zugewinnausgleichs nach den gesetzlichen Vorschriften die vertragliche Lösung im 2. Fall über den Abschluß eines Darlehensvertrages zu wählen, der dem Ehemann einen Anspruch auf Rückzahlung des Betrages bei Scheidung der Ehe gibt.

2. Vertragsmuster: Ehevertrag junger Eheleute 85

Ergänzung zum vorstehenden Formulierungsvorschlag:
Werterhöhungen des Anfangsvermögens (hierzu gehört auch die Tilgung von Schulden dieses Vermögens), die aus dem ausgleichspflichtigen Vermögen des Ehegatten geschaffen werden, dem es gehört, fallen unter den Zugewinnausgleich.

Soweit der andere Ehegatte wertsteigernde Aufwendungen auf das Anfangsvermögen dieses Ehegatten gemacht hat, fallen diese unter den Zugewinnausgleich. Der Notar hat die Beteiligten darauf hingewiesen, daß derartige Aufwendungen des anderen Ehegatten im Zugewinnausgleich bei Scheidung der Ehe regelmäßig nur zur Hälfte auszugleichen sind. Er hat den Beteiligten empfohlen, einen Darlehensvertrag zu schließen, mit dem die Rückzahlung der Aufwendungen bei Scheidung der Ehe vereinbart wird.

Streitpunkt zwischen den Ehegatten bei Scheidung der Ehe ist häufig, ob die Erträgnisse des vom Zugewinnausgleich ausgeschlossenen Anfangsvermögens ebenfalls vom Zugewinnausgleich ausgenommen sind. Wird dies gewünscht, ist die Vereinbarung dahin zu ergänzen, daß auch sämtliche Erträge des Anfangsvermögens (Mieteinnahmen, Zinsen, Dividenden, etc.) vom Zugewinnausgleich ausgeschlossen bleiben oder zumindest dann, wenn sie auf diese Vermögenswerte verwendet werden.[176] 101b

Formulierungsvorschlag:
Vom Zugewinnausgleich ausgeschlossen sind auch sämtliche Erträge des Anfangsvermögens, gleichgültig ob sie auf die Gegenstände des Anfangsvermögens verwendet worden sind oder nicht. Unter Verwendungen verstehen wir alle Aufwendungen, insbesondere auch die Rückzahlung von Darlehen, die die Gegenstände des Anfangsvermögens betreffen.

Haben die Ehegatten den Ausschluß des Zugewinns für den Fall der Geburt eines gemeinsamen Kindes auflösend bedingt vereinbart (vgl. Rdn. 95), bleibt es in vielen Fällen richtig, Wertsteigerungen des Anfangsvermögens vom Zugewinnausgleich auszuschließen. 101c
Der Formulierungsvorschlag im 2. Vertragsmuster ist unter I. wie folgt zu ergänzen:

3. Sollte die vorstehende Vereinbarung über den Ausschluß des Zugewinns wegen der Geburt eines Kindes unwirksam werden, vereinbaren wir, daß Wertsteigerungen des Anfangsvermögens vom Zugewinnausgleich ausgeschlossen sind.

Diese Vereinbarung kann ergänzt werden um die Formulierungsvorschläge in Rdn. 101, 101a–c.
Insbesondere wenn sämtliche Erträge des Anfangsvermögens vom Zugewinnausgleich ausgeschlossen bleiben, kann die Vereinbarung dazu führen, daß der andere Ehegatte bei Scheidung der Ehe ausgleichspflichtig wird, was nicht gerecht ist. 101d

Beispiel: Die Ehefrau hat ein Anfangsvermögen von DM 2,0 Mio., das während der Ehe aus Erträgnissen (Mieteinnahmen, Dividenden) einen realen Wertzuwachs von DM 500 000,- erfahren hat. Sonstiger Zugewinn ist nicht vorhanden. Der Ehemann ist Beamter mit einem Zugewinn von DM 50 000,-, konservativ in festverzinslichen Wertpapieren angelegt.

In diesem Beispiel wäre der Ehemann ausgleichspflichtig in Höhe von DM 25 000,-, ein sicherlich unbilliges Ergebnis. Hier ist es richtig, bei einer höheren Wertsteigerung des insoweit privilegierten Ehegatten den Anspruch auf Ausgleich des Zugewinns gegenüber dem anderen Ehegatten auszuschließen.

Formulierungsvorschlag:
Ein Ehegatte ist nicht verpflichtet, seinen Zugewinn auszugleichen, wenn er unter Berücksichtigung der Wertsteigerung des vom Zugewinnausgleich ausgeschlossenen Vermögens des anderen Ehegatten nicht zur Ausgleichung verpflichtet wäre.

102   Eine wichtige Fallgruppe, bei der Wertsteigerungen des Anfangsvermögens oder darüber hinaus bestimmte Vermögenswerte vom Zugewinnausgleich ausgeschlossen werden, ist die Unternehmensbeteiligung eines Ehegatten oder die freiberufliche Praxis als Arzt, Architekt, Rechtsanwalt etc. Sie ist Gegenstand des 3. Vertragsmusters. Es gibt aber darüber hinaus Fallgestaltungen, in denen es richtig sein kann, einzelne Vermögensgegenstände aus dem Zugewinnausgleich herauszunehmen.

i) **Herausnahme einzelner Vermögensgegenstände aus dem Zugewinnausgleich.**

Beispiel: Die Ehefrau ist Eigentümerin eines Mehrfamilienhauses; dem Ehemann gehört eine wertvolle Sammlung antiker Münzen. Die Mittel zum Ankauf stammen teils aus ererbtem Vermögen, teils aus Einkommen während der Ehe. Die Eheleute wünschen, daß insoweit der Zugewinnausgleich ausgeschlossen bleibt.

Formulierungsvorschlag:
Für den Fall, daß unser Güterstand auf andere Weise als durch den Tod eines von uns beendet wird, insbesondere durch Scheidung der Ehe, vereinbaren wir, daß das Mehrfamilienhaus in ... (Eigentümerin ist die Ehefrau) und die Münzsammlung (Eigentümer ist der Ehemann) vom Zugewinnausgleich ausgeschlossen sind. Im übrigen ist der Zugewinnausgleich nach den gesetzlichen Vorschriften durchzuführen.
(Vgl. hierzu auch das 3. Vertragsmuster, Rdn. 120.)

j) **Gegenständliche Rückforderung „ehebedingter" Zuwendungen.**
Sind die Ehegatten Eigentümer eines Einfamilienhauses zu je $1/2$ Miteigentumsanteil, das ausschließlich aus dem vorehelichen oder geerbten Vermögen eines Ehegatten angeschafft wurde, besteht in der Regel ein berechtigtes Interesse dieses Ehegatten, bei Scheidung der Ehe die unentgeltliche Übertragung des hälftigen Miteigentumsanteil vom anderen Ehegatten zu verlangen (vgl. hierzu ausführlich Rdn. 146 ff.).

2. Vertragsmuster: Ehevertrag junger Eheleute

Formulierungsvorschlag:
Die Ehegatten erklären übereinstimmend, daß der Kaufpreis für das Einfamilienhaus in der...straße in voller Höhe von der Ehefrau aus Mitteln bezahlt worden ist, die sie von ihren Eltern geerbt hat. Für den Fall, daß unser Güterstand auf andere Weise als durch den Tod eines von uns beendet wird, insbesondere bei Scheidung der Ehe, verpflichtet sich der Ehemann, seinen hälftigen Miteigentumsanteil an diesem Grundbesitz unentgeltlich auf die Ehefrau zu übertragen. Die Notar- und Gerichtskosten gehen zulasten der Ehefrau. Das Einfamilienhaus bleibt insgesamt vom Zugewinnausgleich ausgeschlossen, ausgenommen solche wertverbessernden Aufwendungen, die der Ehemann aus eigenen Mitteln gemacht hat.

k) Anrechnung von Schenkungen   103

Nach § 1380 BGB sind Zuwendungen zwischen Ehegatten, die über den Wert von Gelegenheitsgeschenken hinausgehen, auf die Ausgleichsforderung anzurechnen. Im Zweifel ist anzunehmen, daß die Zuwendungen angerechnet werden sollen, wenn ihr Wert den Wert von Gelegenheitsgeschenken übersteigt, die nach den Lebensverhältnissen der Ehegatten üblich sind.

Hat z.B. die Ehefrau dem Ehemann einen Sportwagen geschenkt, wird dessen Wert bei der Berechnung der Ausgleichsforderung dem Zugewinn der Ehefrau hinzugerechnet, und zwar mit dem Wert im Zeitpunkt der Schenkung, also in der Regel mit dem Anschaffungspreis. Das Ergebnis klingt unlogisch, wird aber zumindest nachvollziehbar, wenn man berücksichtigt, daß sich der Ehemann den Wert des Sportwagens auf seine Ausgleichsforderung hat anrechnen zu lassen, ändert aber nichts daran, daß in der Regel nur die Hälfte des Wertes der Schenkung bei Scheidung in das Vermögen der Ehefrau zurückfließt (vgl. hierzu den Abschnitt „Die ehebedingte Zuwendung im Scheidungsfall" unter Rdn. 146).

Schenkungen unter Ehegatten fallen nicht unter § 1374 Abs. 2 BGB; sie gehören also nicht zum Vermögen, das dem vom Zugewinnausgleich ausgenommenen Anfangsvermögen hinzugerechnet wird.

Wünschen die Ehegatten, daß Schenkungen während der Ehe nicht in die Vermögensauseinandersetzung bei Scheidung einbezogen werden, muß dies ehevertraglich vereinbart werden.

Formulierungsvorschlag:
Schenkungen und sonstige Zuwendungen, die ein Ehegatte während der Ehe dem anderen gemacht hat, sind vom Zugewinnausgleich ausgeschlossen. Sie können bei Scheidung der Ehe nur dann zurückgefordert werden, wenn dies bei der Zuwendung ausdrücklich vereinbart wurde.

l) Vereinbarungen zur Bewertung und zur Fälligkeit des Anspruchs auf Zugewinnausgleich   103a

Beispiel: Der Ehevertrag wird zu einem Zeitpunkt geschlossen, zu dem sich die Ehe bereits in einer Krise befindet, ohne daß einer der Ehegatten derzeit die Scheidung der Ehe beabsichtigt. Die Ehefrau ist Zahnärztin in eigener Praxis. Die Ehegatten wünschen, daß der Wert der Praxis – unabhängig von seinem wirklichen Wert bei Scheidung der Ehe – mit DM 300 000,- festgesetzt wird. Da die geschätzte Ausgleichsforderung des Ehemannes insgesamt DM 500 000,- betragen würde, ein Betrag, den die Ehefrau nicht auf einmal aufbringen kann, soll eine Ratenzahlung vereinbart werden.

Formulierungsvorschlag:
Wir leben im gesetzlichen Güterstand der Zugewinngemeinschaft. Wir vereinbaren für den Fall der Scheidung der Ehe, daß der Wert der Zahnarztpraxis der Ehefrau im Zugewinnausgleich mit DM 300 000,- festgesetzt wird. Weiterhin vereinbaren wir, daß die Ehefrau berechtigt ist, die Ausgleichsforderung des Ehemannes in fünf gleichen Jahresraten zu begleichen, von denen die erste fällig ist einen Monat nach Rechtskraft des Scheidungsurteils, die weiteren Raten jeweils 12 Monate später.

Die gestundete Forderung ist nicht zu verzinsen; für sie ist auch keine Sicherheit zu leisten.

Die Regelung über die Stundung greift die Möglichkeit des Familiengerichts in § 1382 BGB auf. Selbstverständlich kann auch eine Verzinsung der gestundeten Forderung vereinbart werden, auch die Leistung einer Sicherheit, z. B. durch Bankbürgschaft.

Land- und forstwirtschaftliche Betriebe sind nach § 1376 Abs. 4 BGB grundsätzlich nicht mit dem Verkehrs- sondern mit dem (niedrigeren) Ertragswert zu bewerten. Diese Bewertungsvorschrift kann ehevertraglich ausgeschlossen werden mit der Folge, daß auch bei einem land- oder forstwirtschaftlichen Betrieb die Vorschriften des § 1376 Abs. 1-3 BGB für die Wertberechnung beim Zugewinnausgleich Anwendung finden.

Die vorgestellten Möglichkeiten einer Modifizierung der Zugewinngemeinschaft sind nicht abschließend.[178] Die jeweilige Interessenlage der Ehegatten kann andere Korrekturen zum Zugewinnausgleich erfordern. Die Ehegatten sollten ihren Wunsch dem Notar vortragen, um gemeinsam mit ihm die richtige ehevertragliche Vereinbarung zu finden.

Abschließend der Hinweis, daß das Gesetz einige, in der Praxis allerdings wenig bedeutsame **Verbote** und **Einschränkungen der ehevertraglichen Gestaltungsfreiheit** nennt.[179]

Nach § 1409 BGB kann der Güterstand nicht durch Verweisung auf nicht mehr geltendes oder ausländisches Recht bestimmt werden. Die Verfügungsbeschränkungen der §§ 1365, 1369 BGB können nicht ausgedehnt werden (wohl aber eingeschränkt oder ausgeschlossen werden). Nicht möglich ist es, unter Beibehaltung des gesetzlichen Güterstands der Zugewinngemeinschaft im übrigen den Zugewinnausgleich für den Fall der Beendigung des Güterstandes durch Scheidung oder Tod auszuschließen; in diesem Fall tritt nach § 1414 BGB Gütertrennung ein.[180]

2. Vertragsmuster: Ehevertrag junger Eheleute

2. Vereinbarungsmöglichkeiten zum Versorgungsausgleich[181]

Es ist heute unbestritten, daß Ehegatten in einem Ehevertrag den Versorgungsausgleich nicht nur vollständig ausschließen können („Totalausschluß"), sondern auch nur teilweise.[182] Nicht miteinander Verheiratete können vor der Eheschließung und Ehegatten jederzeit während der Ehe in bestimmten, vom Gesetz vorgegebenen Grenzen Vereinbarungen zum Versorgungsausgleich treffen. Vereinbarungen über den Versorgungsausgleich, auch der vollständige Ausschluß des Versorgungsausgleichs, sind auch dann wirksam, wenn die Eheleute bereits getrennt leben oder einer der Ehegatten eine konkrete Scheidungsabsicht hat.[183]

Hierbei ist jedoch die (zwingende) Sperrfrist des § 1408 Abs. 2 S. 2 BGB zu beachten. Danach ist der Ausschluß unwirksam, wenn innerhalb eines Jahres nach Vertragsschluß Antrag auf Scheidung der Ehe gestellt wird. Vorsorglich kann mit dem Ehevertrag eine Vereinbarung nach § 1587o BGB getroffen werden, die allerdings der Genehmigung des Familiengerichts bedarf (vgl. Rdn. 68, 69).

Bereits bei der Frage „Zugewinngemeinschaft oder Gütertrennung" wurde darauf hingewiesen, daß die persönlichen und wirtschaftlichen Verhältnisse der Ehegatten (ihr „Ehetyp") wichtige Anhaltspunkte für sachgerechte, dem Einzelfall Rechnung tragende ehevertragliche Regelungen geben. Für den Versorgungsausgleich gilt nichts anderes. Die Durchführung des Versorgungsausgleichs im Scheidungsfall ist im Grundsatz interessengerecht bei der „Hausfrauenehe", bei der die Ehefrau wegen der Betreuung gemeinsamer Kinder auf eine Vorsorge für das Alter „ehebedingt" verzichtet (auch bei der „Hausmannehe"). Im Sachverhalt des 1. Vertragsmusters (beide Ehegatten sind berufstätig, sie schließen die Ehe im fortgeschrittenen Alter ohne Versorgungscharakter) sprechen gute Gründe für den vollständigen Ausschluß des Versorgungsausgleichs. Zwischen diesen beiden Ehetypen gibt es individuelle eheliche Partnerschaften, für die weder das gesetzliche Modell noch der Ausschluß des Versorgungsausgleichs interessengerecht sind. Gemeint sind hier insbesondere die „kinderlose Doppelverdienerehe", aber auch die Ehegatten, bei denen einer seine Altersversorgung durch Beiträge zur gesetzlichen Rentenversicherung sicherstellt (die unter dem Versorgungsausgleich bei Scheidung der Ehe fällt), der andere durch eine Kapitallebensversicherung oder Bildung von Vermögen, aus dessen Erträgnissen er im Alter seinen Lebensunterhalt bestreiten will (die nicht ausgleichspflichtig ist, vgl. Rdn. 107).

Aus den möglichen, gesetzlich zulässigen Modifizierungen des Versorgungsausgleichs sollen typische, häufiger gewünschte Regelungen vorgestellt werden.

a) Auflösend bedingter Ausschluß des Versorgungsausgleichs für den Fall der Geburt eines gemeinsamen Kindes.

Im Vertragsmuster „Ehevertrag junger Eheleute" wird zunächst dem Wunsch der Ehegatten Rechnung getragen, den Versorgungsausgleich bei

Kinderlosigkeit der Ehe auszuschließen. Hierfür sprechen gute Gründe, insbesondere wenn die Ehegatten ein unterschiedlich hohes Einkommen haben, also auch in unterschiedlicher Höhe Beiträge für ihre Alterssicherung leisten. Das Risiko der Arbeitslosigkeit eines Ehegatten soll nicht auf den anderen Ehegatten überwälzt werden, der für diese Zeit mit einer Ausgleichspflicht belastet würde.

Der mit der Geburt eines gemeinsamen Kindes verbundene ehebedingte **Verzicht eines Ehegatten auf eine weitere Aufstockung seiner Altersversorgung** wird durch künftige Teilhabe an den Leistungen des anderen Ehegatten auf seine Altersversorgung gemildert.

Richtig ist hier, den Ausschluß des Versorgungsausgleichs unter eine auflösende Bedingung[184] zu stellen. Der Ausschluß des Versorgungsausgleichs wird sofort wirksam, entfällt aber mit der Geburt eines gemeinsamen Kindes, vorausgesetzt ein Ehegatte gibt seine Berufstätigkeit ganz oder teilweise auf. Die letztere Voraussetzung trägt der Möglichkeit Rechnung, daß etwa die Großeltern oder eine angestellte Kinderschwester die Betreuung des Kindes übernehmen und beide Ehegatten weiterhin berufstätig bleiben.

Die Bedingung ist hier so gefaßt, daß für die Zeit bis zur Geburt eines Kindes der Versorgungsausgleich nicht durchgeführt werden soll.[185] Möglich ist es selbstverständlich auch, den Ausschluß des Versorgungsausgleichs rückwirkend entfallen zu lassen, mit der Folge, daß für die gesamte Ehezeit der Versorgungsausgleich durchzuführen ist.

Formulierungsvorschlag:

Wir schließen den Versorgungsausgleich im Falle einer Scheidung unserer Ehe aus.

Der Ausschluß des Versorgungsausgleichs wird auflösend bedingt vereinbart. Sollte wegen der Geburt eines gemeinsamen Kindes einer von uns seine Berufstätigkeit ganz oder teilweise aufgeben, wird die Vereinbarung insgesamt unwirksam. Der Versorgungsausgleich ist also bei Scheidung unserer Ehe nach den gesetzlichen Vorschriften für die gesamte Ehezeit durchzuführen.

Hat der Ehegatte, der nach der Geburt eines Kindes eine Zeit lang seinen Beruf nicht ausgeübt hat, gleichwohl die höheren Versorgungsanrechte bei Scheidung der Ehe aufgrund eines höheren Einkommens, wäre er nach diesem Formulierungsvorschlag ausgleichspflichtig. Es sprechen gute Gründe wie beim auflösend bedingten Ausschluß des Zugewinnausgleichs (Rdn. 95) dafür, die Vereinbarung zu ergänzen.

Formulierungsbeispiel:

Sollte aufgrund der vorstehenden Vereinbarung der Ehegatte, der wegen der Geburt eines gemeinsamen Kindes seine Berufstätigkeit ganz oder teilweise aufgegeben hat, bei Scheidung der Ehe ausgleichspflichtig sein, so bleibt es bei der Vereinbarung, die wir für den Fall der Kinderlosigkeit der Ehe getroffen haben.

2. Vertragsmuster: Ehevertrag junger Eheleute

b) Befristeter Ausschluß des Versorgungsausgleichs für den Fall einer kurzen 106
Ehedauer.

Die Überlegungen, die zu einer zeitlichen Befristung des Ausschlusses des Zugewinnausgleichs führen (vgl. Rdn. 96), können auch dafür sprechen, den Versorgungsausgleich nur für den Fall einer kurzen Ehedauer auszuschließen.[186]

Formulierungsvorschlag:
Wir schließen den Versorgungsausgleich im Falle einer Scheidung unserer Ehe aus.
Der Ausschluß des Versorgungsausgleichs wird auflösend bedingt vereinbart. Die Vereinbarung wird unwirksam bei Geburt eines Kindes. Sie wird auch unwirksam bei einer Ehedauer von mehr als ... Jahren. Sollte einer von uns vor diesem Zeitpunkt Antrag auf Scheidung der Ehe stellen, der zur Scheidung unserer Ehe führt, bleibt es beim Ausschluß des Versorgungsausgleichs.
Andernfalls ist bei Scheidung unserer Ehe der Versorgungsausgleich nach den gesetzlichen Vorschriften für die gesamte Ehezeit durchzuführen.

c) Einseitiger Ausschluß des Versorgungsausgleichs 107
Er ist unverzichtbar, wenn ein Ehegatte als Beamter oder Angestellter über ausgleichspflichtige Anwartschaften oder Aussichten auf eine Versorgung wegen Alters oder verminderter Erwerbsfähigkeit verfügt, während der andere Ehegatte für sein Alter durch Abschluß einer Lebensversicherung oder über Vermögensbildung Vorsorge für das Alter trifft, und die Eheleute Gütertrennung vereinbart oder den Ausgleich des Zugewinns für den Fall der Scheidung der Ehe ausgeschlossen haben.[187]

Beispiel: Die Ehefrau ist Lehrerin, der Ehemann zur Zeit leitender Angestellter mit der Absicht, sich selbständig zu machen. Vorsorge für das Alter will er durch Abschluß einer Lebensversicherung auf Kapitalbasis treffen. Die Eheleute wünschen den Ausschluß des Zugewinns für den Fall der Scheidung der Ehe bzw. Vereinbarung der Gütertrennung. Bei einer Scheidung der Ehe fällt die Lebensversicherung nicht unter den Versorgungsausgleich, so daß nicht auszuschließen ist, daß die Frau ausgleichspflichtig wird.

Formulierungsvorschlag:
Bei Scheidung unserer Ehe soll der Versorgungsausgleich nach den gesetzlichen Vorschriften nur dann stattfinden, wenn die Ehefrau ausgleichsberechtigt ist. Der Ehemann verzichtet für den Fall, daß er ausgleichsberechtigt sein sollte, auf die Geltendmachung von Ansprüchen auf Versorgungsausgleich; die Ehefrau nimmt diesen Verzicht an.
Ein einseitiger Verzicht in der Form des Erlaßvertrages ist zulässig.[188]

108 d) Herabsetzung der Ausgleichsquote

Formulierungsbeispiel:
Bei Scheidung unserer Ehe soll der Versorgungsausgleich nach den gesetzlichen Vorschriften stattfinden, jedoch mit der Maßgabe, daß abweichend von § 1587a Abs. 1 Satz 2 BGB dem berechtigten Ehegatten als Ausgleich nicht die Hälfte des Wertunterschiedes, sondern lediglich ein Drittel des Wertunterschiedes zusteht.

Ein derartiger Teilausschluß des Versorgungsausgleichs in Form der Reduzierung der Beteiligungsquote ist nach der Rechtsprechung zulässig.[189] Ein praktisches Bedürfnis für eine Korrektur der Ausgleichsquote kann dann gegeben sein, wenn ein Ehegatte über hohe Versorgungsanrechte, der andere Ehegatte, der nur eine Halbtagstätigkeit ausübt, um sich sonstigen Interessen zu widmen, geringe Anwartschaften hat, sich die Eheleute weiterhin darüber einig sind, daß ein voller Ausgleich für den ganztags arbeitenden Ehegatten unangemessen ist.

109 e) Ausschluß einzelner Anwartschaften auf Altersversorgung.

Hierbei geht es um den Ausschluß sog. Randversorgung, insbesondere einer Betriebsrente, während im übrigen der Versorgungsausgleich durchgeführt werden soll.[190]

Formulierungsvorschlag:
Im Falle der Scheidung der Ehe soll der Versorgungsausgleich nach den gesetzlichen Vorschriften durchgeführt werden, jedoch sollen Anwartschaften oder Aussichten auf eine Versorgung wegen Alters oder Berufs- oder Erwerbsunfähigkeit außerhalb der gesetzlichen Rentenversicherung, insbesondere solche aus einer Betriebsrente, vom Versorgungsausgleich ausgeschlossen sein.

110 f) Ausschluß einzelner Zeiträume aus dem Versorgungsausgleich

Im Ausgangsfall der jungen Eheleute, die der durch die Geburt eines Kindes veränderten Ehesituation durch eine auflösende Bedingung der Vereinbarung über den Ausschluß des Versorgungsausgleichs Rechnung tragen, ist auch eine Regelung zu überlegen, nach der der Versorgungsausgleich nach den gesetzlichen Vorschriften nur für die Zeiträume durchgeführt werden soll, in denen ein Ehegatte keine Versorgungsanwartschaften aufgrund eigener Arbeitsleistung erworben hat.[191] Nimmt die Ehefrau später ihre Berufstätigkeit wieder auf, gilt ab diesem Zeitpunkt erneut der Ausschluß des Versorgungsausgleichs.

In diesem Fall ist das zweite Vertragsmuster in Abschnitt II. Absatz 3 wie folgt zu fassen:
Der Versorgungsausgleich ist jedoch nach den gesetzlichen Vorschriften für die Zeiträume durchzuführen, in denen ein Ehegatte keine Versorgungsanwartschaften erworben hat, weil er nach der Geburt eines gemeinsamen Kindes seine Berufstätigkeit aufgegeben hat. Nimmt der Ehegatte danach seine Berufstätigkeit wieder auf, bleibt es für die Zeit danach beim Ausschluß des Versorgungsausgleichs.

2. Vertragsmuster: Ehevertrag junger Eheleute

Eine praktikable Alternative zu dieser Regelung ist es, wenn sich der Ehegatte verpflichtet, in der Zeit der Kindesbetreuung für den erwerbslosen Ehegatten freiwillig Beiträge zur gesetzlichen Rentenversicherung in der bis dahin gezahlten Beitragshöhe zu entrichten.

Formulierungsvorschlag:
Sollte der berufstätige Ehegatte die Versorgungsanwartschaften während der Zeit, in der der andere Ehegatte nach der Geburt eines gemeinsamen Kindes seine Berufstätigkeit nicht ausgeübt hat, freiwillig durch Zahlung von gleich hohen Beiträgen aufgestockt haben, ist auch für diese Zeit der Versorgungsausgleich ausgeschlossen.

Nicht selten wünschen die Ehegatten, daß der Versorgungsausgleich für die Zeit des Getrenntlebens ausgeschlossen werden soll. Dies gilt insbesondere, wenn in einer Ehekrise die Eheleute getrennt leben, zur Zeit aber ein Antrag auf Scheidung der Ehe nicht gestellt werden soll.

Als Ende der Ehezeit gilt nach § 1587 Abs. 2 BGB der Monat, der dem Eintritt der Rechtshängigkeit des Scheidungsantrags vorausgeht. Ein Ausschluß des Versorgungsausgleichs für die Zeit des Getrenntlebens kann dazu beitragen, die Ehekrise zu überwinden, weil der ausgleichspflichtige Ehegatte nicht befürchten muß, daß seine Rechtsposition durch weiteren Zeitablauf verschlechtert wird.

Formulierungsvorschlag:
Wir leben seit dem 1. 10. . . . . getrennt. Wir schließen den Versorgungsausgleich für die Zeit des Getrenntlebens aus. Für die Zeit davor soll der Versorgungsausgleich nach den gesetzlichen Vorschriften durchgeführt werden. Sollten wir künftig durch übereinstimmende schriftliche Erklärung feststellen, daß wir nicht mehr getrennt leben, so ist der Versorgungsausgleich auch für die Zeit ab dem Datum dieser Vereinbarung durchzuführen.

Alle Modifikationen des Versorgungsausgleichs stehen unter dem Vorbehalt, daß sie nicht zu einem sog. Super-Splitting führen.[192] Ehegatten können vereinbaren, daß in den Versorgungsausgleich nur die bis zu einem bestimmten Zeitpunkt vor dem Ende der Ehezeit erworbenen Anwartschaften einbezogen werden (oder bestimmte Zeiträume); dies darf aber nicht dazu führen, daß dem Ausgleichsberechtigten mehr Versorgungsanwartschaften übertragen werden, als dies bei Durchführung des Versorgungsausgleichs geschähe.

Das Gesetz will verhindern, daß zu Lasten der gesetzlichen Rentenversicherung für den Berechtigten mehr Anwartschaften begründet werden, als ihm nach der gesetzlichen Regelung zustehen. Da bei Abschluß einer vorsorglichen Scheidungsvereinbarung nicht abzusehen ist, ob sie zu einem verbotenen Super-Splitting führen kann, ist die Rechtsprechung insoweit abzulehnen, als sie im späteren Scheidungsfall die gegenüber dem Totalausschluß den erwerbslosen Ehegatten besserstellende vertragliche Regelung für unwirksam erklären sollte. Anders als bei einer Scheidungsfolgenvereinbarung zum Versorgungsausgleich, die aus diesem Grund nach §§ 134, 1587o Abs. 1 S. 2 BGB nichtig ist, ist beim vorsorgenden Ehevertrag die erforderliche Korrektur bei Durchführung des Versorgungsausgleichs der richtige Weg.

Formulierungsvorschlag:
Sollte der zeitanteilige Ausschluß des Versorgungsausgleichs unwirksam sein, weil er zur Folge hätte, daß dem Ausgleichsberechtigten mehr Anwartschaften in der gesetzlichen Rentenversicherung zu übertragen wären als ihm nach der gesetzlichen Regelung zustehen, bleibt es dabei, daß der gesetzliche Versorgungsausgleich für die gesamte Ehezeit durchzuführen ist.

Eine gerichtliche Abänderung dieser Vereinbarung nach § 10a des Gesetzes zur Regelung von Härten im Versorgungsausgleich schließen wir nicht aus.

Nach § 10 Abs. 9 des vorgenannten Gesetzes sind die Vorschriften, nach denen das Familiengericht auf Antrag seine Entscheidung abändern kann, auf Vereinbarungen über den Versorgungsausgleich entsprechend anzuwenden, wenn die Ehegatten die Abänderung nicht ausgeschlossen haben.

111 g) **Weiter Vereinbarungsmöglichkeiten zum Versorgungsausgleich**[193]

Zulässig ist die Ersetzung des Wertausgleichs durch den schuldrechtlichen Versorgungsausgleich. Diese Vereinbarung ist nicht zu empfehlen, ebenso nicht eine Vereinbarung, nach der der Versorgungsausgleich nur durchgeführt werden soll, wenn der ausgleichsberechtigte Ehegatte kein Verschulden am Scheitern der Ehe trägt.

Der Ausschluß des Versorgungsausgleichs gegen Abschluß einer Lebensversicherung (vgl. hierzu das 3. Vertragsmuster und Rdn. 122) ist eine weitere Gestaltungsmöglichkeit, die jedoch nicht ohne Risiken ist.

Beispiel: Nach 10-jähriger Ehe wünscht der Ehemann, daß seine nicht berufstätige Ehefrau auf den Versorgungsausgleich verzichtet. Er will sich dafür verpflichten, für seine Ehefrau jährlich einen Betrag von 20 000,- DM in eine Lebensversicherung einzuzahlen, auch für die Zeit nach Scheidung der Ehe.

Hier erwirbt die Ehefrau bei Scheidung der Ehe keine eigene Altersversorgung, sie bleibt vielmehr darauf angewiesen, daß der Ehemann (auch nach Scheidung der Ehe!) seiner vertraglichen Verpflichtung nachkommt. Richtig ist es hier, den Ausschluß des Versorgungsausgleichs unter die auflösende Bedingung zu stellen, daß er unwirksam wird, falls die versprochene Gegenleistung nicht erbracht wird (vgl. hierzu Rdn. 122).

111a h) **Vorsorgliche Vereinbarung über den Ausschluß des Versorgungsausgleichs nach § 1587o BGB.**

Nach § 1408 Abs. 2 Satz 2 BGB steht der Ausschluß des Versorgungsausgleichs unter einer Sperrfrist, d. h. er ist unwirksam, wenn innerhalb eines Jahres nach Vertragsschluß Antrag auf Scheidung der Ehe gestellt wird. Die Vorschrift ist zwingend, sie gilt auch, wenn der Versorgungsausgleich modi-

2. Vertragsmuster: Ehevertrag junger Eheleute

fiziert worden ist.[194] Leben die Eheleute bereits getrennt und schließen sie nicht aus, daß innerhalb der Jahresfrist die Scheidung der Ehe beantragt wird und wünschen sie gleichwohl den Ausschluß bzw. eine Modifizierung des Versorgungsausgleichs, so haben sie die Möglichkeit, die ehevertragliche Regelung vorsorglich mit einer Scheidungsvereinbarung mit gleichem Inhalt nach § 1587o BGB zu kombinieren, die allerdings der Genehmigung durch das Familiengericht bedarf.[195]

Wird die ehevertragliche Modifizierung des Versorgungsausgleichs wegen der Sperrfrist von Anfang an unwirksam, kann auch die Wirksamkeit einer vereinbarten Gütertrennung zweifelhaft sein. Es ist dringend zu raten, zur Widerlegung oder Bestätigung der Auslegungsregel in § 1414 BGB eine ausdrückliche Vereinbarung zu treffen, ob die Gütertrennung bei einem Scheidungsantrag innerhalb eines Jahres wirksam bleiben soll oder nicht.

Formulierungsvorschlag:
Wir schließen den Versorgungsausgleich im Falle einer Scheidung unserer Ehe aus. Uns ist bekannt, daß der Ausschluß des Versorgungsausgleichs unwirksam ist, wenn einer von uns innerhalb eines Jahres Antrag auf Scheidung der Ehe stellt.

Wir erklären, daß auch in diesem Fall die Vereinbarung der Gütertrennung aufrecht erhalten bleiben soll.

Vorsorglich vereinbaren wir gemäß § 1587o BGB den Ausschluß des Versorgungsausgleichs. Wir sind übereinstimmend der Auffassung, daß mit Rücksicht auf die kurze Ehezeit der vollständige Ausschluß des Versorgungsausgleichs angemessen ist.

Uns ist bekannt, daß die vorstehende Vereinbarung der Genehmigung des Familiengerichts bedarf, die wir hiermit beantragen.

Sollte das Familiengericht die Genehmigung zu dieser Vereinbarung nicht erteilen, so bleiben gleichwohl die übrigen Vereinbarungen in dieser Urkunde wirksam.

Begünstigt die Vereinbarung der Gütertrennung den Ehegatten mit dem weit höheren Vermögen und der Ausschluß des Versorgungsausgleichs den Ehegatten, der ausgleichspflichtig wäre, muß vorsorglich dem Fall Rechnung getragen werden, daß das Familiengericht die Genehmigung zum Ausschluß des Versorgungsausgleichs nicht erteilt. Hier kann es richtig sein, die Gütertrennung aufschiebend bedingt zu vereinbaren oder den Zugewinnausgleichsanspruch in bestimmter Höhe zu begründen.

Die Vereinbarungsmöglichkeiten zum Versorgungsausgleich sind damit nicht erschöpfend dargestellt. Der Ausschluß des Versorgungsausgleichs (oder seine Modifizierung) können z.B. auch vereinbart werden gegen Abschluß einer Lebensversicherung zugunsten des ausgleichsberechtigten Ehegatten oder gegen Zahlung einer Abfindung, z.B. durch die unentgeltliche Übertragung des hälftigen Miteigentumsanteils des Einfamilienhauses von dem ausgleichspflichtigen Ehegatten auf den ausgleichsberechtigten oder die Bestellung eines Nießbrauchs an einer Immobilie etc. zum Zwecke der Alterssicherung dieses Ehegatten. Zu empfehlen ist, den Verzicht auf den Versorgungsausgleich davon abhängig zu machen, daß die versprochene Gegenleistung bis zum Abschluß des Scheidungsverfahrens erbracht ist.

Den Vereinbarungsmöglichkeiten zum Versorgungsausgleich sind Grenzen gesetzt. Unzulässig sind Vereinbarungen, die zu Lasten des Versorgungsträgers gehen. Hierzu zählt z. B. die Übertragung von höheren Anwartschaften in der gesetzlichen Rentenversicherung auf den Ausgleichsberechtigten, als ihm nach der gesetzlichen Regelung zustehen[196], die Begründung von Rentenanwartschaften über die Hälfte der Differenz der auszugleichenden Anwartschaften hinaus[197] oder die Einbeziehung von Anwartschaften aus der Zeit vor der Ehe in den Versorgungsausgleich.

3. Vereinbarungsmöglichkeiten zum nachehelichen Unterhalt[198]

112   Die Beobachtung, der Unterhaltsverzicht sei der häufigste Vereinbarungstyp der Unterhaltsvereinbarung im Ehevertrag, ist leider richtig,[199] läßt aber Zweifel offen, ob die Ehegatten im Zeitpunkt der Vereinbarung das spätere Risiko richtig eingeschätzt haben, nach Scheidung der Ehe ohne eigenes Einkommen und ohne realistische Chance auf eine Berufstätigkeit dazustehen. Die Warnung, vorschnell umfassend auf nachehelichen Unterhalt zu verzichten, richtet sich insbesondere an junge Eheleute. Verständlich ist die beiderseitige Überzeugung der Eheleute, ihrer partnerschaftlichen Ehe jeden Versorgungscharakter zu nehmen, um so die **wirtschaftliche Selbständigkeit und Unabhängigkeit** zu betonen. Diese Grundüberzeugung vom Verständnis der Ehe orientiert sich an den derzeitigen Verhältnissen: beide Ehegatten sind berufstätig und wollen es auch bleiben, der Wunsch nach einem Kind besteht derzeit nicht.

Bleibt es bei diesem Lebensplan, ist ein gegenseitiger und vollständiger Verzicht auf Unterhalt für die Zeit nach Scheidung der Ehe sicherlich eine geeignete Vorsorgemaßnahme, jedes Risiko einer Unterhaltspflicht auszuschalten. Gedacht wird hierbei vor allem an den Unterhaltstatbestand des § 1573 BGB, nach dem ein geschiedener Ehegatte Unterhalt verlangen kann, solange und soweit er nach der Scheidung keine angemessene Erwerbstätigkeit zu finden vermag. Weiteres typisches Motiv für den Unterhaltsverzicht ist die Furcht des besser verdienenden Ehegatten, nach Scheitern der Ehe an den Ehegatte mit dem geringeren Einkommen sog. **Aufstockungsunterhalt** leisten zu müssen, also über den notwendigen Unterhalt hinaus, den der geschiedene Ehegatte aus eigenem Einkommen bestreiten kann, auf unbestimmte Zeit Unterhalt in Höhe von $3/7$ des Unterschiedsbetrags der anrechnungsfähigen Nettoeinkommen der Ehegatten zahlen zu müssen und ihm so ein luxuriöses Leben zu ermöglicht.

So verständlich die gemeinsame Überzeugung der Eheleute ist, diese Risiken einer Zahlungsverpflichtung wechselseitig ausschließen zu wollen, bleibt

2. Vertragsmuster: Ehevertrag junger Eheleute

bei einem Unterhaltsverzicht die durch die Geburt eines Kindes bedingte grundlegende Änderung ihres Lebensplans unberücksichtigt.

Die **Geburt eines Kindes** bedeutet in aller Regel, daß die Frau auf ihre Berufstätigkeit ganz oder teilweise verzichtet, also bei einer Scheidung der Ehe unterhaltsbedürftig ist. Die Frau verzichtet aber nicht nur auf wirtschaftliche Unabhängigkeit für die Zeit, in der sie sich dem Kind widmet, sie nimmt zugleich das Risiko auf sich, später in den früheren Beruf nicht zurückkehren oder eine andere vergleichbare Tätigkeit nicht finden zu können.[200] Bei einer längeren Ehedauer ist es keineswegs ungewöhnlich, daß aufgrund einer gemeinsamen Entscheidung der Eheleute die Frau auch nach der Zeit der Kindesbetreuung nicht in ihren Beruf zurückkehrt und bei Scheidung der Ehe wegen ihres Alters keine Möglichkeit hat, in das Berufsleben wieder eingegliedert zu werden. In allen geschilderten Fällen ist die Unterhaltsbedürftigkeit der Frau „ehebedingt", weil sie letztlich auf den Wunsch nach einem gemeinsamen Kind zurückzuführen ist.

a) Auflösend bedingter Verzicht auf Unterhalt. 113

Gerade für jüngere Eheleute ist daher die im Vertragsmuster vorgeschlagene Lösung eines auflösend bedingten Unterhaltsverzichts zu empfehlen. Diese Lösung kombiniert einerseits den Wunsch, vorsorglich jedes Risiko einer Unterhaltsverpflichtung für die Zeit nach Scheidung der Ehe auszuschließen, falls die Ehe kinderlos bleibt, andererseits trägt sie dem Umstand Rechnung, daß nach der Geburt eines gemeinsamen Kindes sich die Verhältnisse so grundlegend ändern, daß dem dann unterhaltsbedürftigen Ehegatten ein Anspruch auf Unterhalt zustehen soll.[201]

Durch die Formulierung wird klargestellt, daß es für den anderen Ehegatten, der nicht wegen der Betreuung des Kindes auf eine Berufstätigkeit verzichtet oder sie einschränkt, beim Unterhaltsverzicht bleibt.

Statt eines auflösend bedingten Unterhaltsverzichts kann auch ein Recht zum Rücktritt von dieser Vereinbarung für den Ehegatten vorgesehen werden, der wegen der Geburt eines Kindes seine Berufstätigkeit ganz oder teilweise aufgibt. Es liegt dann in seiner freien Entscheidung, ob er am Verzicht auf Unterhalt bei Scheidung der Ehe festhalten will oder nicht. Aus Beweisgründen sollte für die Rücktrittserklärung die Form der notariellen Beurkundung vorgesehen werden.

Insbesondere für jüngere Eheleute kommen auch die nachstehenden Modifizierungen eines Unterhaltsverzichts in Betracht:

b) Unterhaltsverzicht mit Ausnahme des Kindesbetreuungsunterhalts. 114

Jüngere Eheleute wünschen den vollständigen und gegenseitigen Verzicht auf nachehelichen Unterhalt auch ohne eine auflösende Bedingung für den Fall der Geburt eines gemeinsamen Kindes. Sie sind darauf hinzuweisen, daß bei Scheidung der Ehe die Berufung des unterhaltspflichtigen Ehegatten auf den Verzicht dann gegen Treu und Glauben verstößt, wenn der andere Ehegatte ein gemeinsames Kind betreut und unterhaltsbedürftig ist (vgl.

Rdn. 90). Es liegt daher im wohlverstandenen Interesse des Kindes, wenn der Kindesbetreuungsunterhalt vom Unterhaltsverzicht ausgenommen wird. Soll allein der Unterhaltsanspruch wegen Betreuung und Erziehung eines gemeinsamen Kindes (§ 1570 BGB) vom Unterhaltsverzicht ausgeschlossen werden, ist also der unterhaltsberechtigte Ehegatte bereit, für die Zeit nach Beendigung der Pflege oder Erziehung eines gemeinsamen Kindes auf Unterhalt zu verzichten, so ist das rechtlich möglich,[202] aber nur zu empfehlen, wenn für diesen Ehegatten nach der Zeit der Kindesbetreuung der eigene Unterhalt durch Wiederaufnahme einer Berufstätigkeit oder in anderer Weise, z. B. aus Einkünften des Vermögens, sichergestellt ist.

Formulierungsvorschlag:
Wir vereinbaren für den Fall der Scheidung unserer Ehe den gegenseitigen und vollständigen Verzicht auf die Gewährung nachehelichen Unterhalts, auch für den Fall der Not, und nehmen diesen Verzicht gegenseitig an.

Nach Scheidung der Ehe kann jedoch der eine Ehegatte von dem anderen Unterhalt verlangen, solange und soweit von ihm wegen der Pflege oder Erziehung eines gemeinschaftlichen Kindes eine Erwerbstätigkeit nicht erwartet werden kann (§ 1570 BGB). Im Anschluß an die Kindesbetreuung kann Unterhalt aus anderen gesetzlichen Gründen nicht verlangt werden.

Eine weitere Modifizierung dieser Unterhaltsvereinbarung besteht in einer Ergänzung dahin, daß im Anschluß an die Kindesbetreuung Unterhalt für eine bestimmte Zeitdauer und/oder bis zu einem bestimmten Höchstbetrag verlangt werden kann, um so dem geschiedenen unterhaltsberechtigten Ehegatten für eine Übergangszeit bis zur Erlangung einer eigenen Erwerbstätigkeit, zur Fortbildung oder Umschulung die finanzielle Unabhängigkeit zu geben.

Der letzte Satz des vorstehenden Formulierungsvorschlags könnte lauten:
Im Anschluß an die Kindesbetreuung kann Unterhalt aus anderen gesetzlichen Gründen längstens für die Dauer von ... Jahren und in Höhe bis zu ... DM monatlich verlangt werden.

115 c) Befristung des Unterhaltsverzichts.
Die gleichen Gesichtspunkte, die für eine Befristung des Ausschlusses des Versorgungsausgleichs sprechen (vgl. Rdn. 86), können auch Anlaß sein, den Unterhaltsverzicht auf den Fall einer kurzen Ehedauer zu beschränken.[203]

Formulierungsvorschlag:
Für den Fall, daß einer von uns innerhalb von ... Jahren nach Vertragsschluß Antrag auf Scheidung der Ehe stellt, vereinbaren wir den gegenseitigen und vollständigen Verzicht auf die Gewährung nachehelichen Unterhalts, auch für den Fall der Not, und nehmen diesen Verzicht gegenseitig an.

Von diesem befristeten Unterhaltsverzicht sollte der Fall der Geburt eines gemeinsamen Kindes in diesem Zeitraum ausgenommen werden. Das Formulierungsbeispiel ist dann zu ergänzen:

2. Vertragsmuster: Ehevertrag junger Eheleute

Dieser zeitlich befristete Unterhaltsverzicht wird jedoch unwirksam, wenn wegen der Geburt eines Kindes einer von uns seine Berufstätigkeit ganz oder teilweise aufgibt. In diesem Fall steht ihm Unterhalt nach den gesetzlichen Vorschriften zu.

d) Zeitliche und/oder betragsmäßige Begrenzung des Unterhaltsanspruchs. 116

Verfügt ein Ehegatte über ein außerordentlich hohes Einkommen, kann es sachgerecht sein, den Unterhaltsanspruch des anderen Ehegatten zeitlich und/oder betragsmäßig zu begrenzen.[204]

Beispiel: Die Ehefrau verfügt als Ärztin über ein hohes Einkommen, der Ehemann hat sein (freudloses) Studium bislang nicht abgeschlossen. Ein Unterhaltsverzicht wird als zu hart angesehen, die Ehefrau möchte aber ihr Risiko begrenzen, auf unbestimmte Zeit in voller Höhe (ggf. $^3/_7$ ihres anrechenbaren Nettoeinkommens) Unterhalt zahlen zu müssen.

Formulierungsvorschlag:
Sollte der Ehemann nach Scheidung der Ehe nicht selbst für seinen Unterhalt sorgen können, gilt für seinen Unterhaltsanspruch grundsätzlich die gesetzliche Regelung. Der Unterhaltsanspruch wird auf höchstens ... DM monatlich begrenzt. Der Ehemann verzichtet auf weitergehenden Unterhalt, auch für den Fall der Not. Die Ehefrau nimmt diesen Verzicht an.

Wird der Unterhaltsanspruch auf einen Höchstbetrag begrenzt, heißt das nicht, daß nach Scheidung der Ehe in jedem Fall und unveränderlich Unterhalt in dieser Höhe geschuldet wird. Verschlechtern sich die Einkommensverhältnisse des unterhaltspflichtigen Ehegatten gegenüber dem Zeitpunkt des Abschlusses des Ehevertrages, kann er sich sowohl im Zeitpunkt der Scheidung der Ehe als auch später auf die geringere, gesetzlich geschuldete Unterhaltshöhe ($^3/_7$ des anrechenbaren Nettoeinkommens) berufen.

Die vereinbarte Höchstgrenze des Unterhalts wird nach den heutigen Lebenshaltungskosten festgesetzt. Es ist daher ausnahmslos richtig, der künftigen Geldentwertung dadurch Rechnung zu tragen, daß der Unterhaltsbetrag wertgesichert wird. 116a

Formulierungsvorschlag:
Der Höchstbetrag des nachehelichen Unterhalts ist nach den heutigen Lebenshaltungskosten festgesetzt.
Wir vereinbaren deshalb, daß sich der Höchstbetrag nach oben oder nach unten im gleichen prozentualen Verhältnis verändert, wie sich der vom statistischen Bundesamt festgestellte Preisindex für die Lebenshaltung aller privaten Haushalte auf der Basis 1995 = 100 nach oben oder nach unten verändert.
Die erste Anpassung erfolgt nach Rechtskraft der Ehescheidung durch Vergleich des für den Monat des Vertragsabschlusses festgestellten Preisindex mit dem dann festgestellten Preisindex.
Jede weitere Anpassung erfolgt dann jeweils für den Januar eines Jahres.
Der Notar wird beauftragt, die Genehmigung nach § 2 Abs. 1 Satz 2 Preisangaben- und Preisklauselgesetz bzw. ein Negativattest des Bundesamtes für Wirtschaft zu dieser Wertsicherungsklausel einzuholen.

Da nicht restlos geklärt ist, ob die Wertsicherung genehmigungsfrei ist, sollte vorsorglich die Genehmigung bzw. ein Negativattest eingeholt werden.

116 b Von Unterhaltsleistungen an den dauernd getrennt lebenden oder geschiedenen Ehegatten können auf Antrag bis zu DM 27 000,- mit Zustimmung des Empfängers als Sonderausgaben abgezogen werden. Die Zustimmung hat die Versteuerung der Unterhaltsleistung beim Empfänger zur Folge. Der unterhaltsberechtigte Ehegatte ist zur Zustimmung verpflichtet, wenn ihn der unterhaltspflichtige Ehegatte von allen aus der Zustimmung erwachsenden Nachteilen freistellt.

Formulierungsvorschlag:

Der Ehemann ist verpflichtet, die zu einem Steuervorteil der Ehefrau erforderlichen Erklärungen abzugeben, wenn ihm die hieraus entstehenden Nachteile ersetzt werden. Der obige Höchstbetrag ist also immer als Nettobetrag zu verstehen.

116 c Weitere Modifikationen zur Höhe des nachehelichen Unterhalts sind möglich und im Einzelfall sachgerecht. Die Höhe des nachehelichen Unterhalts kann z. B. von der Dauer der Ehe abhängig gemacht werden und trägt damit dem Umstand Rechnung, daß bei einem höheren Lebensalter des geschiedenen Ehegatten die Aufnahme einer neuen Berufstätigkeit schwieriger wird.

Formulierungsvorschlag:

Sollte unsere Ehe kinderlos bleiben und einer von uns innerhalb von fünf Jahren nach Vertragsabschluß Antrag auf Scheidung der Ehe stellen, wird ein etwaiger Unterhaltsanspruch auf höchstens DM 1500,- monatlich begrenzt. Bei einer Ehedauer von mehr als 10 Jahren wird der Unterhaltsanspruch auf höchstens DM 2500,- monatlich begrenzt. Bei einer Ehedauer von mehr als 15 Jahren wird der Unterhaltsanspruch auf höchstens DM 5000,- monatlich begrenzt.

Die Vereinbarung von Höchstbeträgen läßt die gesetzliche Regelung des nachehelichen Ehegattenunterhalts im übrigen unberührt.

Auf weitergehenden Unterhalt verzichten wir, auch für den Fall der Not, und nehmen diesen Verzicht gegenseitig an.

(Es folgt die Wertsicherungsklausel).

116 d Zulässig ist es auch, die Höchstgrenze des Ehegattenunterhalts insoweit variabel zu gestalten, als nicht auf die Dauer der Ehe, sondern auf das jeweilige anrechenbare Nettoeinkommen abgestellt wird.

Formulierungsvorschlag:

Sollte ein Ehegatte nach Scheidung der Ehe nicht selbst für seinen Unterhalt sorgen können, gilt für seinen Unterhaltsanspruch grundsätzlich die gesetzliche Regelung.

Der Unterhaltsanspruch wird bei einem anrechenbaren Nettoeinkommen des unterhaltspflichtigen Ehegatten von jährlich mehr als DM 100 000,- auf DM 2500,- monatlich begrenzt, bei einem anrechenbaren Nettoeinkommen

2. Vertragsmuster: Ehevertrag junger Eheleute

von jährlich mehr als DM 130 000,- auf DM 3000,- und bei einem anrechenbaren Nettoeinkommen von mehr als DM 160 000,- auf DM 3500,- monatlich begrenzt.

Der unterhaltspflichtige Ehegatte ist verpflichtet, jeweils innerhalb von vier Monaten nach Ablauf des Kalenderjahres Auskunft über sein Einkommen zu geben.

Auf weitergehenden Unterhalt verzichten wir und nehmen diesen Verzicht an.

Im Beispiel der vermögenden Ehefrau und ihres arbeitsunwilligen Ehemannes ist es gut verständlich, daß die Ehefrau nicht nur die Höhe ihrer Unterhaltsverpflichtung sondern auch die Dauer der Unterhaltszahlung zeitlich begrenzen möchte. 116e

Die Vereinbarung eines (wertgesicherten) Höchstbetrags ist um eine zeitliche Befristung zu ergänzen.

Formulierungsvorschlag:
Der Unterhaltsanspruch des Ehemannes wird auf die Dauer von . . . Jahren ab Rechtskraft der Scheidung begrenzt. Für die Zeit danach verzichtet der Ehemann vollständig auf die Gewährung nachehelichen Unterhalts, auch für den Fall der Not; die Ehefrau nimmt diesen Verzicht an.

e) Einseitiger Verzicht auf Unterhalt
Beispiel: Der Ehemann ist Freiberufler ohne eine sichere Existenzgrundlage. Die Ehefrau ist Beamtin. Sollte sie nach der Geburt eines Kindes ihre Berufstätigkeit aufgeben, soll ihr der gesetzliche Unterhaltsanspruch zustehen. Ohne eine Unterhaltsvereinbarung läuft die Ehefrau Gefahr, nach Scheidung der Ehe an ihren arbeitslosen oder nur über sehr geringe Einkünfte verfügenden Ehegatten Unterhalt zahlen zu müssen, obwohl dessen Unterhaltsbedürftigkeit nicht „ehebedingt" ist.

Formulierungsvorschlag:
Der Ehemann verzichtet der Ehefrau gegenüber für den Fall der Scheidung der Ehe vollständig auf die Gewährung nachehelichen Unterhalts, auch für den Fall der Not. Die Ehefrau nimmt diesen Verzicht an.
Hinsichtlich des Unterhaltsanspruchs der Ehefrau bleibt es bei der gesetzlichen Regelung.

f) Unterhaltsverzicht mit Ausnahme des Notunterhalts. 117
Wer einen vollständigen Unterhaltsverzicht erklärt, muß wissen, daß er auch dann keinen Unterhaltsanspruch gegen den geschiedenen Ehegatten hat, wenn er in Not gerät. Auch ohne eine ausdrückliche Klarstellung („auch für den Fall der Not") bedeutet ein uneingeschränkter Unterhaltsverzicht den Ausschluß von Ansprüchen im Fall der Not, so daß der betroffene Ehegatte im Scheidungsfall auf Sozialhilfe angewiesen sein kann.[205]

Es ist möglich, vom Unterhaltsverzicht diesen Fall einer wirtschaftlichen Notlage eines Ehegatten nach Scheidung der Ehe auszunehmen. Da es eine gesetzliche Bestimmung über den „Notunterhalt" nicht gibt, ist es notwendig, im Ehevertrag eine Vereinbarung über die Höhe des Unterhaltsanspruchs zu treffen. Es kann festgelegt werden, daß dem Unterhaltsberechtigten lediglich Unterhalt in Höhe des Sozialhilfeanspruchs zusteht.[206] Sachgerechter ist es, für die Höhe des notwendigen Unterhalts auf den sog. Mindestbedarf der Unterhaltstabellen abzustellen, die von den Familiensenaten der Oberlandesgerichte empfohlen und in Abständen an die wirtschaftliche Entwicklung angepaßt werden. Nach der „Düsseldorfer Tabelle" beträgt der Eigenbedarf (Mindestbedarf) des nicht erwerbstätigen unterhaltsberechtigten Ehegatten 1300,- DM.

Im Ergebnis ist der Ausschluß des Notunterhalts vom Unterhaltsverzicht nichts anderes als eine betragsmäßige Begrenzung des Unterhaltsanspruchs auf den Mindestbedarf. Diese Vereinbarung korrigiert das Gesetz insoweit, als der unterhaltsberechtigte Ehegatte nicht den angemessenen Unterhalt i. S. von § 1578 BGB verlangen kann, sondern nur den Betrag, der als Mindestbedarf das Existenzminimum sichert.

Formulierungsvorschlag:
Für den nachehelichen Unterhalt soll es grundsätzlich bei der gesetzlichen Regelung bleiben. Der Unterhaltsanspruch des danach unterhaltsberechtigten Ehegatten wird jedoch der Höhe nach auf den jeweils nach der „Düsseldorfer Tabelle" ermittelten Eigenbedarf (Mindestbedarf) eines nicht erwerbstätigen Ehegatten als Haushaltungsvorstand begrenzt; dieser beträgt zur Zeit 1300,- DM. Auf weitergehenden Unterhalt verzichten wir gegenseitig, auch für den Fall der Not.

Die praktische Bedeutung eines solchen modifizierten Unterhaltsverzichts ist gering. Zum einen gewährt sie dem unterhaltsberechtigten Ehegatten einen Anspruch (wenn auch nur in begrenzter Höhe) für alle Unterhaltstatbestände, also etwa auch für den Fall, daß er zwar bei Scheidung der Ehe über ausreichendes Einkommen verfügt, später jedoch ein Ereignis eintritt (z. B. Arbeitslosigkeit), das zu seiner Unterhaltsberechtigung führt. Eben dieses Risiko soll aber regelmäßig mit einem Unterhaltsverzicht ausgeschlossen werden. Zum anderen ist die Begrenzung des Unterhaltsanspruchs auf den Mindestbedarf kaum angemessen, wenn bei Scheidung der Ehe einem Ehegatten Unterhalt wegen Betreuung eines Kindes zusteht und er anschließend wegen Alters, Krankheit oder aus anderen Gründen keine Berufstätigkeit mehr findet.

Nicht zu empfehlen ist die Ersetzung des gesetzlichen Unterhaltsanspruchs durch eine lebenslängliche Rente (anders bei Scheidungsvereinbarungen), auch nicht die Beschränkung des nachehelichen Unterhaltsanspruchs auf den Fall der „unverschuldeten" Scheidung, obgleich beide Vereinbarungsmöglichkeiten rechtlich zulässig sind. (Vgl. hierzu und zu weiteren Regelungsmöglichkeiten unter „Weiterführende Hinweise" Rdn. 207.)

117a g) Pflichtteilsverzicht und Unterhaltsanspruch
Befindet sich bei Abschluß des Ehevertrages die Ehe bereits in einer Krise und leben die Eheleute getrennt und soll eine Vereinbarung zum nachehelich-

2. Vertragsmuster: Ehevertrag junger Eheleute 103

chen Unterhalt nicht getroffen werden (oder der Unterhaltsanspruch z. B. durch Vereinbarung einer Höchstgrenze modifiziert werden), wird der Ehevertrag nicht selten mit einem Pflichtteilsverzichtsvertrag (§ 2346 Abs. 2 BGB) verbunden, weil jeder Ehegatte auch vor einer Scheidung der Ehe frei zugunsten dritter Personen über sein Vermögen letztwillig verfügen möchte (z. b. zugunsten der gemeinsamen Kinder) unter Ausschluß des Pflichtteils des Ehegatten, das er von den eingesetzten Erben nach § 2303 BGB verlangen kann.

Dieser Pflichtteilsverzicht soll nach einer Meinung in der Literatur[207a] beim Tode des unterhaltspflichtigen Ehegatten zum Verlust des nachehelichen Unterhaltsanspruchs führen, den die Ehegatten gerade nicht ausschließen wollen. Grundsätzlich gilt nach § 1586b Abs. 1 S. 1 BGB, daß mit dem Tod des verpflichteten Ehegatten die Unterhaltspflicht auf den Erben als Nachlaßverbindlichkeit übergeht, dieser also aus dem geerbten Vermögen weiterhin Unterhalt an den geschiedenen Ehegatten zu zahlen hat. Die Vorschrift bestimmt in Abs. 1 S. 3, daß der Erbe jedoch nicht über einen Betrag hinaus haftet, der dem Pflichtteil entspricht, welcher dem unterhaltsberechtigten Ehegatten zustände, wenn die Ehe nicht geschieden worden wäre.

Beispiel: Der unterhaltspflichtige Ehemann hinterläßt ein Vermögen von DM 800000,-, der fiktive Pflichtteilsanspruch der Ehefrau beträgt $^1/_8$ = DM 100000,-. Der Erbe hat mithin Unterhaltszahlungen bis zu einer Gesamthöhe von DM 100000,- an den geschiedenen Ehegatten zu leisten. Sobald dies geschehen ist, entfällt die Unterhaltspflicht des Erben.

Bei einem Pflichtteilsverzichtsvertrag (oder einem Erbverzichtsvertrag) soll nach dieser Meinung der Unterhaltsanspruch aus § 1586b BGB gegen die Erben entfallen.

Diese Meinung ist abzulehnen, da das Regelungsziel eines Erb- oder Pflichtteilsverzichtsvertrages völlig anderes ist (nämlich die uneingeschränkte Testierfreiheit eines jeden Ehegatten auch vor Scheidung der Ehe) als die Beschränkung des Unterhaltsanspruchs auf das Leben des unterhaltspflichtigen Ehegatten. Es ist in der Praxis eher typisch, daß als „Gegenleistung" für den Verzicht auf das Pflichtteil durch Vermächtnis zugunsten des Verzichtenden eine Versorgungsrente angeordnet wird und vorsorglich für den Fall der Scheidung der Ehe ein (möglicherweise modifizierter) Unterhaltsanspruch gegeben sein soll. Entscheidend ist in diesen Fällen allein die Auslegung der Vereinbarung. Hierbei gilt im Zweifel, daß nicht nur bei einer selbständigen, schuldrechtlichen Unterhaltsvereinbarung, bei der der gesetzliche Unterhaltsanspruch durch die Vereinbarung einer Unterhaltsrente auf Lebenszeit ersetzt wird, sondern auch, wenn der Ehevertrag überhaupt keine Regelung des nachehelichen Unterhalts trifft, also der gesetzliche Unterhaltsanspruch gewollt ist, oder der nacheheliche Unterhalt in bestimmter Weise modifiziert wird (der Höhe nach oder für eine bestimmte Dauer) ein in diesem Zusammenhang erklärter Verzicht auf das Pflichtteil, noch mehr ein aus ganz anderen Gründen früher geschlossener Pflichtteilsverzichtsvertrag (vgl. Rdn. 127) keine Ausschlußwirkung für den Fall des Todes des Unterhaltsverpflichteten haben soll.

Formulierungsvorschlag:
Der gegenseitige Verzicht auf das Pflichtteil läßt den Unterhaltsanspruch nach § 1586 b BGB unberührt.

3. Vertragsmuster:
Ehevertrag des Unternehmers oder Freiberuflers

Verhandelt am ... in ...
Vor dem Notar ... in ...
 erschienen:
1. Frau ..., Hausfrau, geboren am ... in ...
2. Herr ..., Kaufmann, geboren am ... in ...
beide wohnhaft ...
ausgewiesen durch Vorlage ihrer Personalausweise.
Die Erschienenen erklärten:
Wir haben am ... vor dem Standesbeamten in ... die Ehe geschlossen. Wir sind deutsche Staatsangehörige. Wir leben im gesetzlichen Güterstand der Zugewinngemeinschaft. Wir haben zwei Kinder.
Wir schließen folgenden

EHEVERTRAG

I.
Modifizierte Zugewinngemeinschaft

1. Wir vereinbaren für den Fall der Scheidung unserer Ehe, daß die Vermögenswerte vom Zugewinnausgleich ausgeschlossen sind, die Anfangsvermögen i. S. des § 1374 BGB sind, also auch die Vermögenswerte, die ein jeder von uns vor oder nach Eheschließung von Todes wegen, mit Rücksicht auf ein künftiges Erbrecht oder durch Schenkung erworben hat oder noch erwerben wird. Diese Vermögenswerte einschließlich der Surrogate sollen weder bei der Berechnung des Anfangsvermögens noch des Endvermögens berücksichtigt werden.
Vom Zugewinnausgleich ausgeschlossen ist die Beteiligung des Ehemannes an der ... Kommanditgesellschaft (einschließlich der Verbindlichkeiten und Gesellschafterdarlehen), auch bei einer Änderung der Rechtsform.
Dies gilt jedoch nicht, falls wir zu einem späteren Zeitpunkt durch Ehevertrag Gütertrennung vereinbaren.
Jeder Ehegatte ist berechtigt, auch ohne Einwilligung des anderen Ehegatten über die vom Zugewinnausgleich ausgeschlossenen Vermögenswerte frei zu verfügen; § 1365 wird insoweit ausgeschlossen.
Ein Ehegatte ist nicht verpflichtet, seinen Zugewinn auszugleichen, wenn er unter Berücksichtigung der Wertsteigerung des vom Zugewinnausgleich ausgeschlossenen Vermögens des anderen Ehegatten nicht zur Ausgleichung verpflichtet wäre.
Soweit danach bei Scheidung der Ehe Zugewinnausgleich beansprucht werden kann, ist eine Vollstreckung in das vom Zugewinnausgleich ausgeschlossene Vermögen unzulässig.

Im übrigen bleibt es beim gesetzlichen Güterstand, insbesondere auch beim Zugewinnausgleich im Todesfall.
2. Auf Ausgleich des etwa bereits entstandenen Zugewinns bezüglich der vorgenannten Vermögenswerte verzichten wir und nehmen diesen Verzicht gegenseitig an.
3. Eine Aufstellung der vom Zugewinnausgleich ausgeschlossenen Vermögenswerte wollen wir diesem Vertrag nicht beifügen.

II.
Ausschluß des Versorgungsausgleichs

1. Wir schließen den Versorgungsausgleich im Falle einer Scheidung unserer Ehe aus.
2. Der Notar hat uns über die Bedeutung des Ausschlusses des Versorgungsausgleichs belehrt, insbesondere darüber, daß ein Ausgleich der in der Ehezeit erworbenen Anwartschaften oder Aussichten auf eine Versorgung wegen Alters oder verminderter Erwerbsfähigkeit, gleich aus welchem Grunde, nach Scheidung unserer Ehe nicht stattfindet. Uns ist bekannt, daß der Ausschluß des Versorgungsausgleichs unwirksam wird, wenn einer von uns innerhalb eines Jahres Antrag auf Scheidung der Ehe stellt.
3. Der Ehemann verpflichtet sich, die zugunsten der Ehefrau bei der A-Versicherung abgeschlossene Lebensversicherung über ursprünglich 400 000,- DM, zahlbar beim Tode des Ehemannes, spätestens bei Vollendung des 60. Lebensjahres der Ehefrau, aufrechtzuerhalten und die Beiträge pünktlich zu entrichten.

Der Ausschluß des Versorgungsausgleichs wird insoweit auflösend bedingt vereinbart. Er wird unwirksam, falls im Zeitpunkt der Scheidung der Ehe die Lebensversicherung mit unwiderruflicher Bezugsberechtigung der Ehefrau nicht mehr besteht oder die fälligen Prämien nicht vollständig gezahlt sind.

III.
Vereinbarung über die Unterhaltspflicht
für die Zeit nach der Scheidung

1. Der Ehemann verzichtet der Ehefrau gegenüber vollständig auf die Gewährung nachehelichen Unterhalts, auch für den Fall der Not. Die Ehefrau nimmt diesen Verzicht an.
2. Für den Unterhaltsanspruch der Ehefrau bleibt es bei der gesetzlichen Regelung mit folgenden Maßgaben: Der Anspruch auf Unterhalt wird auf höchstens ... DM monatlich begrenzt. Die Ehefrau verzichtet auf einen etwa weitergehenden Unterhaltsanspruch. Der Ehemann nimmt diesen Verzicht an.

Die Ehefrau ist verpflichtet, die zu einem Steuervorteil des Ehemannes erforderlichen Erklärungen abzugeben, wenn ihr die hieraus entstehenden Nachteile von ihm ersetzt werden. Der obige Höchstbetrag ist also immer als Nettobetrag zu verstehen.

Der Höchstbetrag ist nach den heutigen Lebenshaltungskosten festgelegt. Wir vereinbaren deshalb, daß sich der Höchstbetrag nach oben oder nach unten im gleichen prozentualen Verhältnis verändert, wie sich der vom Statistischen

3. Vertragsmuster: Ehevertrag des Unternehmers

Bundesamt festgestellte Preisindex für die Lebenshaltung aller privaten Haushalte auf der Basis 1995 = 100 nach oben oder nach unten verändert. Die erste Anpassung erfolgt nach Rechtskraft der Ehescheidung durch Vergleich des für den Monat des Vertragsschlusses festgestellten Preisindex mit dem dann festgestellten Preisindex. Jede weitere Anpassung erfolgt dann jeweils für den Januar eines Jahres.

Der Notar wird beauftragt, die Genehmigung oder ein Negativattest des Bundesamtes für Wirtschaft zu dieser Wertsicherungsklausel einzuholen.

Durch die Vereinbarung einer Höchstgrenze des Unterhaltsanspruchs bleiben die gesetzlichen Vorschriften über den nachehelichen Unterhalt im übrigen unberührt.

Die Beteiligten sind sich weiterhin darüber einig, daß die Ehefrau nicht verpflichtet ist, im Falle einer Scheidung der Ehe eine Berufstätigkeit auszuüben. Der Beitrag für die Lebensversicherung nach Abschnitt II Abs. 3 dieses Ehevertrages ist nicht auf den Unterhaltsanspruch anzurechnen; er wird also zusätzlich vom Ehemann geschuldet.

IV.
Gegenständlich beschränkter Pflichtteilsverzicht

Die Ehefrau verzichtet hiermit für sich (nicht für ihre Abkömmlinge) gegenüber ihrem Ehemann auf ihr Pflichtteilsrecht, jedoch nur insoweit, als für das Pflichtteilsrecht der Wert der Beteiligung des Ehemannes an der ... Kommanditgesellschaft ausgenommen bleibt.

Der Ehemann nimmt diesen gegenständlich beschränkten Verzicht an.

Diese Niederschrift wurde den Erschienenen von dem Notar vorgelesen, von den Erschienenen genehmigt und von ihnen und dem Notar wie folgt eigenhändig unterschrieben:

Inhalt der Erläuterungen

	Rdn.		Rdn.
1. Der Ausschluß des Zugewinnausgleichs beschränkt auf bestimmte Vermögensgegenstände/auf Wertsteigerungen im Anfangsvermögen 120		3. Begrenzung des nachehelichen Unterhalts auf einen bestimmten Betrag (mit Wertsicherung) 125	
2. Ausschluß des Versorgungsausgleichs gegen Abschluß einer Lebensversicherung 122		4. Gegenständlich beschränkter Pflichtteilsverzicht 127	

Erläuterungen zum 3. Vertragsmuster:[208]

Dem Vertragsmuster liegt folgender **Sachverhalt** zugrunde:

Der Ehemann ist Gesellschafter eines Familienunternehmens; er hat die Beteiligung von seinem Vater geerbt; er leitet das Unternehmen. Die Ehefrau verfügt über ein bescheidenes, von ihren Eltern geerbtes eigenes Vermögen. Sie ist Hausfrau und betreut die beiden gemeinsamen Kinder. Die Ehefrau ist 40 Jahre alt, sie wird bei Vollendung des 18. Lebensjahres des jüngeren Kindes 51 Jahre alt sein. Sie hat keine Möglichkeit, dann in ihren früheren Beruf zurückzukehren.

Ein Vergleich der Interessen des Mannes (Unternehmer oder Freiberufler) und der Frau (Hausfrau ohne eigenes Vermögen) ergibt folgendes:

Regelmäßig wird die Unternehmensbeteiligung den wesentlichen Vermögenswert des Mannes darstellen. Besaß der Mann die Unternehmensbeteiligung bereits bei der Eheschließung oder hat er sie während der Ehe geerbt oder ist sie auf ihn im Wege der vorweggenommenen Erbfolge übertragen worden, gehört sie zum nicht ausgleichspflichtigen Anfangsvermögen nach § 1374 BGB. Wertsteigerungen, die während der Zeit der Ehe eintreten, sind dagegen ausgleichspflichtiger Zugewinn.

Beispiel: Hatte die Unternehmensbeteiligung bei Eheschließung einen Wert von 100 000 DM, im Zeitpunkt der Scheidung der Ehe einen Wert von 500 000 DM, steht der Ehefrau insoweit ein Anspruch auf Zugewinnausgleich in Höhe von 200 000 DM zu (abzüglich Geldentwertung).

Hat der Ehemann das Unternehmen während der Ehe gegründet oder während der Ehe mit einer freiberuflichen Tätigkeit als Arzt, Architekt etc. begonnen, ohne hierfür Mittel des Anfangsvermögens einzusetzen, fällt der Wert des Unternehmens oder der freiberuflichen Praxis insgesamt in den Zugewinnausgleich. In der Regel besteht ein berechtigtes Interesse des Unternehmers oder Freiberuflers, diese Vermögenswerte vom Zugewinnausgleich auszuschließen, da ein Ausgleichsanspruch bei Scheidung der Ehe das Unternehmen bzw. die freiberufliche Existenz gefährden können. Hat z. B. die Zahnarztpraxis der Ehefrau einen Wert von 1,0 Mio. DM, so kann sie bei Scheidung der Ehe nicht den Behandlungsstuhl verkaufen, um aus dem Erlös die Ausgleichsforderung des Ehemannes zu begleichen. Der andere Ehegatte wird dafür Verständnis haben, da die Erhaltung der beruflichen Existenz nach Scheidung der Ehe seinen Unterhaltsanspruch sichert.

Im Ausgangsfall will der Ehemann seine Altersversorgung ungeschmälert durch den Versorgungsausgleich bei Scheidung der Ehe erhalten. Gehört der Mann zu den „Gutverdienenden", wird er einen Unterhaltsanspruch seiner Frau bei Scheidung der Ehe nicht grundsätzlich in Frage stellen, wohl aber dessen Höhe, die $^3/_7$ seines Einkommens erreichen kann.

Bei einem **Familienunternehmen,** das von Generation auf Generation weitervererbt werden soll, die Kinder also Nachfolger ihres Vaters im Unternehmen sein sollen, ist die Erhaltung des Vermögens durch die Geltendmachung des Pflichtteilsanspruchs der Ehefrau gefährdet (bei Zugewinngemeinschaft: Geldanspruch in Höhe eines Viertels des Werts der Unternehmensbeteiligung).

Die **Interessenlage der Frau** für den Fall der Scheidung der Ehe verlangt eine finanzielle Absicherung, da sie nahezu vermögenslos ist, mit Rücksicht auf die Betreuung der Kinder eine Berufstätigkeit nicht ausübt, ihr eine solche auch danach aufgrund ihres Alters nicht mehr zugemutet werden kann. Sie

3. Vertragsmuster: Ehevertrag des Unternehmers

ist auf Unterhaltszahlung des Mannes angewiesen, auch auf eine ausreichende Altersversorgung. Nichts anderes gilt im Fall des Todes des Mannes. Bei allem Verständnis für den Wunsch ihres Mannes, das Familienunternehmen nicht durch einen Anspruch auf Zugewinnausgleich oder aus dem Pflichtteilsrecht zu gefährden, ist es für sie nicht zumutbar, auf jegliche Teilhabe an dem sonstigen Vermögen (Privatvermögen) zu verzichten.

Dieser **Interessenkonflikt** wird nach meiner Beobachtung allzuoft einseitig zugunsten des Mannes durch einen Ehevertrag mit Vereinbarung der Gütertrennung, Ausschluß des Versorgungsausgleichs und Verzicht auf nachehelichen Unterhalt in Verbindung mit einem uneingeschränkten Erb- oder Pflichtteilsverzichtsvertrag gelöst.

Richtig ist dagegen, über eine Interessenabwägung einen mittleren Weg zu finden, also durch Vereinbarungen zum Zugewinnausgleich, zum Versorgungsausgleich und ggf. zum Unterhalt die Unternehmensbelange einerseits und die wirtschaftliche Absicherung der Frau im Scheidungsfall oder beim Tod des Mannes andererseits in Einklang zu bringen.

Das Vertragsmuster gibt **einen** Lösungsvorschlag. Es muß erneut gewarnt werden, eines der hier vorgestellten Vertragsmuster als das allein richtige anzusehen. Es stellt auf eine ganz konkrete Ehe- und Vermögenssituation ab, die zudem auch andere, nicht weniger sachgerechte ehevertragliche Vereinbarungen zuläßt.

1. Der Ausschluß des Zugewinnausgleichs beschränkt auf bestimmte Vermögensgegenstände/auf Wertsteigerungen im Anfangsvermögen

Die vorgeschlagene Variante einer „modifizierten Zugewinngemeinschaft" beläßt es grundsätzlich bei der gesetzlichen Regelung über den Zugewinnausgleich bei Scheidung der Ehe, schließt jedoch im einzelnen bezeichnete Vermögenswerte (soweit sie zum Anfangsvermögen gehören: die bei diesen Vermögenswerten während der Ehezeit eintretenden Wertsteigerungen) vom Zugewinnausgleich aus.

Dies gilt auch für die Vermögenswerte, die bereits aus ausgleichspflichtigem Vermögen des Ehemannes (z. B. entnommenen Gewinnen) in das Unternehmen zurückgeflossen sind oder in Zukunft noch fließen werden (z. B. durch eine Kapitalerhöhung aus Mitteln des Privatvermögens).

Ein Mißbrauch ist nicht auszuschließen. In der Ehekrise kann der durch die Regelung begünstigte Ehegatte das (ausgleichspflichtige) Privatvermögen schmälern, indem er ohne sachliche Notwendigkeit Geldbeträge dem Betriebsvermögen zuführt. Er verlagert hiermit ausgleichspflichtiges Vermögen in nichtausgleichspflichtiges Vermögen. Diese Mißbrauchsgefahr sollte jedoch nicht Anlaß sein, den Zugewinnausgleich vollständig auszuschließen, es sei denn, daß der andere Ehegatte in anderer Weise abgesichert wird.

Die hier vorgestellte Lösung kann auch für ein einzelkaufmännisches Unternehmen oder eine freiberufliche Praxis sachgerecht sein, wenn dieses/diese mit dem jeweiligen Bestand bei Scheidung der Ehe vom Zugewinnausgleich ausgenommen bleiben soll.

Wird nach einer längeren Ehedauer die Zugewinngemeinschaft in dieser Weise modifiziert, entsteht für diese Vermögenswerte kein Anspruch auf Ausgleich des Zugewinns für die Vergangenheit. Der Ehevertrag sollte aber Anlaß für die Überlegung geben, ob nicht auf den insoweit verzichtenden Ehegatten bereits jetzt Vermögenswerte übertragen werden, um ihm eine gewisse finanzielle Unabhängigkeit (auch nach Scheidung der Ehe) zu sichern. Wird dies nicht gewünscht, sollte klargestellt werden, daß der (beschränkte) Verzicht auf den Zugewinnausgleich ohne Gegenleistung erfolgt.

Aus dem Gebot der Gleichbehandlung beider Ehegatten folgt, daß die Vermögenswerte, die Anfangsvermögen der Ehefrau sind, einschließlich der, die sie im Wege der Erbfolge von ihren Eltern (oder sonstigen Personen) erwarten darf, ebenfalls vom Zugewinnausgleich ausgenommen bleiben.

Wichtig und richtig ist es, die Verfügungsbeschränkung des § 1365 BGB für diese Vermögenswerte auszuschließen. Andernfalls könnte der Ehemann bei den unternehmerischen Entscheidungen auf die Mitwirkung seiner Ehefrau angewiesen sein. Will etwa der Ehemann sein Einzelunternehmen in eine Gesellschaft einbringen oder seine Unternehmensbeteiligung veräußern, um mit dem Erlös eine andere berufliche Existenz aufzubauen, kann darin eine Verfügung über sein nahezu gesamtes Vermögen liegen, die nach der genannten Vorschrift der Zustimmung der Ehefrau bedarf.

121 Die hier vorgeschlagene „Kompromißlösung" beläßt es beim Zugewinnausgleich im übrigen, also hinsichtlich des „Privatvermögens", das während der Ehe geschaffen worden ist. Hat beispielsweise der Ehemann aus seinen Einkünften ein Haus erworben, ist dessen hälftiger Wert (nach Abzug der Verbindlichkeiten) bei Scheidung der Ehe in Geld auszugleichen. Ist im Scheidungsfall das ausgleichspflichtige Vermögen erheblich, steht beispielsweise der Ehefrau eine Ausgleichsforderung in Höhe von 300 000 DM zu, kann sie zur Durchsetzung ihres Anspruchs auch die Zwangsvollstreckung in die Unternehmensbeteiligung des Ehemannes betreiben. Zum Schutz des Unternehmens (der freiberuflichen Praxis) sollte die Zwangsvollstreckung insoweit ausgeschlossen werden.

Insbesondere zur Erhaltung des erbschaftsteuerlichen Freibetrages nach § 5 ErbStG bleibt es beim Zugewinnausgleich im Todesfall.

2. Ausschluß des Versorgungsausgleichs gegen Abschluß einer Lebensversicherung

122 Im Beispielsfall verbietet es die Interessenlage der Ehefrau, die als Hausfrau im Falle der Scheidung keine eigene Altersversorgung hat, auf den Versorgungsausgleich zu verzichten. Dem Ehemann wird aber häufig daran gelegen sein, seine Altersversorgung ungekürzt durch den Ausgleichsanspruch über die Zeit nach Scheidung der Ehe hinaus sicherzustellen. Hier kommt regelmä-

3. Vertragsmuster: Ehevertrag des Unternehmers

ßig nur ein Ausschluß des Versorgungsausgleichs in Betracht, wenn der an sich ausgleichsberechtigte und im Alter unversorgte Ehegatte in anderer Weise im Alter gesichert wird. Man spricht vom **Ausschluß des Versorgungsausgleichs mit Gegenleistung.** In unserem Beispiel des gutverdienenden Unternehmers oder Freiberuflers ist der Abschluß einer Lebensversicherung zugunsten des anderen Ehegatten eine besonders geeignete Gegenleistung, da die Lebensversicherung in Form der Kapitalversicherung mit Rentenwahlrecht, wie sie von den Versicherungsgesellschaften angeboten wird, dem Ehegatten eine eigenständige Altersversorgung bietet.[209] Die Verpflichtung zur Zahlung der Beiträge auf die Lebensversicherung endet nicht mit Scheidung der Ehe. Unverzichtbar ist eine Vorsorge für den Fall, daß der Ehemann seiner Beitragspflicht nicht nachkommt. Im Vertragsmuster ist daher der Ausschluß des Versorgungsausgleichs **auflösend bedingt** vereinbart. Besteht die Lebensversicherung zugunsten der Ehefrau im Zeitpunkt der Scheidung der Ehe nicht mehr, weil der Ehemann die Beiträge nicht entrichtet hat, ist der Versorgungsausgleich nach den gesetzlichen Vorschriften durchzuführen. Unabhängig davon steht der Ehefrau ein auch gerichtlich durchsetzbarer Anspruch auf Entrichtung der Beiträge zu; dies gilt auch für die Zeit nach Scheidung der Ehe.

Als weitere Gegenleistungen kommen in Betracht: die Verpflichtung zur Übereignung eines Grundstücks, aus dessen Mieteinnahmen die Versorgung im Alter sichergestellt ist, oder die Zahlung von Beiträgen zur freiwilligen Weiterversicherung in der gesetzlichen Rentenversicherung. Bei der Übertragung eines sog. Renditegrundstücks ist darauf zu achten, daß die Einkünfte nicht durch Zinsen und Tilgung der auf dem Grundbesitz lastenden Bankverbindlichkeiten aufgezehrt werden. Gegebenenfalls hat sich der Ehegatte zu verpflichten, diese Darlehnsverbindlichkeiten bei Scheidung der Ehe aus eigenen Mitteln abzulösen. Richtig ist es hier, den Ausschluß des Versorgungsausgleichs aufschiebend bedingt in dem Sinne zu vereinbaren, daß er unwirksam wird, falls das der Altersversorgung dienende Renditeobjekt bei Scheidung der Ehe nicht schuldenfrei übertragen wird. Möglich ist es auch, verschiedene Gegenleistungen miteinander zu kombinieren, also z.B. den Abschluß einer Lebensversicherung mit der Übertragung eines Grundstücks.

Nicht empfehlen kann ich den Abschluß eines **Arbeitsvertrages** zwischen dem Unternehmer/Freiberufler und dem anderen Ehegatten zur Sicherung der Altersversorgung.[210] Richtig ist, daß der andere Ehegatte durch die Zahlung von Beiträgen zur gesetzlichen Rentenversicherung eine eigene Altersversorgung erhält. Wird die Ehe zu einem Zeitpunkt geschieden, zu dem dem anderen Ehegatten ein Anspruch auf Rente mangels Erreichens der Altersgrenze noch nicht zusteht, ist für ihn die Verpflichtung, das Arbeitsverhältnis mit dem geschiedenen Ehegatten fortzusetzen, in der Regel unzumutbar. Besteht im Zeitpunkt des Abschlusses des Ehevertrages ein Arbeitsverhältnis, kommt eine Vereinbarung des Inhalts in Betracht, daß der Versorgungsausgleich für den Zeitraum ausgeschlossen wird, in dem aufgrund des Arbeitsverhältnisses Beiträge zur gesetzlichen Rentenversicherung von dem anderen Ehegatten geleistet werden.

B. Vertragsmuster mit Anmerkungen

3. Begrenzung des nachehelichen Unterhalts auf einen bestimmten Betrag (mit Wertsicherung)

125 Das Vertragsmuster sieht zunächst einen (einseitigen) Unterhaltsverzicht des gutverdienenden Ehemannes gegenüber seiner Frau vor. Dieser Verzicht ist aus Gründen äußerster Vorsicht sachgerecht, um jedes Risiko auszuschliessen, daß die heute unterhaltsberechtigte Ehefrau, wenn sie vor oder nach Scheidung der Ehe eine berufliche Tätigkeit aufnimmt, ihrem geschiedenen Ehemann, der aufgrund unvorhersehbarer Umstände unterhaltsbedürftig werden kann, nach Scheidung der Ehe unterhaltspflichtig wird.

Die Vereinbarung stellt weiterhin klar, daß es für den Unterhaltsanspruch der Ehefrau grundsätzlich bei der gesetzlichen Regelung bleibt. Die Vorschriften über den nachehelichen Unterhalt werden nur insoweit modifiziert, als der Anspruch der Ehefrau auf Unterhalt der Höhe nach auf einen bestimmten monatlichen Betrag begrenzt wird und sie von der Verpflichtung freigestellt wird, durch eigene Erwerbstätigkeit für ihren Unterhalt zu sorgen. Diese Vereinbarung kommt regelmäßig nur in Betracht, wenn die Ehefrau bei Abschluß des Ehevertrages bereits im fortgeschrittenen Alter ist, sich gleichwohl bei Scheidung der Ehe die Frage stellen könnte, ob von ihr nicht eine Erwerbstätigkeit erwartet werden kann.

Die vorgeschlagene Unterhaltsvereinbarung bezweckt zum einen die Vermeidung einer streitigen Auseinandersetzung über die Höhe des Unterhalts nach Scheidung der Ehe, zum andern schützt sie den unterhaltspflichtigen Ehegatten mit hohem Einkommen vor Unterhaltszahlungen, die nach dem Gesetz weit über dem Betrag liegen können, die der geschiedene Ehegatte zur Bestreitung seines Lebensunterhalts benötigt.

Allein in dieser betragsmäßigen Begrenzung des Unterhaltsanspruchs liegt die Korrektur des Gesetzes. Der Geldentwertung ist durch eine **Wertsicherungsklausel** Rechnung zu tragen. Die Wertsicherungsklausel bedarf der Genehmigung des Bundesamtes für Wirtschaft.[211] Das Vertragsmuster stellt klar, daß der auch nach Scheidung der Ehe vom Ehemann zu zahlende Beitrag für die Lebensversicherung nicht auf den Unterhaltsanspruch anzurechnen ist.

126 Nach § 10 Abs. 1 Nr. 1 Einkommensteuergesetz können Unterhaltsleistungen an den geschiedenen oder dauernd getrennt lebenden unbeschränkt einkommensteuerpflichtigen Ehegatten vom Gesamtbetrag der Einkünfte des Unterhaltspflichtigen als Sonderausgaben dann abgezogen werden, wenn der Geber dies mit Zustimmung des Empfängers beantragt. Die Unterhaltsleistungen können dann bis zu 27 000,- DM im Kalenderjahr abgezogen werden. In diesem Fall sind die Unterhaltsleistungen vom Empfänger als steuerpflichtige sonstige Einkünfte zu versteuern (§ 22 Nr. 1 a EStG). Verfügt der unterhaltspflichtige Ehegatte über ein weit höheres Einkommen als der unterhaltsberechtigte, bringt das sog. **begrenzte Realsplitting** Steuervorteile. Nach der Rechtsprechung[212] muß der unterhaltsberechtigte Ehegatte auch

3. Vertragsmuster: Ehevertrag des Unternehmers 113

ohne eine besondere vertragliche Verpflichtung dem sog. begrenzten Realsplitting zustimmen, wenn der unterhaltspflichtige Ehegatte die finanziellen Nachteile ausgleicht, die dem Berechtigten daraus erwachsen. Im Ergebnis hat der unterhaltsberechtigte Ehegatte keine finanziellen Nachteile; der geschuldete Unterhaltsbetrag ist immer ein Nettobetrag.

4. Gegenständlich beschränkter Pflichtteilsverzicht

Nach meiner Beobachtung wird vom Unternehmer oder Freiberufler (und 127 von seinem Rechtsberater) bei Abschluß des Ehevertrages nahezu regelmäßig der Wunsch geäußert, der andere Ehegatte solle zugleich auf sein gesetzliches Erbrecht und sein Pflichtteilsrecht verzichten.

Das Gesetz erlaubt in § 2346 BGB den Abschluß eines Vertrages zwischen Ehegatten (auch künftigen Ehegatten), in dem einseitig oder gegenseitig auf das gesetzliche Erbrecht verzichtet wird. Der **Erbverzicht** bedeutet, daß der Verzichtende von der gesetzlichen Erbfolge ausgeschlossen ist, wie wenn er zur Zeit des Erbfalls nicht mehr lebte; er hat kein Pflichtteilsrecht (§ 2346 Abs. 1 Satz 2 BGB). Nach § 2346 Abs. 2 BGB kann der Verzicht auf das Pflichtteilsrecht beschränkt werden. Der Vertrag bedarf der notariellen Beurkundung (§ 2348 BGB).

Von einem Erbverzicht ist dringend abzuraten. Verstirbt ein Ehegatte, ohne daß er durch Testament oder Erbvertrag eine Verfügung von Todes wegen getroffen hat, tritt die gesetzliche Erbfolge ein. Danach ist der längstlebende Ehegatte neben Abkömmlingen Erbe zu $^{1}/_{2}$ Anteil. Hat er auf sein gesetzliches Erbrecht verzichtet, wird er nicht Erbe; ihm steht nicht einmal das Pflichtteil zu. Haben die Ehegatten Gütertrennung vereinbart, entfällt auch der Zugewinnausgleichsanspruch nach § 1371 Abs. 2 BGB.

Der Wunsch des Unternehmers, der andere Ehegatte möge auf sein Erbrecht verzichten, wird regelmäßig damit begründet, dieser Verzicht sichere die Unternehmensnachfolge auf die Abkömmlinge. Dieser Wunsch kann berechtigt sein, insbesondere dann, wenn bei einem Familienunternehmen im Gesellschaftsvertrag festgelegt ist, daß außer Abkömmlingen eines Gesellschafters andere Personen nicht nachfolgeberechtigt sind. Dieses Interesse rechtfertigt gleichwohl nicht den Erbverzicht, der dazu führen kann, daß der längstlebende Ehegatte unversorgt ist. Nach einer Rechtsmeinung schließt ein Erb- und Pflichtteilsverzicht oder ein Pflichtteilsverzicht den Unterhaltsanspruch gegen die Erben nach dem Tod des unterhaltsverpflichteten Ehegatten nach § 1586 b BGB aus (vgl. Rdn. 117 a). Obwohl diese Meinung falsch ist, da der Unterhaltsanspruch nichts mit den Gründen zu tun hat, die zu einem Pflichtteilsverzicht führen, kann es sich empfehlen, den Pflichtteilsverzicht wie folgt zu ergänzen:

Der vorstehende Pflichtteilsverzicht beinhaltet ausdrücklich keinen Verzicht auf nachehelichen Unterhalt nach § 1586 b BGB für den Fall des Vorversterbens des unterhaltspflichtigen Ehegatten.

Der im Vertragsmuster vorgeschlagene gegenständlich beschränkte Pflichtteilsverzicht führt in keinem Fall zu einem Verlust des Unterhaltsanspruchs.

128 Erwägenswert ist ein Verzicht auf das gesetzliche Erbrecht und auf das Pflichtteilsrecht unter der **ausdrücklichen Bedingung**, daß dieser Verzicht nur wirksam ist, wenn dem verzichtenden Ehegatten durch Verfügung von Todes wegen bestimmte Vermögenswerte zugewendet werden. Zu denken ist an ein Vermächtnis, mit dem der Ehegatte das Eigentum oder den Nießbrauch am Einfamilienhaus erhält, zusätzlich eine Rente u. ä. Häufig ist es jedoch so, daß bei Abschluß des Ehevertrages vor allem unter jüngeren Eheleuten diese Fragen nicht beantwortet werden können oder sollen. Der Unternehmer-Ehegatte legt Wert darauf, über sein Unternehmen oder seine Unternehmensbeteiligung letztwillig frei verfügen zu können, ohne befürchten zu müssen, daß der andere Ehegatte durch die Geltendmachung von Pflichtteilsansprüchen oder Pflichtteilsergänzungsansprüchen nach seinem Tod die von ihm gewünschte Unternehmensnachfolge wirtschaftlich gefährdet.

129 Hier ist es zunächst richtig, den Verzicht auf das Pflichtteilsrecht zu beschränken. Ein uneingeschränkter Pflichtteilsverzicht ist gleichwohl zu weitgehend. Soweit der Ehegatte Verständnis für den Wunsch des anderen Ehegatten aufbringt, die Unternehmensnachfolge ohne Gefährdung durch seinen Pflichtteilsanspruch regeln zu können, verlangt dies nicht einen Verzicht auf den Pflichtteilsanspruch, soweit es das sonstige Vermögen („Privatvermögen") des Ehegatten betrifft. Die richtige Lösung liegt in einem **gegenständlich beschränkten Pflichtteilsverzicht**. Ein gegenständlich beschränkter Pflichtteilsverzicht führt dazu, daß bestimmte Vermögenswerte, in unserem Beispielsfall die Beteiligung des Ehemannes an der Kommanditgesellschaft, bei der Berechnung des Pflichtteilsanspruchs außer Betracht bleiben.

Besteht der Nachlaß des verstorbenen Ehegatten aus der Unternehmensbeteiligung mit einem Wert von 800 000,- DM und Privatvermögen im Wert von 400 000,- DM und ist der längstlebende Ehegatte nicht Erbe oder Vermächtnisnehmer (oder schlägt er das ihm Zugewendete aus), berechnet sich sein Pflichtteilsanspruch nicht nach dem gesamten Nachlaßvermögen, sondern nur nach dem Wert des Privatvermögens.

Wäre der längstlebende Ehegatte bei gesetzlicher Erbfolge neben einem oder mehreren Abkömmlingen Erbe zu $1/2$ Anteil geworden, hat der Erblasser aber seine Kinder zu Erben eingesetzt (also den Ehegatten enterbt), beträgt der Pflichtteil $1/4$ des Nachlaßwerts, also 300 000,- DM. Der gegenständlich beschränkte Pflichtteilsverzicht führt nun dazu, daß der Wert der Unternehmensbeteiligung bei der Berechnung ausgenommen wird, also ungeschmälert an die Abkömmlinge fällt. Dem längstlebenden Ehegatten steht als Pflichtteil ein Geldanspruch in Höhe eines Viertels des Privatvermögens zu, also 100 000,- DM.

4. Vertragsmuster: Ausländerehe

(Eheleute mit gemeinsamer ausländischer Staatsangehörigkeit oder Eheleute, von denen einer eine ausländische, der andere die deutsche Staatsangehörigkeit besitzt, wählen deutsches Güterrecht)

Verhandelt am ... in ...
Vor dem Notar ... in ...
                erschienen:
1. Frau ...
   geboren am 7. Januar 1973 in München,
2. Herr ...
   geboren am 23. Dezember 1972 in Venedig,
beide wohnhaft ...
Frau ... wies sich aus durch Vorlage ihres Personalausweises; Herr ... wies sich aus durch Vorlage seines italienischen Reisepasses.
Herr ... ist der deutschen Sprache mächtig.
Die Erschienenen erklärten:
Wir haben am 6. Januar 1998 in Venedig die Ehe geschlossen. Wir haben bislang keinen Ehevertrag geschlossen. Wir gehen daher davon aus, daß wir im gesetzlichen Güterstand des italienischen Rechts leben.
Wir haben inzwischen unseren gewöhnlichen Aufenthalt in der Bundesrepublik Deutschland, so daß die allgemeinen Wirkungen unserer Ehe dem deutschen Recht unterliegen. Keiner von uns verfügt über Vermögenswerte in Italien.
Wir schließen den folgenden

EHEVERTRAG

1. Wir wählen für die güterrechtlichen Wirkungen unserer Ehe das Recht der Bundesrepublik Deutschland. Wir wollen künftig im gesetzlichen Güterstand der Zugewinngemeinschaft nach deutschem Recht leben. Über die Bedeutung des Güterstandes der Zugewinngemeinschaft sind wir vom Notar belehrt worden.
2. Die Vereinbarung des Güterstandes der Zugewinngemeinschaft soll ab Beginn unserer Ehe wirken. Soweit nach dem bisher geltenden Güterrecht gemeinschaftliches Vermögen besteht, soll uns dieses nunmehr zu Miteigentum je zur Hälfte zustehen. Über Grundbesitz verfügen wir nicht.
3. Der Notar hat uns darauf hingewiesen, daß der Ehevertrag möglicherweise in Italien nicht als wirksam anerkannt wird.

Diese Niederschrift wurde den Erschienenen von dem Notar vorgelesen, von den Erschienenen genehmigt und von ihnen und dem Notar wie folgt eigenhändig unterschrieben:

Inhalt der Erläuterungen

	Rdn.		Rdn.
1. Maßgeblichkeit einer ausländischen Rechtsordnung für die allgemeinen Wirkungen der Ehe und für das Güterrecht	131	2. Wahl des deutschen Güterrechts.	134
		3. Auf unbewegliches Vermögen beschränkte Rechtswahl	136

Erläuterungen zum 4. Vertragsmuster:

1. **Maßgeblichkeit einer ausländischen Rechtsordnung für die allgemeinen Wirkungen der Ehe und für das Güterrecht**

131 Bei der Eheschließung eines deutschen Staatsangehörigen mit einem ausländischen Staatsangehörigen („gemischt-nationale Ehe") ist dringend zu raten, sich darüber Gewißheit zu verschaffen, **welche Rechtsordnung Anwendung findet,** nach welchem Recht sich die allgemeinen Wirkungen der Ehe, vor allem die güterrechtlichen Wirkungen der Ehe, richten. Die Frage beantwortet sich nach den Kollisionsnormen des deutschen internationalen Privatrechts, die im Einführungsgesetz zum Bürgerlichen Gesetzbuch in den Art. 3 ff. geregelt sind. Das Recht, dem die allgemeinen Wirkungen der Ehe unterliegen, ist auch maßgeblich für die güterrechtlichen Wirkungen der Ehe (sie unterliegen nach Art. 15 Abs. 1 EGBGB dem bei der Eheschließung für die allgemeinen Wirkungen der Ehe maßgebenden Recht) und für die Voraussetzungen und Folgen einer Ehescheidung (Art. 17 EGBG mit Besonderheiten für den Versorgungsausgleich), nicht jedoch für den Unterhalt (Art. 18 EGBGB).[214]

Ist geklärt, welchem Recht die allgemeinen Wirkungen der Ehe unterliegen, dem deutschen Recht, dem Recht des Staates, dem der andere Ehegatte angehört oder einer dritten Rechtsordnung, ist zu entscheiden, ob es hierbei bleiben soll, oder ob durch den Abschluß eines Ehevertrages die Ehe in ihren allgemeinen und/oder güterrechtlichen Wirkungen durch Wahl dem gewünschten Recht unterstellt werden kann und soll.

Die Frage nach einer Rechtswahl kann sich auch für bereits verheiratete Eheleute stellen.[215] Auch für Ehegatten mit einer **gemeinsamen ausländischen Staatsangehörigkeit** kann es empfehlenswert sein, für die güterrechtlichen Wirkungen ihrer Ehe deutsches Recht zu wählen,[216] falls sie die Absicht haben, auf Dauer in der Bundesrepublik Deutschland zu bleiben. Ausländische Staatsangehörige haben gem. § 25 Abs. 2 EGBGB die Möglichkeit, für im Inland belegenes unbewegliches Vermögen, z.B. ein Einfamilienhaus oder eine Eigentumswohnung, in der Form einer Verfügung von Todes wegen deutsches Erbrecht zu wählen. Die „kombinierte" Wahl deutschen Güterrechts und deutschen Erbrechts (allerdings nur möglich für unbewegliches Vermögen) kann beim Tode eines Ehegatten böse Überraschungen und schwierige rechtliche Probleme vermeiden, die sich sonst aus der Anwendung des ausländischen Rechts ergeben können.[217]

4. Vertragsmuster: Ausländerehe

Auf Einzelheiten kann hier nicht eingegangen werden. Eine rechtliche Beratung ist unverzichtbar.

Die Frage, welches Recht für ihre Ehe gilt, können die Ehegatten in aller Regel selbst beantworten. Haben beide Ehegatten die **gleiche Staatsangehörigkeit**, unterliegen die allgemeinen Wirkungen der Ehe dem Recht dieses Staates.[218] Heiratet z. B. ein Franzose eine Französin in Hamburg, gilt für die Ehe französisches Recht.

Bei einer „gemischt-nationalen Ehe" ist das Recht des Staates maßgeblich, in dem beide Ehegatten ihren **gewöhnlichen Aufenthalt** haben. Unter „gewöhnlichem Aufenthalt" versteht man den Ort, an dem die Ehegatten ihren gemeinsamen Wohnsitz haben, ihren Daseinsmittelpunkt, selbst wenn einer von ihnen oder beide sich aus beruflichen Gründen längere Zeit in einem anderen Staat aufhalten, soweit ihr Daseinsmittelpunkt der Ort des Wohnsitzes bleibt.[219]

Hat wie im Vertragsmuster eine Deutsche mit gewöhnlichem Aufenthalt in Venedig einen dort lebenden Italiener geheiratet, unterliegen die allgemeinen Wirkungen der Ehe dem italienischen Recht. Verlegen diese Eheleute nun später ihren gewöhnlichen Aufenthalt in die Bundesrepublik Deutschland, gilt nun für die allgemeinen Wirkungen der Ehe deutsches Recht: Das sog. Ehewirkungsstatut ist wandelbar; es richtet sich bei gemischt-nationalen Ehen also stets nach dem Recht des Staates, in dem beide Ehegatten ihren gewöhnlichen Aufenthalt haben.[220]

Heiratet eine Deutsche einen ausländischen Staatsangehörigen und erwirbt sie mit der Heirat dessen Staatsangehörigkeit, wird sie Mehrstaaterin. Die allgemeinen Wirkungen der Ehe unterliegen dann nicht diesem ausländischen Recht. Maßgeblich ist auch hier das Recht des Staates, in dem beide Ehegatten ihren gewöhnlichen Aufenthalt haben, weil bei Mehrstaatern die deutsche Staatsangehörigkeit vorgeht.[221]

Danach ergibt sich für Eheleute, von denen zumindest einer eine ausländische Staatsangehörigkeit besitzt, die aber ihren gewöhnlichen Aufenthalt in der Bundesrepublik Deutschland haben, folgendes:
- Bei einer gemeinsamen Staatsangehörigkeit, die bei einem deutschen Ehegatten nicht erst durch die Eheschließung erworben wurde, gilt das gemeinsame Heimatrecht.
- Bei einer gemischt-nationalen Ehe gilt deutsches Recht auch dann, wenn ein Ehegatte (zumindest auch) die deutsche Staatsangehörigkeit besitzt.

Diese Grundsätze gelten nicht, falls die Ehegatten bei der Eheschließung ihren gewöhnlichen Aufenthalt im Ausland hatten. Bei der Fallgestaltung des Vertragsmusters hatten beide Ehegatten bei der Eheschließung ihren gewöhnlichen Aufenthalt in Venedig. Da sie jetzt im Inland leben, unterliegen die allgemeinen Wirkungen der Ehe dem deutschen Recht, dies gilt jedoch nicht für die güterrechtlichen Wirkungen. Art. 15 Abs. 1 EGBGB bestimmt: „Die güterrechtlichen Wirkungen der Ehe unterliegen dem bei der Eheschließung für die allgemeinen Wirkungen der Ehe maßgebenden Recht." Das sog.

Güterrechtsstatut ist unwandelbar, es wechselt also nicht mit der Verlegung des Wohnsitzes. Für die Ehegatten gilt also weiterhin das italienische Güterrecht. Die Ehegatten sollten sich über den Inhalt des ausländischen Güterrechts unterrichten, um dann die Frage zu entscheiden, ob es richtiger ist, deutsches Güterrecht zu wählen.

133   Ehegatten mit verschiedener Staatsangehörigkeit können nach Art. 14 Abs. 2 und 3 EGBGB auch für die allgemeinen Wirkungen der Ehe das Recht eines Staates wählen. Diese Rechtswahl ist nur in Ausnahmefällen möglich, aber auch nur in Ausnahmefällen erforderlich. Von praktischer Bedeutung sind zwei Fallgestaltungen.

1. Beispiel: Eine Deutsche heiratet einen Ausländer, sie erwirbt mit der Eheschließung auch dessen Staatsangehörigkeit. Die Ehegatten leben zur Zeit in Deutschland, wollen aber in absehbarer Zeit im Heimatland des Mannes leben.
2. Beispiel: Eine Deutsche heiratet einen Franzosen in Brasilien. Sie haben sich dort kennengelernt und beabsichtigen, nach Beendigung der vorübergehenden beruflichen Tätigkeit in Brasilien in Deutschland zu leben.

Haben die Ehegatten keine gemeinsame Staatsangehörigkeit und gehört auch kein Ehegatte dem Staat an, in dem beide Ehegatten zur Zeit ihren gewöhnlichen Aufenthalt haben, so können sie nach Art. 14 Abs. 3 EGBGB das Recht des Staates wählen, dem ein Ehegatte angehört.[222] Im Beispiel können die Eheleute für die allgemeinen Wirkungen der Ehe deutsches Recht wählen.[223]

Die Rechtswahl muß notariell beurkundet werden. Wird sie im Ausland vorgenommen, so genügt es, wenn sie den Formerfordernissen für einen Ehevertrag nach dem Recht am Ort der Rechtswahl entspricht (Art. 14 Abs. 4 EGBGB).

2. Wahl des deutschen Güterrechts[224]

134   Von weit größerer praktischer Bedeutung ist die Möglichkeit für Ehegatten mit einer gemeinsamen ausländischen Staatsangehörigkeit (oder einer verschiedenen ausländischen Staatsangehörigkeit), vor allem für Ehegatten, von denen einer die deutsche, der andere eine ausländische Staatsangehörigkeit besitzt, und die ihren gewöhnlichen Aufenthalt im Inland haben, durch Ehevertrag deutsches Güterrecht zu wählen.

Nach Art. 15 Abs. 2 EGBGB können die Ehegatten jederzeit vor und während der Ehe unabhängig von der Anknüpfung des Ehewirkungsstatuts eine **auf die güterrechtlichen Wirkungen** ihrer Ehe **beschränkte Rechtswahl** treffen. Damit soll insbesondere ausländischen Staatsangehörigen, die im Inland leben, ohne Absicht, in ihr Heimatland zurückzukehren, die Möglichkeit gegeben werden, für ihr Güterrecht das deutsche Recht zu wählen.

Diese Rechtswahlmöglichkeit ist deshalb von Bedeutung, weil allein die Tatsache, daß die Ehegatten nunmehr ihren gewöhnlichen Aufenthalt im Inland haben, nichts daran ändert, daß es für die güterrechtlichen Wirkungen

4. Vertragsmuster: Ausländerehe

der Ehe bei der Anwendung des ausländischen Rechts bleibt, wenn die Ehegatten entweder eine gemeinsame ausländische Staatsangehörigkeit besitzen oder bei der Eheschließung ihren gewöhnlichen Aufenthalt im Ausland hatten. Wir haben gesehen, daß sich bei der Verlegung des Wohnsitzes ins Inland die allgemeinen Wirkungen der Ehe nunmehr nach deutschem Recht richten, für die güterrechtlichen Wirkungen der Ehe es aber bei dem bei der Eheschließung maßgebenden Recht bleibt.

Nach Art. 15 Abs. 2 EGBGB können die Ehegatten für die güterrechtlichen Wirkungen ihrer Ehe wählen
– das Recht des Staates, dem einer von ihnen angehört,
– das Recht des Staates, in dem einer von ihnen seinen gewöhnlichen Aufenthalt hat, oder
– für unbewegliches Vermögen das Recht des Lageorts.
Die Rechtswahl muß notariell beurkundet werden.

Wollen Ehegatten die Anwendung deutschen Güterrechts, ist zunächst die Vorfrage zu beantworten, ob eine Rechtswahl überhaupt erforderlich ist. Sie ist nicht erforderlich bei einer gemischt-nationalen Ehe, wenn beide Ehegatten bei der Eheschließung ihren gewöhnlichen Aufenthalt im Inland hatten.[225] Heiratet z. B. ein Deutscher eine Schwedin in Köln, unterliegen bereits ab der Eheschließung die allgemeinen Wirkungen der Ehe dem deutschen Recht (Art. 15 Abs. 1 i. V. mit Art. 14 Abs. 1 Nr. 2 EGBGB); die Ehegatten leben also im gesetzlichen Güterstand der Zugewinngemeinschaft deutschen Rechts.

Danach ist eine Rechtswahl nur erforderlich, wenn die Ehegatten entweder eine gemeinsame ausländische Staatsangehörigkeit besitzen, oder die Eheschließung einer gemischt-nationalen Ehe im Ausland erfolgt ist.

Nach dem im Vertragsmuster zugrunde gelegten Sachverhalt leben die Eheleute im gesetzlichen Güterstand der Errungenschaftsgemeinschaft italienischen Rechts, bei der das während der Ehe Erworbene Gesamtgut ist, über das auch nur beide Ehegatten gemeinsam verfügen können (ähnlich der Gütergemeinschaft deutschen Rechts). Wollen die Eheleute die güterrechtlichen Wirkungen ihrer Ehe dem deutschen Recht unterstellen, müssen sie deutsches Güterrecht wählen. Die Rechtswahl muß notariell beurkundet werden (Art. 15 Abs. 3 i. V. mit Art. 14 Abs. 4 EGBGB).

Wählen die Eheleute deutsches Güterrecht, gilt ohne weitere Vereinbarung der **gesetzliche Güterstand der Zugewinngemeinschaft**. Sie können im Anschluß an die Rechtswahl auch Gütertrennung vereinbaren oder den gesetzlichen Güterstand der Zugewinngemeinschaft modifizieren.[226]

3. Auf unbewegliches Vermögen beschränkte Rechtswahl[227]

Die Ehegatten können (unter Beibehaltung ihres maßgeblichen ausländischen Güterrechts) auch eine beschränkte Rechtswahl für ihr unbewegliches Vermögen im Inland treffen, also für ihren Grundbesitz in der Bundesrepublik Deutschland deutsches Güterrecht vereinbaren (Art. 15 Abs. 2 Nr. 3 EGBGB). Damit sollen insbesondere die beim Erwerb deutscher Grundstücke durch ausländische Ehegatten sonst auftretenden praktischen Probleme gemildert werden. Diese güterrechtliche Rechtswahl kann mit einer erbrechtlichen Rechtswahl kombiniert werden, wenn die Ehegatten wünschen, daß für ihren inländischen Grundbesitz deutsches Güter- und Erbrecht Anwendung finden soll. Wollen z. B. Ehegatten mit gemeinsamer italienischer Staatsangehörigkeit grundsätzlich am gesetzlichen Güterstand italienischen Rechts festhalten (gesetzlicher Güterstand ist die Errungenschaftsgemeinschaft, der Erwerb während der Ehe wird Gesamtgut), ihr Einfamilienhaus im Inland aber dem deutschen Recht unterstellen, können sie eine hierauf beschränkte Wahl deutschen Güter- und Erbrechts treffen.[228]

Formulierungsvorschlag:
1. Wir wählen für unser gesamtes in der Bundesrepublik Deutschland belegenes unbewegliches Vermögen den Güterstand der Zugewinngemeinschaft als gesetzlichen Güterstand des deutschen Rechts.
2. Für die Vererbung unseres gesamten in der Bundesrepublik belegenen unbeweglichen Vermögens wählen wir deutsches Recht.

Wählen Ehegatten deutsches Güterrecht und galt für sie bislang nach dem maßgeblichen ausländischen Recht ein Güterstand der Gütergemeinschaft oder Errungenschaftsgemeinschaft mit einem gesamthänderisch gebundenen Vermögen, bedarf es einer Regelung, wem dieses gemeinschaftliche Vermögen nunmehr zusteht. In der Regel wünschen die Ehegatten, daß das vorhandene Vermögen hälftig geteilt wird. Gehört zu dem gemeinschaftlichen Vermögen Grundbesitz in Deutschland, ist eine Auflassung und entsprechende Eintragung im Grundbuch erforderlich.

Bei einer Wahl deutschen Güterrechts ist stets zu beachten, daß das deutsche internationale Privatrecht ausländischen Staatsangehörigen diese Möglichkeit einräumt. Das deutsche Recht kann selbstverständlich keine Aussage darüber machen, ob das ausländische Heimatrecht eines Ehegatten diese Rechtswahl anerkennt. Vereinbaren z. B. italienische Staatsangehörige mit gewöhnlichem Aufenthalt in Deutschland Gütertrennung nach deutschem Recht, ist damit nicht sicher, ob das italienische Recht diesen Ehevertrag als wirksam ansieht. Diese Frage stellt sich allerdings nur, wenn die Ehegatten Vermögenswerte in Italien haben oder ihre Ehe in Italien geschieden wird. Für gemischt-nationale Ehen, die in der Zeit vom 1.4. 1953 bis zum 8.4. 1983 geschlossen worden sind, gibt es eine ungemein komplizierte Übergangsvorschrift (Art. 220 EGBGB) hinsichtlich der güterrechtlichen Wirkungen der Ehe, auf die an dieser Stelle nicht näher eingegangen werden kann.

Zu den Besonderheiten des islamischen Eherechts vgl. Langenfeld, Handbuch, Rdn. 686.

5. Vertragsmuster: Vermögenszuordnung

(Vermögenszuordnung unter Ehegatten; ehebedingte Zuwendung mit Rückforderungsrecht)

Verhandelt am ... in ...
Vor dem Notar ... in ...
                        erschienen:
1. Herr ..., Architekt,
 geboren am ...
 – nachstehend „Veräußerer" genannt –,
2. Frau ..., Hausfrau,
 geboren am ...
 – nachstehend „Erwerberin" genannt –,
beide wohnhaft ...
Eheleute ... wiesen sich aus durch Vorlage ihrer Personalausweise.
Die Erschienenen erklärten:
Wir schließen folgenden

ÜBERTRAGUNGSVERTRAG

I.
Gegenstand der Übertragung

Der Veräußerer und die Erwerberin sind zu je $1/2$ Miteigentumsanteil eingetragene Eigentümer des im Grundbuch des Amtsgerichts ... von ... Blatt ... verzeichneten Grundbesitzes ...
Das Grundbuch ist in Abteilung II und III frei von Belastungen und Beschränkungen.
Diesen Grundbuchinhalt hat der Notar am ... feststellen lassen.

II.
Übertragung

1. Der Veräußerer überträgt der dies annehmenden Erwerberin seinen hälftigen Miteigentumsanteil am vorbezeichneten Grundbesitz mit Gebäuden, sonstigen wesentlichen Bestandteilen und Zubehör.
2. Die Erwerberin hat sich den Wert des übertragenen hälftigen Grundbesitzanteils auf ihren Pflichtteil nach dem Veräußerer anrechnen zu lassen.
3. Der Veräußerer behält sich Nutzungsrechte nicht vor.

III.
Widerruf

1. Der Veräußerer behält sich den Widerruf der Übertragung vor, falls
   a) die Erwerberin den Grundbesitz zu Lebzeiten des Veräußerers ohne dessen Zustimmung veräußert oder belastet,
   b) über das Vermögen der Erwerberin das Insolvenzverfahren eröffnet oder die Zwangsvollstreckung in den Grundbesitz betrieben wird (insoweit wird der Widerruf bereits heute aufschiebend bedingt erklärt),
   c) die Erwerberin vor dem Veräußerer verstirbt,
   d) die Erwerberin Antrag auf Scheidung der Ehe stellt oder die Ehe rechtskräftig geschieden wird.

   Im Falle des Widerrufs ist der Veräußerer berechtigt, von der Erwerberin die unentgeltliche Rückübereignung des unbelasteten hälftigen Miteigentumsanteils am Grundbesitz zu verlangen.

   Die Kosten der Rückübertragung in den Fällen a) und b) trägt die Erwerberin; im übrigen gehen die Kosten zu Lasten des Veräußerers.

2. Zur Sicherung des bedingten Anspruchs des Veräußerers auf Rückübertragung eines hälftigen Miteigentumsanteils bewilligen und beantragen die Beteiligten die Eintragung einer Vormerkung für den Veräußerer in das Grundbuch. Der Veräußerer bevollmächtigt die Erwerberin, nach seinem Tode die Löschung der Vormerkung im Grundbuch zu bewilligen und zu beantragen.

IV.
Weitere Vereinbarungen
...

V.
Auflassung und Grundbuchanträge

1. Die Beteiligten sind darüber einig, daß das Eigentum an dem übertragenen hälftigen Miteigentumsanteil am Grundbesitz auf die Erwerberin übergeht.
2. Sie bewilligen und beantragen die Eintragung des Eigentumswechsels und der Vormerkung für den Veräußerer in das Grundbuch in der Weise, daß eine Eintragung nicht ohne die andere erfolgen darf.

Die Erwerberin ist also künftig Alleineigentümerin des Grundbesitzes.
Diese Niederschrift wurde den Erschienenen von dem Notar vorgelesen, von den Erschienenen genehmigt und von ihnen und dem Notar wie folgt eigenhändig unterschrieben:

Inhalt der Erläuterungen

	Rdn.		Rdn.
1. Die Bedeutung der Vermögenszuordnung unter Ehegatten bei Scheidung der Ehe, im Haftungsfall eines Ehegatten und im Erbfall	138	2. Motive für die Zuwendung von Vermögen unter Ehegatten	143
		3. Die ehebedingte Zuwendung im Scheidungsfall	146

5. Vertragsmuster: Vermögenszuordnung 123

4. Vertragliches Rückforderungsrecht der Zuwendung („Widerrufsklausel") 150	6. Ehebedingte Zuwendung oder Schenkung 159
5. Weitere Konfliktfälle der Vermögenszuordnung 155	7. Steuerfragen bei der Vermögenszuordnung unter Eheleuten 161
	8. Vermögenszuordnung durch Vereinbarung der Gütertrennung ... 165

Erläuterungen zum 5. Vertragsmuster:

1. Die Bedeutung der Vermögenszuordnung unter Ehegatten bei Scheidung der Ehe, im Haftungsfall eines Ehegatten und im Erbfall

In einer intakten Ehe wird der Frage der Vermögenszuordnung unter den 138 Eheleuten zu wenig Beachtung geschenkt. Dies kann sich bei Scheidung der Ehe bitter rächen (s. 1. Beispiel). Aber nicht nur bei Scheidung der Ehe kann die Frage, wer von den Ehegatten als Eigentümer des Hausgrundstücks im Grundbuch eingetragen ist, auf wessen Namen das Sparbuch oder ein Aktien-Depot lautet, entscheidende Bedeutung gewinnen. Sie kann zu bösen Überraschungen im Haftungsfall eines Ehegatten (s. 2. Beispiel) und im Erbfall (s. 3. Beispiel) führen.

Vermögende Eheleute sollten sich auch die Frage stellen, ob bereits zu Lebzeiten Vermögen von einem Ehegatten auf den anderen übertragen werden soll, um die steuerliche Belastung im Erbfall (Erbschaftsteuer) zu mildern (s. 4. Beispiel).

1. Beispiel: Die Ehefrau hat von ihren Eltern 400 000,– DM geerbt. Mit diesem Geld 139 erwerben die Eheleute zu je $^1/_2$ Anteil ein Einfamilienhaus. Drei Jahre später wird die Ehe geschieden. Sonstiges Vermögen ist nicht vorhanden.

Die Ehefrau wird es als selbstverständlich ansehen, daß der Ehemann den „geschenkten" Anteil am Hausgrundstück zurückgibt. Die Rechtsprechung entscheidet anders. Sie spricht von einer „ehebedingten" oder „unbenannten" Zuwendung, die nicht Schenkung ist, sondern im Scheidungsfall einen Rechnungsposten beim Zugewinnausgleich bildet.[229] Im Beispiel hat die Ehefrau bei Scheidung der Ehe lediglich einen Ausgleichsanspruch in Geld in Höhe von 100 000,– DM. Der Ehemann bleibt auch nach Scheidung der Ehe Miteigentümer des Hausgrundstücks. Der BGH sieht es „nicht von vorneherein als unbillig an",[230] daß ein Ehegatte, der dem anderen eine Zuwendung aus seinem Anfangsvermögen gemacht hat, nur die Hälfte des Wertes der Zuwendung bei Scheidung zurückverlangen kann.

Ich kann mir nicht vorstellen, daß die Ehefrau dem zustimmen wird, vor allem dann nicht, wenn der Ehemann, um „Geld zu sehen", die Zwangsversteigerung des Hausgrundstücks betreibt. Hätte sich die Ehefrau vor dem Kauf Gedanken über die Folgen einer etwaigen Scheidung der Ehe gemacht und sich rechtlich beraten lassen, hätte sie das Haus zu Alleineigentum erworben oder sich das Recht vorbehalten, den Miteigentumsanteil des Ehemannes bei Scheidung der Ehe ohne Ausgleichszahlung zurückzufordern (vgl. Rdn. 150). Nach Scheidung der Ehe wäre sie Alleineigentümerin des Hauses; der Ehemann hätte keinen Anspruch auf Zugewinnausgleich.

Die fehlende Vorsorge für den Scheidungsfall wirkt sich für die Ehefrau noch folgenreicher aus, wenn wir den Beispielsfall dahin ändern, daß der Ehemann 100 000,- DM Schulden in die Ehe eingebracht und jeder Ehegatte während der Ehe 100 000,- DM erwirtschaftet hat, mit denen der Ehemann seine Schulden tilgt, während die Ehefrau das Geld auf einem Sparbuch anlegt. Bei Scheidung der Ehe verringert sich die Ausgleichsforderung der Ehefrau aus der ehebedingten Zuwendung in Höhe von 100 000,- DM um die Ausgleichsforderung des Ehemannes in Höhe der Hälfte des Guthabens auf dem Sparbuch, so daß die Ehefrau letztlich Zugewinnausgleich in Höhe von lediglich 50 000,- DM erhält und die Hälfte des Hausgrundstücks dem geschiedenen Ehemann endgültig verbleibt.

Obgleich beide Ehegatten während der Ehe einen gleich hohen Geldbetrag als Zugewinn erwirtschaftet haben, also ohne die Schulden des Ehemannes nichts auszugleichen wäre, ist die Benachteiligung der Ehefrau rechtens, weil nach der Rechtsprechung[231] das Anfangsvermögen für die Berechnung des Zugewinns auch dann mit Null anzusetzen ist, wenn ein Ehegatte bei Eheschließung überschuldet war.

Ein Ehevertrag mit dem in Rdn. 98 vorgeschlagenen Inhalt als zusätzliche Vorsorgemaßnahme für den Scheidungsfall hätte das Unheil von der Ehefrau abgewendet.

Die richtige Vermögenszuordnung (s. Rdn. 150) und ergänzende ehevertragliche Vereinbarungen sind häufig unverzichtbar als **Vorsorge für den Fall der Scheidung der Ehe.**

140 2. Beispiel: Der Ehemann ist freiberuflicher Architekt, die Ehefrau Lehrerin. Der Ehemann hat vor 10 Jahren als Alleineigentümer das Hausgrundstück erworben, in dem die Familie lebt. Der Kaufpreis stammt aus gemeinsamen Ersparnissen und aus einem Darlehen, das die Eheleute in der Folgezeit zurückzahlen. Dem Ehemann unterläuft bei seiner Tätigkeit als Architekt ein folgenschwerer Fehler, der zu einem Schadensersatzanspruch seines Auftraggebers in Höhe von 500 000,- DM führt und nicht versichert ist. Der geschädigte Auftraggeber kann aus einem rechtskräftigen Urteil die Zwangsvollstreckung in das Vermögen des Ehemannes betreiben. Die Zwangsversteigerung des Hausgrundstücks und damit der Auszug der Familie aus dem Haus sind nicht mehr abzuwenden.

Der Fehler war, daß sich die Eheleute beim Kauf des Hausgrundstücks nicht überlegt haben, ob es nicht richtiger ist, daß die Ehefrau das Hausgrundstück zu Alleineigentum erwirbt, weil der Ehemann beruflich einem hohen Haftungsrisiko ausgesetzt ist. Da die Ehefrau mit ihrem Vermögen nicht für den von ihrem Ehemann angerichteten Schaden einzustehen hat, wäre das Hausgrundstück vor dem Zugriff der Gläubiger geschützt. Der BGH spricht in diesen Fällen von einer Zuwendung, die ein Ehegatte dem anderen „im Interesse einer haftungsmäßig günstigen Organisation des Fa-

5. Vertragsmuster: Vermögenszuordnung

milienvermögens etwa durch dessen Verlagerung auf den betrieblich nicht haftenden Ehegatten macht".[232]

Die richtige und rechtzeitige Zuordnung des Vermögens unter den Ehegatten trifft **Vorsorge für den Haftungsfall** (s. Rdn. 144).

3. Beispiel: Der Ehemann hat aus 1. Ehe ein ungeliebtes Kind. Die 2. Ehe ist kinderlos. Aus steuerlichen Überlegungen erwirbt der Ehemann das Hausgrundstück zu Alleineigentum. Der Kaufpreis in Höhe von 600 000,– DM stammt je zur Hälfte aus ererbtem Vermögen des Mannes und der Frau. Beim Tod des Ehemannes ist die Ehefrau testamentarische Alleinerbin. Das ungeliebte Kind verlangt seinen Pflichtteil in Höhe von $1/4$ des Nachlaßwerts. Für das Hausgrundstück ergibt dies einen Geldanspruch von DM 150 000,–. 141

Auch hier haben die Eheleute einen folgenschweren Fehler gemacht, weil sie das Hausgrundstück nicht zu je $1/2$ Anteil erworben haben. Hätten sie dies getan, wäre auch nur der hälftige Miteigentumsanteil des verstorbenen Ehemannes pflichtteilsbelastet. Die Ehefrau hätte an das Kind lediglich 75 000,– DM zu zahlen.

Die richtige Zuordnung des Vermögens unter den Ehegatten trifft **Vorsorge für den Erbfall** (s. Rdn. 145).

4. Beispiel: Der Ehemann (65 Jahre alt) hat ein Vermögen im Steuerwert von 3,0 Mio. DM, das ausschließlich während der Ehe geschaffen wurde. Die Ehefrau (45 Jahre alt) hat kein Vermögen. Die Eheleute leben im gesetzlichen Güterstand der Zugewinngemeinschaft. Sie haben zwei gemeinsame Kinder. Mit Testament oder Erbvertrag haben sie sich gegenseitig zum Alleinerben eingesetzt und die gemeinsamen Kinder zu Schlußerben des Längstlebenden von ihnen. 142

Diese Regelung der Erbfolge, die man als „Berliner Testament" bezeichnet, ist im Erbfall ungünstig, weil sie zu einer erheblichen „Erbquote des Fiskus" führt.

Stirbt der Ehemann vor seiner Ehefrau, bleibt die Hälfte des Nachlaßvermögens als erbrechtlicher Zugewinnausgleichsanspruch nach § 5 Abs. 1 ErbStG steuerfrei. Nach Abzug des Ehegatten-Freibetrages (§ 16 Abs. 1 Nr. 1 ErbStG) in Höhe von 600 000,– DM hat die Ehefrau den steuerpflichtigen Erwerb in Höhe von 900 000,– DM mit 15 v. H. = 135 000,– DM zu versteuern (falls ihr nicht ein zusätzlicher Versorgungsfreibetrag nach § 17 ErbStG zusteht).

„Steuerwert" von Immobilien ist nicht mehr der Einheitswert, sondern bei bebauten Grundstücken der Ertragswert, vermindert um die Wertminderung wegen des Alters des Gebäudes (§ 146 Bewertungsgesetz). Steuerlich privilegiert ist auch Betriebsvermögen, land- und forstwirtschaftliches Vermögen und Anteile an Kapitalgesellschaften (unter weiteren Voraussetzungen) nach § 13a ErbStG. Im übrigen ist der Steuerwert der wirkliche Wert, also z. B. das Guthaben auf einem Sparbuch oder der Kurswert von Aktien.

Hinterläßt die Ehefrau bei ihrem Tod jedem der Kinder ein Vermögen von 1,5 Mio. DM, das sie von ihrem Ehemann geerbt hat, hat jedes Kind abzüglich eines Freibetrages in Höhe von 400 000,– DM auf seinen Erwerb von

Todes wegen 209000,- DM an das Finanzamt zu zahlen. Die gesamte erbschaftsteuerliche Belastung beträgt 663000.- DM.

Stirbt die Ehefrau vor ihrem Ehemann ohne eigenes Vermögen, bleibt der Erbfall steuerfrei.

Es besteht hier dringend Anlaß (zumal die Bewertung von Grundbesitz in der Erbschaftsteuer an den Verkehrswert herangeführt werden soll; derzeit dürfte der Steuerwert im Schnitt bei etwa 60 % des Verkehrswertes liegen), daß sich die Eheleute Gedanken über eine Kürzung der „Erbquote des Fiskus" machen.

Ändern die Eheleute ihr Testament (ihren Erbvertrag) dahin, daß es zwar bei der Erbeinsetzung der Ehefrau bleibt, der Ehemann jedoch jedem seiner Kinder einen Geldbetrag von 400000,- DM (oder Vermögenswerte, z. B. Grundbesitz, im Steuerwert von 400000,- DM) vermacht, bleibt der erste Erbfall fast steuerfrei. Es ist wichtig zu wissen, daß Kindern (auch Enkelkindern eines verstorbenen Kindes) nach jedem Elternteil ein Freibetrag von 400000,- DM zusteht. Der steuerpflichtige Erwerb der Ehefrau beträgt lediglich 100000,- DM und ist mit 7 v. H. = 7000,- DM zu versteuern. Nach dem Tode der Ehefrau verringert sich der steuerpflichtige Erwerb eines jeden Kindes auf 700000,- DM (Steuerwert des Nachlasses für jedes Kind 1,1 Mio. DM ./. Freibetrag von 400000,- DM), der mit 15 v. H. = 105000,- DM zu versteuern ist. Die gesamte erbschaftsteuerliche Belastung beträgt nunmehr 217000,- DM, bedeutet also gegenüber dem Ausgangsfall eine Steuerersparnis von 446000,- DM.

Stirbt die Ehefrau vor ihrem Ehemann, greift die Gestaltung nicht, da sie vermögenslos ist.

Die Eheleute werden sich daher richtigerweise Gedanken machen, ob neben einer Änderung ihrer Verfügungen von Todes wegen eine Neuordnung des Vermögens zu Lebzeiten der richtige Weg ist, die Höhe der zu zahlenden Erbschaftsteuer zu verringern. Diese Überlegung kann dazu führen, daß die Eheleute durch Ehevertrag Gütertrennung vereinbaren. Mit der Beendigung des gesetzlichen Güterstandes der Zugewinngemeinschaft entsteht die Forderung der Ehefrau auf Ausgleich des Zugewinns in Höhe der Hälfte des Überschusses, also hier in Höhe von 1,5 Mio. DM (hier ohne Abzug der infolge des Kaufkraftschwunds nur nominalen Wertsteigerung des Anfangsvermögens, da ein solches nicht vorhanden.) Überträgt der Ehemann auf seine Frau Vermögenswerte in Höhe von 1,5 Mio. DM, bleibt diese Übertragung nach § 5 Abs. 2 ErbStG steuerfrei.

Die Vermögenszuordnung (jeder Ehegatte verfügt nun über ein Vermögen im Steuerwert von 1,5 Mio. DM) erlaubt eine Änderung des Testaments (des Erbvertrages) dahin, daß es zwar weiterhin bei der gegenseitigen Erbeinsetzung bleibt, der erstversterbende Ehegatte aber jedem der Kinder Vermögenswerte im Steuerwert von 400000,- DM vermacht, die steuerfrei bleiben. Der längstlebende Ehegatte hat - nach Abzug seines Freibetrages von 600000,- DM - einen steuerpflichtigen Erwerb von 100000,- DM mit

5. Vertragsmuster: Vermögenszuordnung

7 v. H. = 7000,– DM zu versteuern. Die Ehefrau als Erstversterbende kann aus eigenem Vermögen die Kinder bedenken, so daß jedes Kind insgesamt einen Freibetrag von 800 000,– DM in Anspruch nehmen kann, zugleich wird der steuerpflichtige Erwerb im zweiten Erbfall verringert.

Setzt der erstversterbende Ehegatte nicht den anderen sondern die Kinder zu Erben ein, gegebenenfalls mit einem Nießbrauchvermächtnis zu Gunsten des längstlebenden Ehegatten, und/oder ordnen die Eheleute Vermächtnisse zu Gunsten der Enkelkinder in Höhe von jeweils 100 000,– DM an (Freibetrag des Enkelkindes), kann eine weitere steuerliche Entlastung erreicht werden.

Das alles ist nicht leicht verständlich, so daß vermögende Eheleute eine rechtliche und steuerliche Beratung in Anspruch nehmen werden.

Dieses Beispiel belegt, daß die richtige Vermögenszuordnung unter Lebzeiten auch unter erbschaftsteuerlichen Gesichtspunkten überlegenswert sein kann, selbstverständlich nur für sehr vermögende Eheleute.

Die richtige Zuordnung des Vermögens trifft **Vorsorge vor der Erbschaftsteuer** (vgl. Rdn. 161 ff.).

Es wird jedoch zu zeigen sein (s. Rdn. 165), daß zwar nicht aus steuerlichen, sondern aus anderen Gründen es auch bei bescheideneren Vermögensverhältnissen in allerdings seltenen Sonderfällen richtig sein kann, über die Vereinbarung der Gütertrennung und durch Verfügung von Todes wegen das Vermögen und die Vermögensnachfolge neu zu ordnen.

2. Motive für die Zuwendung von Vermögen unter Ehegatten

Im 1. Beispiel, in dem die Ehefrau aus dem geerbten Vermögen den Kaufpreis für das Einfamilienhaus zahlt, der Ehemann aber Miteigentümer wird, können es verschiedene Gründe gewesen sein, warum die Ehefrau ihrem Mann 200 000,– DM zugewendet hat. Es können steuerliche Überlegungen gewesen sein, z. B. weil im Zeitpunkt des Kaufs nur der Ehemann den Steuerfreibetrag nach § 10e EStG in Anspruch nehmen konnte, oder beim Tode der Ehefrau Pflichtteilsansprüche ihres ungeliebten Kindes aus erster Ehe möglichst gering gehalten werden sollen. Zumeist machen sich aber die Eheleute keine weiteren Gedanken; es wird vielmehr als selbstverständlich angesehen, daß das selbstgenutzte Einfamilienhaus beiden Ehegatten gehört. Man spricht hier von einer „ehebedingten Zuwendung" (auch „unbenannte" oder „ehebezogene Zuwendung" genannt), die nach der Rechtsprechung vorliegt, wenn „ein Ehegatte dem anderen einen Vermögenswert um der Ehe willen und als Beitrag zur Verwirklichung und Ausgestaltung, Erhaltung oder Sicherung der ehelichen Lebensgemeinschaft zukommen läßt, wobei er die Vorstellung oder Erwartung hegt, daß die eheliche Lebensgemeinschaft Bestand haben und er innerhalb dieser Gemeinschaft am Vermögenswert und dessen Früchten weiter teilhaben werde."[234]

128   B. Vertragsmuster mit Anmerkungen

Diese sehr allgemeine Umschreibung einer Zuwendung unter Eheleuten meint nichts anderes, als daß sie „um des ehelichen Friedens willen" erfolgt, oder weil der Erwerb eines Hausgrundstücks zu Miteigentum der Eheleute eine Selbstverständlichkeit ist. Wird der Kaufpreis je zur Hälfte aus dem Vermögen des Mannes und der Frau gezahlt und Zinsen und Tilgung des zur Finanzierung des Kaufpreises aufgenommenen Darlehens aus dem Einkommen der Eheleute hälftig bestritten, ist der Erwerb des Hausgrundstücks zu je $^1/_2$ Anteil richtig; es liegt auch keine ehebedingte Zuwendung vor. Anders ist es in unserem Beispiel. Hier ist die „unbenannte" Zuwendung der Ehefrau aus ihrem bei Scheidung der Ehe nicht ausgleichspflichtigem Vermögen regelmäßig eine „**unbedachte**" Zuwendung, weil kein Gedanke darauf verwendet wird, welche Folgen die Zuwendung im Scheidungsfall hat, den man – aus menschlich verständlichen Gründen – überhaupt nicht erwägt.

5. Beispiel: Der Ehemann ist Alleineigentümer eines Hausgrundstücks. Nach 20jähriger Ehe, in der die Ehefrau den Haushalt geführt und die Kinder betreut hat, überträgt der Ehemann das hälftige Eigentum auf seine Frau.

Man spricht auch hier von einer „ehebedingten" Zuwendung, weil Beweggrund für die Übertragung der „Ausgleich für geleistete Mitarbeit oder als angemessene Beteiligung an den Früchten des ehelichen Zusammwirkens" ist, oder ihr Zweck ganz allgemein auf die „Vermögensbildung in der Hand des begünstigten Ehegatten" gerichtet ist.

„Geschäftsgrundlage" für die Beteiligung der Ehefrau am Vermögen des Mannes ist sicherlich die intakte Ehe, aber nicht weniger die sichere Erwartung, daß die Ehe auch in Zukunft Bestand haben wird. Die Rechtsprechung sieht aber grundsätzlich in der Scheidung der Ehe keinen „Wegfall der Geschäftsgrundlage", der dem Ehemann den Anspruch auf Rückübertragung seiner „um der Ehe willen" erbrachten Zuwendung gibt, sondern verweist ihn auf etwaige Ansprüche auf Zugewinnausgleich in Geld.[235]

Die „**ehebedingte**" Zuwendung wird im Scheidungsfall zu einer „**unbedingten**" Zuwendung, selbst wenn der Ehemann das Haus bereits bei Eheschließung besaß, es also als Anfangsvermögen nicht dem Zugewinnausgleich unterliegt.

144   Ein weiterer, typischer Anlaß für die Übertragung von Vermögen vom einen auf den anderen Ehegatten ist die Vorsorge für den **Haftungsfall** (s. 2. Beispiel). Um ihn geht es im Vertragsmuster, dem folgender Sachverhalt zugrundeliegt:

Die Eheleute haben während der Ehe ein Hausgrundstück gemeinsam erworben. Der Ehemann ist als Architekt beruflich einem hohen Haftungsrisiko ausgesetzt. Im Falle einer Schadensersatzpflicht können Gläubiger aus einem rechtskräftigen Urteil die Zwangsvollstreckung in das (pfändbare) Vermögen des Ehemannes betreiben. Sie können insbesondere auch die Zwangsversteigerung des hälftigen Miteigentumsanteils an dem Grundstück beantragen, um aus dem Versteigerungserlös Ersatz ihres Schadens zu erlangen.

5. Vertragsmuster: Vermögenszuordnung 129

Unabhängig vom Güterstand haftet die Ehefrau nicht mit ihrem Vermögen, also auch nicht mit ihrem Miteigentumsanteil am Hausgrundstück, für derartige Verbindlichkeiten. Dies führt zu der Überlegung, den Grundbesitz insgesamt vor dem **Zugriff der Gläubiger** des Mannes zu schützen, indem der Ehemann seinen Miteigentumsanteil auf seine Ehefrau überträgt. Der BGH spricht in diesen Fällen von Zuwendungen, die ein Ehegatte dem anderen „im Interesse einer haftungsmäßig günstigen Organisation des Familienvermögens, etwa durch dessen Verlagerung auf den betrieblich nicht haftenden Ehegatten macht".[236]

Während der Ehevertrag Vorsorge für den Scheidungsfall trifft, dient die Vermögenszuwendung des einen Ehegatten an den anderen der **Vorsorge für den Haftungsfall.**

Erfolgt die Zuwendung zu einem Zeitpunkt, zu dem ein Haftungsfall weder eingetreten noch als wahrscheinlich angesehen werden muß, ist sie im späteren Haftungsfall für die Gläubiger hinzunehmen. Im Insolvenzverfahren kann der Insolvenzverwalter eine unentgeltliche Leistung anfechten, es sei denn, sie ist früher als vier Jahre vor dem Antrag auf Eröffnung des Insolvenzverfahrens vorgenommen worden (§ 134 Abs. 1 InsO). Die gleiche Frist gilt für einen Gläubiger, wenn die Zwangsvollstreckung in das Vermögen des Ehemannes erfolglos geblieben ist (§ 4 Abs. 1 Anfechtungsgesetz). Ist der Insolvenzverwalter/Gläubiger anfechtungsberechtigt, kann er verlangen, daß das Zugewendete, also im Beispiel der Miteigentumsanteil am Grundstück, von der beschenkten Ehefrau zur Insolvenzmasse zurückgewährt wird bzw. dem Gläubiger zur Verfügung gestellt wird.

Entgeltliche Übertragungen unter Eheleuten können innerhalb von zwei Jahren angefochten werden, wenn die Gläubiger unmittelbar benachteiligt werden.

Als Ergebnis kann festgestellt werden, daß eine vorsorgliche Vermögenszuordnung, die nicht mit dem Vorsatz der Gläubigerbenachteiligung vorgenommen wurde, bei einer unentgeltlichen Zuwendung nach Ablauf von vier Jahren und bei einer entgeltlichen oder überwiegend entgeltlichen Übertragung nach Ablauf von zwei Jahren für die Gläubiger unanfechtbar ist. Ein entgeltlicher oder überwiegend entgeltlicher Vertrag zwischen Eheleuten liegt z. B. vor, wenn der erwerbende Ehegatte erhebliche Darlehnsverbindlichkeiten aus der Kaufpreisfinanzierung zur Entlastung des übertragenden Ehegatten übernimmt, oder wenn die Übertragung nach längerer Ehedauer im Zusammenhang mit der Vereinbarung der Gütertrennung erfolgt, soweit die Übertragung zur Erfüllung des nunmehr fälligen Anspruchs auf Ausgleich bisher entstandenen Zugewinns erfolgt und dieser Anspruch in Höhe des Werts des Zugewendeten auch tatsächlich besteht.

Für den Unternehmer oder Freiberufler sollte die (rechtzeitige) „haftungsmäßig günstige Organisation des Familienvermögens" eine Selbstverständlichkeit sein. Da typisches Motiv für die Vereinbarung der Gütertrennung die Vermeidung eines Haftungsrisikos des anderen Ehegatten ist, hierfür jedoch die Vereinbarung der Gütertrennung weder erforderlich noch zweckmäßig ist, sollte der Blick auf die Möglichkeit gerichtet werden, durch Übertragung von Vermögenswerten auf den beruflich oder betrieblich nicht haftenden Ehegatten Vorsorge zu treffen.

Die richtige Überlegung einer „haftungsmäßig günstigen Organisation des Familienvermögens" kann sich aber im Scheidungsfall als „vermögensungünstige" Maßnahme erweisen, da auch hier von einer „ehebedingten" Zuwendung gesprochen wird. Obgleich alleiniges Motiv für die Übertragung die Sicherung des Vermögens vor dem Zugriff der Gläubiger bei einem Haftungsfall des Ehemannes ist und obgleich Geschäftsgrundlage der Verlagerung des Vermögens auf die Ehefrau der Bestand der Ehe ist, verneint auch hier die Rechtsprechung grundsätzlich ein gegenständliches Rückforderungsrecht bei Scheidung der Ehe und verweist den Ehemann auf den Zugewinnausgleich, der allenfalls zu einer hälftigen Entschädigung in Geld führt. Hat das Hausgrundstück einen Wert von 600 000,- DM, hat der Ehemann keinen Ausgleichanspruch von 300 000,- DM, sondern lediglich von 150 000,- DM. Ohne die zur Lösung eines reinen ehegatten-externen Konflikts erfolgte Übertragung verbliebe ihm bei Scheidung der Ehe hälftiges Miteigentum und damit ein ungeschmälertes Vermögen von 300 000,- DM.

145   Ein weiterer, sicherlich seltener Anlaß für die Übertragung von Vermögen unter Eheleuten, die zu einem bösen Erwachen im Scheidungsfall führt, sind mit der Übertragung verfolgte **erbrechtliche** und **erbschaftsteuerliche** Zwecke. Dazu das

6. Beispiel: Der Ehemann hat aus seiner ersten Ehe einen Sohn, der jeden Kontakt zu seinem Vater abgebrochen hat. Er ist in zweiter Ehe glücklich verheiratet. Auf Drängen der Ehefrau und seines steuerlichen Beraters überträgt er ein wertvolles Mehrfamilienhausgrundstück, das ihm bereits vor der Ehe gehörte (Anfangsvermögen) auf seine Ehefrau, um diesen Vermögenswert dem Pflichtteilsanspruch des Sohnes zu entziehen und um zugleich die steuerliche Belastung im Erbfall für seine Frau zu verringern.

Im 4. Beispiel wurde gezeigt, daß bei einer richtigen vertraglichen Gestaltung diese Regelungsziele erreicht werden können. Die „ehebedingte" Zuwendung ist aber ein untauglicher Versuch, da sie nach neuen höchstrichterlichen Entscheidungen im Erbrecht wie eine Schenkung behandelt wird und von der Schenkungsteuer nicht ausgenommen ist.[238] Das bedeutet insbesondere, daß der Sohn beim Tode seines Vaters nach § 2325 Abs. 1 BGB als Ergänzung des Pflichtteils den Betrag verlangen kann, um den sich der Pflichtteil erhöht, wenn das verschenkte Mehrfamilienhausgrundstück dem Nachlaß hinzugerechnet wird (siehe hierzu Rdn. 165).

An dieser Stelle geht es aber nicht um Probleme des Erbrechts oder der Erbschaftsteuer, sondern um das Schicksal des Mehrfamilienhausgrundstücks bei Scheidung der Ehe. Auch hier versagt die Rechtsprechung dem Ehemann grundsätzlich das Recht zur Rückforderung des Geschenks und verweist den Ehemann auf einen etwaigen Zugewinnausgleichsanspruch, allenfalls in Höhe der Hälfte des Wertes des Geschenks.

Die „erbrechtliche bedingte" Zuwendung erweist sich im Scheidungsfall als „erheblich rechtlich ungünstige" Zuwendung.

3. Die ehebedingte Zuwendung im Scheidungsfall

Im vorstehenden Abschnitt wurde mehrfach darauf hingewiesen, daß die „unbenannte" Zuwendung unter Eheleuten eine „unbedachte" Zuwendung im Hinblick auf ein Scheitern der Ehe sein kann. Jeder Ehegatte, der vor allem aus seinem nicht dem Zugewinnausgleich unterliegenden Anfangsvermögen (also dem Vermögen, das ihm bereits bei der Eheschließung gehörte, oder das er während der Ehe geerbt oder mit Rücksicht auf sein künftiges Erbrecht durch Schenkung erworben hat) dem anderen Ehegatten etwas zuwendet, insbesondere durch Übertragung von Grundbesitz oder eines Miteigentumsanteils am Grundbesitz, muß zumindest in den Grundzügen die Rechtsprechung des BGH zur ehebedingten Zuwendung im Scheidungsfall kennen.

146

Ausgangspunkt der Rechtsprechung ist der sog. Sparkassen-Direktor-Fall, den der Bundesgerichtshof im Jahre 1981[239] zu entscheiden hatte.

Die Eheleute haben 1967 geheiratet. Sie leben im gesetzlichen Güterstand. Der Ehemann ist geschäftsführender Direktor einer Sparkasse, die Ehefrau nicht berufstätig. 1970 erwarben die Eheleute als Miteigentümer je zur Hälfte ein Hausgrundstück für 185000,- DM. Der Kaufpreis wurde insgesamt durch Darlehen aufgebracht. Die laufenden Raten für Verzinsung und Tilgung des Darlehns zahlte der Ehemann aus seinem Einkommen. Darüber hinaus wendete er ca. 100000,- DM aus seinem Einkommen und aus Zuwendungen seiner Mutter für den Ausbau und die Instandsetzung des Hauses auf. Die Eheleute benutzten das Haus zusammen mit ihren beiden Kindern als Familienheim. 1977 verließ die Ehefrau den Ehemann und lebt seit dieser Zeit mit einem anderen Mann zusammen. Während des Scheidungsverfahrens verlangte der Ehemann von seiner Frau die Übereignung ihrer Grundstückshälfte mit der Begründung, es liege eine Schenkung vor, die er wegen groben Undanks widerrufe, zumindest sei die Geschäftsgrundlage der Zuwendung entfallen. Dagegen vertrat die Ehefrau den Standpunkt, in dem gemeinsamen Erwerb des Hauses sei ein vorweggenommener Zugewinnausgleich zu sehen, der ihre Leistungen als Hausfrau berücksichtige.

Der Bundesgerichtshof hat im Ergebnis der Ehefrau Recht gegeben: Der Ehemann ist nicht berechtigt, die Übertragung des Miteigentumsanteils an sich zu verlangen.

Der BGH hat sich zunächst mit der Frage befaßt, ob eine Schenkung vorliegt, die der Ehemann wegen „groben Undanks" widerrufen konnte. Er hat dies verneint, weil eine Schenkung nur vorliege, „wenn der erworbene Vermögenswert aus dem Vermögen des Zuwendenden kommt und sich beide Teile darüber einig sind, daß die Zuwendung unentgeltlich erfolgt."[240]

Davon könne keine Rede sein, wenn Eheleute gemeinsam ein Wohnhaus erwerben, um es mit ihrer Familie zu bewohnen, und der allein verdienende Ehegatte die Zahlung der Zins- und Tilgungsraten übernimmt, während der andere den Haushalt führt. Der Erwerb diene der Verwirklichung der ehelichen Lebensgemeinschaft. Es handele sich daher um eine sog. unbenannte Zuwendung unter Ehegatten. Sie sei auch dann nicht als unentgeltlich anzusehen, wenn die finanziellen Mittel zum Kauf oder Rückzahlung des für den Erwerb aufgenommenen Darlehens ausschließlich von einem Ehegatten aufgebracht werden.

Das heißt nun nicht, daß Schenkungen unter Eheleuten nicht möglich sind. Richtig ist aber, daß regelmäßig in allen hier geschilderten Fällen subjektiv eine Schenkung nicht gewollt ist, weil die Zuwendung „um der Ehe willen" und als Beitrag zur „Verwirklichung oder Ausgestaltung, Erhaltung oder Sicherung der ehelichen Lebensgemeinschaft" erbracht wurde. Dies gilt sowohl beim gemeinsamen Erwerb eines selbstgenutzten Einfamilienhauses (Eigentumswohnung) als auch beim Erwerb eines Mehrfamilienhauses, dessen Erträgnisse der Alterssicherung dienen, schließlich auch bei der Übertragung von Vermögenswerten zur Vermeidung von Haftungsrisiken (Architektenfall).

Nur bei einer **„echten Schenkung"**, bei der ausdrücklich im notariellen Vertrag von einer Schenkung im Sinne einer unentgeltlichen Zuwendung die Rede ist, stellt sich die Frage einer Rückforderung wegen „groben Undanks". Nach § 530 BGB kann eine Schenkung unter Ehegatten widerrufen werden, wenn sich der Beschenkte „durch eine schwere Verfehlung gegen den Schenker groben Undanks schuldig gemacht hat". Eine schwere Verfehlung setzt objektiv ein bestimmtes Maß von Schwere und subjektiv einen erkennbaren Mangel an Dankbarkeit voraus. Allein der Umstand, daß der beschenkte Ehegatte Antrag auf Scheidung der Ehe gestellt hat, oder Anlaß der Scheidung das Zusammenleben dieses Ehegatten mit einem anderen Partner ist, reicht nicht aus, um „groben Undank" bejahen zu können. Es müssen besondere, schwerwiegende Umstände hinzutreten. In einem vom Bundesgerichtshof entschiedenen Fall hatte die Ehefrau Strafanzeige gegen ihren Ehemann mit dem Vorwurf strafbarer Handlungen erstattet. Da dieser Vorwurf unberechtigt war, bejahte das Gericht groben Undank und damit ein Recht zum Widerruf der Schenkung.[241]

147 Die Rückforderung einer Zuwendung im Scheidungsfall ist also unter dem Gesichtspunkt des Widerrufs einer Schenkung nur in **seltenen Ausnahmefällen** möglich. Voraussetzung ist stets, daß es sich um eine „echte" Schenkung gehandelt hat, also eine ausdrückliche Abrede über die Unentgeltlichkeit getroffen worden ist, und das Verhalten des beschenkten Ehegatten als „grober Undank" zu werten ist.

Handelt es sich dagegen um eine „unbenannte oder ehebedingte Zuwendung", kommt eine gegenständliche Rückforderung des Zugewendeten, also z. B. des Miteigentumsanteils am Hausgrundstück, grundsätzlich auch aus anderen rechtlichen Gründen nicht in Betracht. Ausgeschlossen ist zunächst eine Berufung auf ungerechtfertigte Bereicherung, die darauf gestützt wird, daß der andere Ehegatte etwas erlangt hat, zu dessen Erwerb er nichts oder nur wenig beigetragen hat. Durch die Scheidung der Ehe werden solche Zuwendungen eines Ehegatten an den anderen nicht „rechtsgrundlos", was Voraussetzung für diesen Anspruch ist.[242]

5. Vertragsmuster: Vermögenszuordnung 133

Das Argument des Ehegatten, der bei einer intakten Ehe eine Zuwendung gemacht hat, „Geschäftsgrundlage" sei der Fortbestand der Ehe, da die **Geschäftsgrundlage mit Scheidung der Ehe wegfalle**, müsse das Zugewendete an ihn zurückgegeben werden, ist nicht ganz abwegig. Die Rechtsprechung versagt grundsätzlich auch unter diesem Gesichtspunkt ein Recht auf gegenständliche Rückforderung.[243] Sie begründet dies mit dem Vorrang der Vorschriften über den Zugewinnausgleich bei Scheidung der Ehe. Zuwendungen, die ein Ehegatte während der Ehe dem anderen Ehegatten gemacht hat, werden nach Scheidung der Ehe gemäß den gesetzlichen Vorschriften der §§ 1372 ff. BGB im Rahmen des Zugewinnausgleichs mitausgeglichen. Nach dem dem Güterstand der Zugewinngemeinschaft zugrunde liegenden Rechtsgedanken sollen die Ehegatten an allem, was sie in der Ehe bei grundsätzlicher Trennung der beiderseitigen Vermögensmassen hinzuerworben haben, wertmäßig gleichen Anteil haben ohne Rücksicht darauf, in welcher Weise und in welchem Umfang sie zu dem Erwerb der einzelnen Vermögensgegenstände beigetragen haben. Der Ehegatte, dessen Vermögen nach der Beendigung der Ehe den höheren Zugewinn aufweist, schuldet dem anderen Ehegatten die Hälfte des Überschusses (§ 1378 Abs. 1 BGB). Durch diese Regelung soll insbesondere eine gleichmäßige Beteiligung der ausschließlich oder überwiegend im Haushalt tätigen Ehefrau an dem in der Ehe erzielten Vermögenserwerb sichergestellt werden.

Im Ergebnis steht in keinem der Beispielsfälle dem zuwendenden Ehegatten ein Anspruch zu, die „ehebedingte Zuwendung" bei Scheidung der Ehe von dem anderen Ehegatten herauszuverlangen. Der Wert des Zugewendeten ist lediglich ein Rechnungsposten bei der Ermittlung des Zugewinnausgleichs und kann hier zu einem Anspruch auf Wertausgleich (in Geld) führen. 148

Im Fall des gemeinsamen Erwerbs eines selbstgenutzten Einfamilienhauses aus während der Ehe erwirtschafteten Mitteln des alleinverdienenden Ehemannes (Beispiel des Sparkassendirektors) kommen die güterrechtlichen Regeln zumindest in der Mehrzahl der Fälle zu einem angemessenen Ergebnis. Das zeigt das folgende **Berechnungsbeispiel** zum Zugewinnausgleich:

Angenommen das (schuldenfreie) Einfamilienhaus hat im Zeitpunkt der Scheidung der Ehe einen Wert von 300 000,– DM, weiteres Vermögen ist nicht vorhanden. Verfügte keiner der Ehegatten bei der Eheschließung über Vermögen (Anfangsvermögen), hat jeder Ehegatte einen Zugewinn von 150 000,– DM; eine Ausgleichsforderung besteht mithin nicht.

Die Ehefrau kann sich allerdings nicht darauf berufen, die Zuwendung des $^1/_2$ Miteigentumsanteils am Hausgrundstück durch ihren Ehemann sei als Schenkung nach § 1374 Abs. 2 BGB ihrem nicht ausgleichspflichtigen Anfangsvermögen zuzurechnen. Diese Vorschrift findet weder auf die ehebedingte Zuwendung noch auf echte Schenkungen, die ein Ehegatte dem anderen gemacht hat, Anwendung.[244]

Die Einbeziehung ehebedingter Zuwendungen in den Zugewinnausgleich führt in diesem Beispiel zu einem gerechten Ergebnis. Hätte nämlich der Sparkassendirektor das Hausgrundstück zu Alleineigentum erworben, stünde der Ehefrau eine Ausgleichsforderung in Höhe von 150000,- DM zu. Die ehebedingte Zuwendung, nämlich der inzwischen schuldenfreie $^1/_2$ Miteigentumsanteil am Hausgrundstück, ist letztlich ein während der Ehe bereits vorweggenommener Zugewinnausgleich.

Das gerechte Ergebnis muß aber nicht das richtige Ergebnis sein. Nehmen wir an, daß die Frau ihren Mann und die gemeinsamen Kinder verlassen hat, um mit einem anderen Mann zusammenzuleben. Der Ehemann hat ein berechtigtes Interesse, das Einfamilienhaus für sich und die Kinder zu erhalten. Das Interesse der Ehefrau, die das Haus nicht länger nutzt, wird auf dessen schnelle Verwertung gerichtet sein. Es droht die Zwangsversteigerung zur Aufhebung der Gemeinschaft. Der Mann ist nicht berechtigt, von seiner Frau die Übertragung ihres Miteigentumsanteils gegen Zahlung von 150000,- DM zu verlangen, selbst wenn er durch Aufnahme eines Darlehns diesen Betrag finanzieren kann. Ihm bleibt nur die Möglichkeit, das Hausgrundstück in der Zwangsversteigerung zu erwerben.

149 Der Fall des Sparkassendirektors gehört nicht zu den Problemfällen „ehebedingter Zuwendungen", die bei Scheidung der Ehe zu bösen Überraschungen führen können. Es sind vielmehr die Fälle von Vermögensübertragungen, die im 1., 2., 3., 5. und 6. Beispiel vorgestellt wurden. Der Meinung, die Rechtsprechung sei „dogmatisch richtig und führe zu praktikablen Ergebnissen",[245] selbst wenn die ehebedingte Zuwendung aus (nicht ausgleichspflichtigem) Anfangsvermögen erfolgt oder die Übertragung von Vermögen wie im Vertragsmuster und im 6. Beispiel ihren Anlaß in der Lösung eines ehegattenexternen Konflikts hat (Haftungsrisiko, Pflichtteilsansprüche, Erbschaftsteuer), wird sich der Ehegatte nicht anschließen können, der die Hälfte des Werts der Zuwendung bei Scheidung verliert.

Hat in unserem Ausgangsfall der Architekt seinen hälftigen Miteigentumsanteil ohne eine Vorkehrung für den Scheidungsfall auf seine Frau übertragen, steht ihm aus dieser ehebedingten Zuwendung im Scheidungsfall ein Anspruch auf Zugewinnausgleich zu. Nehmen wir an, daß der Ehemann bei der Eheschließung über ein Vermögen von 50000,- DM verfügte, das im Zeitpunkt der Scheidung wertmäßig unverändert ist. Sein Zugewinn ist gleich null. Nehmen wir weiterhin an, daß die Ehefrau zu Beginn der Ehe ein Vermögen von 100000,- DM hatte, das sie verbraucht hat. Ihr Endvermögen besteht in dem Hausgrundstück mit einem Wert von 400000,- DM. Nach der Formel: Endvermögen (400000,- DM) - Anfangsvermögen (100000,- DM) = Zugewinn (300000,- DM), steht dem Ehemann eine Ausgleichsforderung in Höhe von 150000,- DM zu, er erhält also 50000,- DM weniger, als der Wert der ehebedingten Zuwendung (200000,- DM) ausmacht.

Hätte der Ehemann seinen hälftigen Miteigentumsanteil am Grundstück nicht auf seine Frau übertragen, würde sich der Zugewinnausgleich wie folgt errechnen: Der Zugewinn des Mannes beträgt 200000,- DM (Endvermögen 250000,- DM - Anfangsvermögen 50000,- DM); der Zugewinn der Ehefrau beträgt 100000,- DM (Endvermögen 200000,- DM - Anfangsvermögen 100000,- DM). Demnach hätte

5. Vertragsmuster: Vermögenszuordnung

die Ehefrau eine Ausgleichsforderung in Höhe von 50 000,- DM. Diese Berechnung stimmt dann nicht, wenn die Mittel zum Kauf des Grundstücks allein aus dem während der Ehe erwirtschafteten Vermögen des Ehemannes stammen, er also seiner Ehefrau eine „unbenannte" Zuwendung gemacht hat. Nach § 1380 BGB wird auf die Ausgleichsforderung der Ehefrau angerechnet, was ihr vom Ehemann bereits während der Ehe zugewendet worden ist. Die richtige Berechnung lautet: Da der Ehemann bereits beim Erwerb des Hausgrundstücks seiner Ehefrau 200 000,- DM zugewendet hat und ohne diese Zuwendung (unterstellt der Mann hätte das Haus zu Alleineigentum erworben) der Ehefrau eine Ausgleichsforderung in Höhe von 200 000,- DM zustehen würde (ihr Zugewinn ist gleich null), hat sie sich diese 200 000,- DM auf ihren Anspruch auf Zugewinnausgleich anrechnen zu lassen, also keinen Anspruch gegen ihren Mann.

Dieses schwer verständliche Ergebnis ist Konsequenz einer aus Gründen der Rechtssicherheit starren Berechnungsmethode.

Die Unkenntnis der Unwägbarkeiten der Rechenoperation beim Zugewinnausgleich nach Scheidung läßt den zuwendenden Ehegatten blind ins Messer der Rechtsprechung laufen. Ich kenne keinen Fall, bei dem nicht nach Erläuterung der Rechtsprechungsgrundsätze, insbesondere nach dem Hinweis auf den hälftigen Wertverlust bei Scheidung der Ehe, vertragliche Vereinbarungen gewünscht wurden, die ein gegenständliches Rückforderungsrecht bei Scheidung der Ehe vorsehen.

Es bleibt abzuwarten, ob sich die Rechtsprechung von der Ausschließlichkeit der Rückabwicklung ehebedingter Zuwendungen nach den Regeln des gesetzlichen Zugewinnausgleichs löst, um über einen flexibleren Ansatz den unterschiedlichen Beweggründen bei der Zuwendung und der Herkunft des zugewendeten Vermögenswertes (Anfangsvermögen) Rechnung zu tragen, d.h. im Einzelfall auch ein gegenständliches Rückforderungsrecht des zuwendenden Ehegatten zu bejahen. Sollte der BGH nicht nur den Bestand der Ehe, sondern auch ihren Fortbestand als Geschäftsgrundlage der ehebedingten Zuwendung anerkennen, also die Rückabwicklung ehebedingter Zuwendungen im Scheidungsfall nach den Regeln über den Wegfall der Geschäftsgrundlage vornehmen, wäre der Weg zu interessengerechten Lösungen geöffnet, die bei einer Zuwendung aus dem ausgleichspflichtigem Vermögen es bei der Abrechnung im Zugewinnausgleich beläßt, bei Zuwendungen aus dem Anfangsvermögen aber zu einem gegenständlichen Rückübertragungsanspruch führt. Die Rechtsprechung gibt bei einer unbenannten Zuwendung nach Scheitern der Ehe Ausgleichsansprüche entsprechend den Regeln über den Wegfall der Geschäftsgrundlage nur, wenn die Beibehaltung der durch die Zuwendung herbeigeführten Vermögenslage für den benachteiligten Ehegatten „nicht zumutbar" ist. Dies gilt gerade im Fall der Gütertrennung. Art und Höhe dieses Billigkeitsanspruchs hängen von einer Gesamtwürdigung aller Einzelfallumstände ab, z.B. Ehedauer, der Frage, wie lange und mit welchem Erfolg die Zuwendung ihrem Zweck gedient hat, Alter des Ehegatten, Art und Umfang der vom Zuwendungsempfänger innerhalb seines Aufgabenbereichs erbrachten Leistungen, Einsatz eigenen Vermögens, Höhe der noch vorhandenen Vermögensmehrung, dem Zuwendenden verbliebenes Vermögen und anderes. Der Zuwendende muß dabei die für die Unzumutbarkeit sprechenden Umstände darlegen und beweisen. Das ist alles andere als eine verläßliche Grundlage. Nichts anderes gilt für Lösungsansätze über die Anerkennung einer zwischen den Ehegatten „stillschweigend begründeten sogenannten Innengesellschaft", die zu Ansprüchen auf Auseinandersetzung nach den gesellschaftsrechtlichen Regelungen der §§ 722, 730 ff. BGB führt. Die Bejahung einer Innengesellschaft erfolgt ausschließlich ergebnisorientiert dann, wenn das Ehegüterrecht bei Auflösung der Ehe nicht zu einem gerechten Vermögensausgleich zwischen den Ehegatten führt.[245a] Auf diesen schwankenden Boden wird sich ein Ehegatte bei einer ehebedingten Zuwendung richtigerweise nicht begeben.

Das gilt insbesondere bei Zuwendungen, die nicht der Verwirklichung der Ehe dienen, sondern auf eine „haftungsmäßig günstige Organisation des Familienvermögens" abzielen oder mit denen erbrechtliche oder erbschaftsteuerliche Zwecke verfolgt werden. Solange der BGH an seiner Rechtsprechung festhält, ist es Sache der Eheleute, bei der Zuwendung oder beim Erwerb eines Hausgrundstücks zu überlegen, ob vertragliche Vorkehrungen für den Fall des Scheiterns der Ehe getroffen werden sollen.

4. Vertragliches Rückforderungsrecht der Zuwendung („Widerrufsklausel")

150 Kehren wir zurück zu dem Architekten, der den hälftigen Miteigentumsanteil an dem Hausgrundstück auf seine Ehefrau überträgt. Richtigerweise wird er sich das Recht vorbehalten, im Falle der Scheidung der Ehe von der Ehefrau die Rückübertragung des Zugewendeten zu verlangen. Man spricht hier von einer „Widerrufsklausel" oder einem „Rückforderungsrecht" (vgl. Abschnitt III des Vertragsmusters).[246] Die Vereinbarung eines Rückforderungsrechts ist immer sachgerecht, wenn die Zuwendung über den vorweggenommenen Zugewinnausgleich hinausgeht, sie insbesondere aus dem Anfangsvermögen erbracht oder allein der Sicherung des Familienvermögens vor dem Zugriff der Gläubiger des einem hohen Haftungsrisiko ausgesetzten Ehegatten dient. Die Rückforderung solcher Vermögenswerte im Scheidungsfall benachteiligt den anderen Ehegatten nicht. Sein Anspruch auf Ausgleich des während der Ehe erzielten Zugewinns bleibt unberührt.

Die Notwendigkeit einer „Widerrufsklausel" bei einer ehebedingten Zuwendung besteht umso mehr, wenn die Eheleute Gütertrennung vereinbart haben oder die modifizierte Zugewinngemeinschaft, d.h. auf Ausgleich des Zugewinns bei Scheidung der Ehe verzichtet worden ist. Auch wenn die Rechtsprechung zu erkennen gibt, daß „ausnahmsweise unter besonderen Umständen" ein Ehegatte berechtigt sein kann, die Übertragung des Miteigentumsanteils des anderen an sich zu verlangen, wird sich der Ehegatte hierauf nicht verlassen, sondern sein Recht vertraglich sichern.

5. Vertragsmuster: Vermögenszuordnung

Soll die Zuwendung endgültig sein, z. B. weil die Übertragung des hälftigen Miteigentumsanteils am Hausgrundstück zum Ausgleich des bisher entstandenen Zugewinns erfolgt, sollte im Vertrag ausdrücklich klargestellt werden dahin, daß die Zuwendung im Scheidungsfall nicht zurückgefordert werden kann.

Der Formulierungsvorschlag unter III. des Vertragsmusters spricht von „Widerruf" (ebenso kann von einem „Rückforderungsrecht" gesprochen werden) und nennt unter c) den wichtigsten Fall des Widerrufs der Schenkung, nämlich die Scheidung der Ehe.

Die Scheidung der Ehe ist aber nicht der einzige Konfliktfall einer Gefährdung des übertragenen Vermögensgegenstandes. Der zuwendende Ehegatte will auch ausgeschlossen wissen, daß der andere Ehegatte zu seinen Lebzeiten das Hausgrundstück ohne seine Zustimmung veräußert oder belastet. Ist Motiv für die Übertragung eine haftungsmäßig günstige Organisation des Familienvermögens, kann die Vorsorge zum „Bumerang" werden, wenn wider Erwarten der erwerbende Ehegatte in Vermögensverfall gerät. Auch hier trifft die Widerrufsklausel vernünftige Vorsorge, weil sie dem Ehemann den Anspruch auf Rückübertragung beim Zugriff der Gläubiger der Ehefrau auf das Hausgrundstück gibt.

Schließlich wird in Buchst. c) der Fall bedacht, daß der erwerbende Ehegatte durch Verfügung von Todes wegen das Hausgrundstück einem Dritten zuwendet, oder der Miteigentumsanteil aufgrund gesetzlicher Erbfolge neben dem Ehemann auf die Abkömmlinge oder Eltern der Ehefrau übergeht.

9. Beispiel: Die Eheleute haben sich getrennt, ohne die Scheidung der Ehe zu beantragen. Die Ehefrau setzt ihren Lebensgefährten zum alleinigen Erben ein, der bei ihrem Tod Alleineigentümer des Hausgrundstücks wird. Der Ehemann ist auf seinen Pflichtteilsanspruch in Geld verwiesen.

Die vertragliche Widerrufsklausel gibt ihm in diesem Fall den Anspruch gegen den Erben auf Rückübertragung des hälftigen Miteigentumsanteils am Hausgrundstück, der ihm ursprünglich gehört hat.

Die Beratungspraxis zeigt, daß ein vertragliches Rückforderungsrecht für alle genannten Fälle vom Zuwendenden gewünscht und vom Zuwendungsempfänger auch akzeptiert wird, sobald die Probleme erkannt sind.

Gegen ein „freies" und jederzeitiges Widerrufsrecht bestehen Bedenken der steuerlichen Anerkennung, auch wegen der Gefahr einer Pfändung des Rückübertragungsanspruchs durch Gläubiger des zuwendenden Ehemanns.[247]

Fehlerhaft wäre es, den Rückübertragungsanspruch allein vom Eintritt einer der unter a) bis d) genannten Voraussetzungen abhängig zu machen, da dieser bedingte Anspruch von den Gläubigern des Ehemannes gepfändet werden kann (Eintragung eines Pfändungsvermerks bei der Vormerkung im Grundbuch). Richtig ist, den Rückübereignungsanspruch erst durch die Erklärung des Widerrufs entstehen zu lassen (Gestaltungsrecht), auch um dem zuwendenden Ehemann im Krisenfall eine Überlegungsfrist und ein Entscheidungsrecht zu geben. Die Notwendigkeit einer zeitlichen Beschränkung der Überlegungsfrist sehe ich nicht.[248]

152 Ein vertragliches Rückforderungsrecht ist wegen § 29 Abs. 1 Nr. 1 ErbStG für die **Steuerfreiheit** des Rückfalls beim Tode des Beschenkten unverzichtbar.[249] Diese Vorschrift bestimmt, daß die Schenkungsteuer mit Wirkung für die Vergangenheit erlischt, soweit ein Geschenk wegen eines Rückforderungsrechts herausgegeben werden mußte. War der Erwerb in unserem Beispiel für die Ehefrau steuerpflichtig, so ist die geleistete Schenkungsteuer zu erstatten, zugleich unterliegt der zurückgeforderte Vermögenswert beim Tode der Ehefrau nicht der Erbschaftsteuer.

153 Ohne die Eintragung einer Vormerkung ist der Anspruch des Ehemannes auf Rückübereignung als rein schuldrechtlicher Anspruch ungesichert; er kann bei einer Krise der Ehe „ausgehebelt" werden. Der Ehegatte, der Alleineigentümer des Hausgrundstücks ist, kann trotz der übernommenen Verpflichtung, dieses nicht ohne Zustimmung des anderen Ehegatten zu veräußern, wirksam einen Kaufvertrag (sogar einen Schenkungsvertrag) mit einem Dritten schließen. Der andere Ehegatte braucht hiervon nicht einmal etwas zu erfahren. Anders ist es, wenn der bedingte Anspruch des zuwendenden Ehegatten durch Eintragung einer **Vormerkung** im Grundbuch gesichert wird. Die Eintragungsfähigkeit einer Vormerkung zur Sicherung eines bedingten Anspruchs auf Rückübereignung ist heute unbestritten.[250] Die Vormerkung im Grundbuch bewirkt, daß eine Veräußerung ohne Zustimmung des Vormerkungsberechtigten zwar nicht rechtlich aber faktisch ausgeschlossen ist. Veräußert nämlich der Ehegatte das Hausgrundstück oder erwirkt ein Gläubiger die Eintragung einer Sicherungshypothek, ist der Eigentumserwerb des Dritten bzw. die Sicherungshypothek als mit Rang nach der Vormerkung eingetragenes Recht dem vormerkungsberechtigten Ehegatten gegenüber unwirksam (§ 883 Abs. 2 BGB).

154 Beim Erwerb von Grundbesitz zu Alleineigentum des einen Ehegatten aus Mitteln des anderen Ehegatten, mit dem haftungsrechtliche oder steuerliche Zwecke verfolgt werden (z. B. die Ehefrau erwirbt die Praxisräume, um sie an ihren Ehemann zu vermieten), ist die Interessenlage nicht anders. Auch hier will der Ehegatte, der aus seinem Vermögen die Mittel zum Ankauf des Grundbesitzes dem anderen Ehegatten zur Verfügung stellt, bei Scheidung der Ehe (aber auch für die weiteren Fälle, die in Abschnitt III des Vertragsmusters genannt sind) berechtigt sein, die Übertragung an sich zu verlangen. Hier kommt ein Widerrufs- oder Rücktrittsvorbehalt nicht in Betracht. Konstruktiv muß hier ein anderer Weg gegangen werden, da der eine Ehegatte den Geldbetrag zur Verfügung stellt, mit dem der andere Ehegatte den Grundbesitz erwirbt.

Es bedarf eines (notariell beurkundeten) unwiderruflichen und unbefristeten **Angebots** des erwerbenden Ehegatten an den andern, das von diesem bei Scheidung der Ehe (oder in den anderen genannten Fällen) angenommen werden kann. Auch hier kann der Anspruch durch die Eintragung einer Vormerkung gesichert werden.[251] Stammen die Mittel, mit denen der eine Ehegatte den Grundbesitz erwirbt, aus zugewinnausgleichspflichtigem Vermögen des anderen Ehegatten, ist es richtig, entweder das Angebot auf die Übertragung eines hälftigen Miteigentumsanteils zu beschränken, oder aber eine Ausgleichszahlung an den anbietenden Ehegatten in Höhe der Hälfte des Werts der Immobilie beim Ankauf zu vereinbaren. In der Angebotsurkunde ist der andere Ehegatte zu bevollmächtigen, bei Annahme die Auflassung des Grundbesitzes zu erklären und seine Eintragung als Eigentümer im Grundbuch zu bewilligen.

5. Weitere Konfliktfälle der Vermögenszuordnung

Viele unerfreuliche Streitigkeiten in Scheidungsfällen und böse Überraschungen lassen sich vermeiden, wenn die Eheleute beim Erwerb von Grundbesitz das idealistische, hier aber törichte Prinzip „was mein ist, ist auch dein" vergessen würden. Es geht hier um die Fälle, bei denen Eheleute eine Immobilie erwerben und zu dem Kaufpreis unterschiedliche Beiträge leisten, weiterhin um die Fälle, in denen die Eltern der Frau oder des Mannes einen Geldbetrag zum Kaufpreis beisteuern, schließlich um die Fälle, in denen die Eheleute auf dem unbebauten Grundstück, das einem von ihnen gehört, ein Einfamilienhaus errichten.

7. Beispiel: Die jungen Eheleute erwerben eine Eigentumswohnung zum Preis von 200 000,– DM. Die Ehefrau bringt das gesamte Eigenkapital in Höhe von 80 000,– DM auf; der Restkaufpreis wird von den Eheleuten durch Aufnahme eines Darlehens finanziert.

Bestimmen die Eheleute im notariellen Kaufvertrag, daß sie zu je $^1/_2$ Miteigentumsanteil erwerben, ist der Streit bei Scheidung der Ehe vorprogrammiert. Auch hier liegt eine ehebedingte Zuwendung vor, die bei Scheitern der Ehe nicht gegenständlich zurückgefordert werden kann, sondern lediglich einen Rechnungsposten beim Zugewinnausgleich bildet und letztlich zu einem Verlust des hälftigen Werts der Zuwendung führt. Allein richtig ist daher, daß die Eheleute die Miteigentumsanteile so festlegen, wie sie den Kaufpreis aufbringen, hier also die Ehefrau zu $^{14}/_{20}$ Miteigentumsanteil und der Ehemann zu $^6/_{20}$ Miteigentumsanteil. Möglich ist es auch, daß die Eheleute die Eigentumswohnung als Gesellschafter einer Gesellschaft bürgerlichen Rechts erwerben und im Gesellschaftsvertrag festlegen, daß sie am Gesellschaftsvermögen zu $^{14}/_{20}$ bzw. $^6/_{20}$ Anteil beteiligt sind.

Auch hier bleibt ein Konfliktpotential. Können sich die Eheleute nach Scheidung der Ehe nicht darüber verständigen, entweder die Eigentumswohnung an einen Dritten zu verkaufen, oder sie einem von ihnen zu Alleineigentum zu überlassen gegen eine Ausgleichszahlung in Höhe des Verkehrswertes (abzüglich der zu übernehmenden Darlehensverbindlichkeiten), droht die Zwangsversteigerung. Es kann daher richtig sein, daß der eine Ehegatte dem anderen Ehegatten für den Fall der Scheidung der Ehe ein Ankaufsrecht einräumt durch Abgabe eines unwiderruflichen Angebots. Der bedingte Anspruch des ankaufsberechtigten Ehegatten kann durch Eintragung einer Vormerkung im Grundbuch gesichert werden. Der angebotene Kaufvertrag hat zu bestimmen, daß der Ehegatte bei Annahme des Angebots die Darlehnsverbindlichkeiten als Alleinschuldner zu übernehmen und an den anderen Ehegatten als Kaufpreis den Betrag zu zahlen hat, der dem anteiligen Verkehrswert (nach Abzug der anteiligen Verbindlichkeiten) beim Zustandekommen des Vertrages entspricht. Der Verkehrswert ist, wenn sich die Eheleute nicht einigen können, von einem Grundstücksachverständigen festzustellen.

8. Beispiel: Wandeln wir den Fall dahin ab, daß nicht die Ehefrau, sondern ihre Eltern 80 000,- DM zum Kauf der Eigentumswohnung beisteuern.

In vielen Fällen wird dies in Form eines rückzahlbaren Darlehens erfolgen, das durch Eintragung einer Grundschuld zugunsten der Eltern gesichert werden sollte. Oft ist es aber so, daß die Eltern das Geld „den Kindern" schenken. Die Eheleute erwerben die Eigentumswohnung zu je $^1/_2$ Miteigentumsanteil. Später kommt es zur Scheidung der Ehe. Während des Scheidungsverfahrens verkaufen die Eheleute die Eigentumswohnung und teilen sich den Erlös je zur Hälfte. Die Eltern verlangen von ihrem Schwiegersohn die Rückzahlung der ihm geschenkten 40 000,- DM.

Der Bundesgerichtshof[252] hat in einem ähnlich gelagerten Fall entschieden, daß es sich bei der Zuwendung der Eltern an ihren Schwiegersohn nicht um eine Schenkung handelt, sondern wie bei Zuwendungen unter Eheleuten um eine „ehebezogene" Zuwendung, die auf Dauer der Ehegemeinschaft dienen und damit auch von deren Bestand abhängig sein soll. Rechtsgrund der Zuwendung sei damit ein im Gesetz nicht geregeltes familienrechtliches Rechtsverhältnis eigener Art. Der Schwiegersohn dürfe die Zuwendung jedenfalls insoweit behalten, als die Ehe Bestand gehabt hat und daher der Zweck der Zuwendung jedenfalls teilweise erreicht worden ist, so daß im Falle der Scheidung deswegen in der Regel das Zugewendete nicht voll zurückzugeben ist. Im Ergebnis will das Gericht die Schenkung der Eltern so behandeln, als sei der Geldbetrag von 80 000,- DM insgesamt zunächst der Tochter geschenkt, die ihrerseits 40 000,- DM ihrem Ehemann ehebedingt zugewendet hat.

Damit lehnt der BGH einen Anspruch der Eltern gegen den Schwiegersohn auf Rückzahlung von 40 000,- DM ab. Der ihm zugewendete Geldbetrag ist allein Rechnungsposten beim Zugewinnausgleich zwischen den Eheleuten. Nur wenn der Zugewinnausgleich zu keiner angemessenen Begünstigung der Tochter führen würde, wie etwa bei einer hohen Verschuldung des Schwiegersohns, könne ausnahmsweise ein Anspruch nach den Regeln über den Wegfall der Geschäftsgrundlage gegeben sein, wenn das Ergebnis des Zugewinnausgleichs schlechthin unangemessen ist und für die Eltern unzumutbar und unbillig erscheint. Im Ergebnis heißt das nicht mehr und nicht weniger, als daß die Hälfte des geschenkten Betrages, also 20 000,- DM, endgültig dem Schwiegersohn auch nach Scheidung der Ehe verbleibt.

5. Vertragsmuster: Vermögenszuordnung

Auch hier haben sich die Eltern zu wenig Gedanken gemacht. Allein richtig wäre es gewesen, den Geldbetrag der Tochter zu schenken und darauf zu achten, daß diese wie im 7. Beispiel zu einem entsprechend höheren Anteil Miteigentümerin des Hauses wird.

9. Beispiel: Die Ehefrau hat von ihren Eltern ein Baugrundstück geerbt (Wert 50 000,– DM), das die Eheleute mit einem Einfamilienhaus bebauen wollen. Die Kosten des Hausbaus werden aus Ersparnissen während der Ehe und einem Bankdarlehen aufgebracht.

Hier ist es verständlich, daß der Ehemann darauf Wert legt, Miteigentümer des unbebauten Grundstücks zu werden, da anderenfalls das Einfamilienhaus als „wesentlicher Bestandteil des Grundstücks" in das Alleineigentum der Ehefrau fällt.

Ein Rückforderungsrecht der Ehefrau hinsichtlich des übertragenen Miteigentumsanteils am Baugrundstück ohne jede Ausgleichszahlung an den Ehemann kommt nicht in Betracht. Stehen die Baukosten endgültig fest, kann es richtig sein, den Miteigentumsanteil der Ehefrau um den Grundstückswert höher festzusetzen. Auch die Vereinbarung eines (zinslosen) Darlehens in Höhe von 25 000,– DM, das die Ehefrau ihrem Ehemann zum Kauf des hälftigen Miteigentumsanteils am Grundbesitz gewährt, ist ein Lösungsweg. Im Darlehnsvertrag ist zu vereinbaren, daß das Darlehen bei Scheidung der Ehe zurückzuzahlen ist.

Mir ist bewußt, daß dies alles ungemein kompliziert ist und es den Erfahrungssatz gibt, daß man lieber vor schwierigen rechtlichen Fragen die Augen schließt, zumal die Eheleute davon ausgehen, daß sich das Problem nie ergeben wird, weil die glückliche Ehe Bestand haben wird. Es mag auch ohne weiteres sein, daß die Rechtsprechung in Einzelfällen zu gerechten Ergebnissen führt, ich habe aber meine Zweifel, ob dies in der Mehrzahl der Scheidungsfälle so sein wird.

Mir kommt es darauf an, daß der Ehegatte, der aus seinem Anfangsvermögen dem anderen Ehegatten etwas zuwendet, sich bewußt ist, daß die Hälfte des Wertes bei Scheidung der Ehe nicht an ihn zurückfließt. Will er dieses Ergebnis ausgeschlossen wissen, sollte er sich über die Möglichkeiten einer vertraglichen Regelung rechtlich beraten lassen.

Eine letzte Frage der Vermögensübertragung unter Eheleuten behandelt das

10. Beispiel: In dem dem Vertragsmuster zugrundeliegenden Ausgangsfall, der Ehemann überträgt seinen hälftigen Miteigentumsanteil am Hausgrundstück auf seine Ehefrau als Vorsorge für einen Haftungsfall, behält sich aber den Widerruf der Schenkung für den Fall der Scheidung der Ehe vor, ist es denkbar, daß die Ehefrau aus ihrem vorehelichen Vermögen oder aus Mitteln einer Erbschaft erhebliche Beträge für den Ausbau, die Modernisierung oder Renovierung des Hauses aufwendet. Da bei Scheidung der Ehe und Rückübereignung des hälftigen Miteigentumsanteils dem Ehemann diese Wertsteigerung zur Hälfte zugute kommt, ist bei der Widerrufsklausel zu ergänzen, daß der Ehefrau insoweit ein Anspruch auf Erstattung zusteht.

Formulierungsvorschlag (Ergänzung zur Widerrufsklausel):
Soweit die Erwerberin wertverbessernde Verwendungen aus eigenen Mitteln auf den Grundbesitz gemacht hat, sind diese vom Ehemann Zug um Zug gegen Rückübereignung zur Hälfte zu erstatten.

6. Ehebedingte Zuwendung und Schenkung

159 In allen bislang geschilderten Fallbeispielen der Übertragung von Vermögenswerten unter Ehegatten handelt es sich um „ehebedingte" Zuwendungen, die in zweierlei Hinsicht abzugrenzen sind. Ehebedingte Zuwendungen sind zunächst keine entgeltlichen Geschäfte, allenfalls teilentgeltliche Geschäfte, nämlich dann, wenn der erwerbende Ehegatte die auf dem Übertragungsobjekt lastenden Verbindlichkeiten übernimmt.

Erreichen die Darlehnsverbindlichkeiten den Verkehrswert des Objekts, oder werden im Vertrag Gegenleistungen des erwerbenden Ehegatten vereinbart, die den Verkehrswert erreichen, liegt keine ehebedingte Zuwendung sondern ein **echter Kaufvertrag** vor.

Andererseits ist die ehebedingte Zuwendung abzugrenzen von der **echten Schenkung**. Sind sich die Ehegatten darüber einig, daß der Vermögensgegenstand unentgeltlich zugewendet werden soll, bezeichnen sie den Vertrag ausdrücklich als Schenkung und liegt beim zuwendenden Ehegatten subjektiv Schenkungsabsicht vor, gelten für eine Schenkung unter Eheleuten keine Besonderheiten gegenüber einer Schenkung an Kinder oder sonstige Dritte.

Bei einer „echten" Schenkung unter Eheleuten kommt eine Rückforderung des Geschenks im Falle der Scheidung der Ehe nur in Form des Widerrufs nach § 530 BGB in Betracht. Der Beschenkte muß sich durch eine schwere Verfehlung gegen den Schenker oder einen nahen Angehörigen des Schenkers „groben Undanks" schuldig machen. Diese Voraussetzungen werden selten vorliegen. Da bei einer „echten" Schenkung (im Unterschied zur ehebedingten Zuwendung) der Fortbestand der Ehe nicht Geschäftsgrundlage des Schenkungsvertrages ist, kommt eine Rückforderung unter dem rechtlichen Gesichtspunkt des „Wegfalls der Geschäftsgrundlage" ebenfalls nicht in Betracht. Leben die Eheleute im gesetzlichen Güterstand der Zugewinngemeinschaft, wird der Wert der Schenkung (maßgeblich ist der Wert im Zeitpunkt der Schenkung) auf die Ausgleichsforderung nach § 1380 BGB angerechnet, soweit dies nicht bei der Schenkung ausdrücklich ausgeschlossen worden ist. Haben die Eheleute Gütertrennung vereinbart, ist bei Scheidung jede Rückforderung oder Anrechnung ausgeschlossen.

Die Entscheidung der Frage, ob zwischen den Eheleuten eine „echte" Schenkung oder aber eine „ehebedingte" Zuwendung gewollt war, kann im Scheidungsfall zu Schwierigkeiten führen. Auslegungsprobleme werden nur dann vermieden, wenn die Eheleute im Vertrag selbst ausdrücklich bestimmen, wem der zugewendete Vermögenswert bei Scheidung zustehen soll, ob er zurückgefordert werden kann oder dem beschenkten Ehegatten verbleibt, vor allem ob und in welcher Höhe eine Ausgleichsforderung besteht.

Die Versuche, die **Abgrenzung** begrifflich vorzunehmen (Bezeichnung als „Schenkung" oder „ehebedingte Zuwendung" im Vertragstext), bringen keine hinreichende Klarheit, auch nicht der Vorschlag, für eine „ehebedingte Überlassung" eine kurze Begründung zu geben. Damit wird die Frage, Rückforderungsrecht ja oder nein, nicht beantwortet.

Formulierungsvorschlag für eine „echte" Schenkung:
1. Der Ehemann schenkt seiner dies annehmenden Ehefrau den im Grundbuch von ... verzeichneten unbelasteten Grundbesitz ... mit Gebäuden, sonstigen wesentlichen Bestandteilen und Zubehör.
2. Der Ehemann behält sich den Widerruf der Schenkung oder die Rückforderung des Grundbesitzes, gleich aus welchem Rechtsgrund, nicht vor, insbesondere nicht für den Fall der Scheidung der Ehe.
3. Die Erwerberin hat sich den Wert des Grundbesitzes auch nicht auf ihre Ausgleichsforderung nach § 1380 BGB anrechnen zu lassen, er soll bei der Berechnung des Zugewinns weder beim Ehemann noch bei der Ehefrau berücksichtigt werden.

Die Ehefrau hat sich den Wert des Grundbesitzes auch nicht auf ihren Pflichtteil nach dem Veräußerer anrechnen zu lassen.

Möglich ist, bei einer derartigen Schenkung zwar das Rückforderungsrecht auszuschließen, es jedoch bei der Anrechnung auf die Zugewinnausgleichsforderung und auf den Pflichtteil des erwerbenden Ehegatten zu belassen.

7. Steuerfragen bei der Vermögenszuordnung unter Eheleuten

Hier ist zu unterscheiden, ob es sich um einen Kaufvertrag, eine „echte" Schenkung, eine „gemischte" Schenkung oder eine Vermögensübertragung in Erfüllung der Forderung auf Ausgleich des Zugewinns nach Vereinbarung der Gütertrennung handelt.

Ein **Kaufvertrag** unter Eheleuten ist nach § 3 Ziff. 4 GrEStG von der Besteuerung ausgenommen, d. h. beim Grundstückserwerb durch den Ehegatten des Veräußerers ist Grunderwerbsteuer nicht zu zahlen.

Dies gilt nach § 3 Ziff. 5 GrEStG auch für den Grundstückserwerb durch den früheren Ehegatten des Veräußerers im Rahmen der Vermögensauseinandersetzung nach der Scheidung. Ein Kaufvertrag liegt vor, wenn der erwerbende Ehegatte eine dem Wert des Grundbesitzes oder Grundbesitzanteils entsprechende Gegenleistung erbringt, also entweder den vollen Kaufpreis an den veräußernden Ehegatten zahlt, oder in Anrechnung auf den Kaufpreis Darlehensverbindlichkeiten übernimmt und den Rest in bar ausgleicht.

Eine **Schenkung** unter Eheleuten ist nach § 1 Abs. 1 Nr. 2 ErbStG grundsätzlich steuerpflichtig. Allerdings bleibt ein Erwerb des Ehegatten in Höhe von DM 600 000,- steuerfrei, der gleiche Freibetrag, der auch im Erbfall gilt.

Hierzu muß man wissen, daß das mit „ErbStG" abgekürzte Gesetz im vollen Wortlaut „Erbschaftsteuer- und Schenkungsteuergesetz" lautet, zwischen dem Erwerb von Todes wegen und Schenkungen unter Lebenden unterscheidet, jedoch die Freibeträge, die Steuerklassen und die Steuersätze grundsätzlich gleich sind.

Eine Sonderregelung trifft das Gesetz für das **zu eigenen Wohnzwecken genutzte Haus** (Eigentumswohnung). Nach § 13 Nr. 4a ErbStG bleibt die Übertragung von Eigentum oder Miteigentum an den Ehegatten an einem im Inland gelegenen, zu eigenen Wohnzwecken genutzten Haus/Eigentumswohnung (Familienwohnheim) steuerfrei, ebenso die Freistellung des anderen Ehegatten von eingegangenen Verpflichtungen im Zusammenhang mit der Anschaffung oder der Herstellung des Familienwohnheims, insbesondere die Übernahme von Darlehnsverbindlichkeiten. Steuerfrei bleibt auch, wenn ein Ehegatte nachträglich Herstellungs- oder Erhaltungsaufwand für ein Familienwohnheim trägt, das im gemeinsamen Eigentum der Ehegatten oder im Eigentum des anderen Ehegatten steht.

163 Von einer „**gemischten**" Schenkung spricht man, wenn ein Gegenstand teils entgeltlich und teils unentgeltlich übertragen wird. Überträgt z.B. die Ehefrau ein Hausgrundstück im Verkehrswert von 500 000,- DM auf ihren Ehemann und übernimmt der Ehemann die durch eine Grundschuld gesicherten Bankverbindlichkeiten in Höhe von 200 000,- DM, ist nur der unentgeltlich übertragene Anteil schenkungsteuerpflichtig.

164 Die **ehebedingte"** Zuwendung unter Ehegatten ist bis zum Urteil vom 2. 3. 1994 steuerlich nicht als Schenkung angesehen worden (einschränkend bereits Erlasse der Obersten Finanzbehörden der Länder vom 10.11. 1988). Seit der Entscheidung des Bundesfinanzhofs vom 2. 3. 1994[254] steht fest, daß ehebedingte Zuwendungen von der Schenkungsteuer nicht ausgenommen sind.

Dagegen bleibt nach § 5 Abs. 2 ErbStG der Erwerb der Ausgleichsforderung im güterrechtlichen Zugewinnausgleich steuerfrei. Hat der Ehemann während der Ehe einen Zugewinn von 1,0 Mio. DM, die Ehefrau dagegen als Hausfrau keinen Zugewinn, und vereinbaren die Eheleute ehevertraglich Gütertrennung, so steht der Ehefrau eine Ausgleichsforderung in Höhe von 500 000,- DM zu. Überträgt der Ehemann zum Ausgleich des Zugewinns ein Hausgrundstück oder den Anteil an einem Hausgrundstück im Wert von 500 000,- DM auf seine Frau, fällt keine Schenkungsteuer an.

Die Vereinbarung der Gütertrennung unter Verlobten oder jungen Eheleuten kann regelmäßig nicht empfohlen werden. Die neue Rechtsprechung, nach der die ehebedingte Zuwendung im Erbrecht grundsätzlich wie eine Schenkung zu behandeln ist und ehebedingte Zuwendungen von der Schenkungsteuer nicht ausgenommen sind, können in sicherlich besonders gelagerten Einzelfällen zu der Frage führen, ob die Vereinbarung der Gütertrennung

5. Vertragsmuster: Vermögenszuordnung   145

und der damit verbundene Ausgleich des Zugewinns eine Alternative zu der insoweit ausgemusterten ehebedingten Zuwendung sein kann. Nach Vereinbarung der Gütertrennung kann der Zugewinnausgleich erbschaftsteuerfrei durchgeführt werden, auch erneut der gesetzliche Güterstand ehevertraglich vereinbart werden. Dagegen ist lt. einem Erlaß des Finanzministeriums Baden-Württemberg (NJW 1998, 440) ein freiwilliger, vorweggenommener Ausgleich des bisher erzielten Zugewinns bei fortbestehender Zugewinngemeinschaft steuerlich als Schenkung zu erfassen.

8. Vermögenszuordnung durch Vereinbarung der Gütertrennung[255]

Es sind sicherlich besondere Umstände, die Eheleuten Anlaß geben können, in einer intakten Ehe im fortgeschrittenen Lebensalter die ehevertragliche Vereinbarung der Gütertrennung zur Lösung eines ehegatten-externen Konflikts, also nicht im Hinblick auf eine Scheidung der Ehe, zu erwägen.   165

10. Beispiel: Der Ehemann (allein berufstätig) spart während der Ehe aus seinem Einkommen Eigenkapital für den Erwerb eines Einfamilienhauses an, das die Eheleute zu je $^1/_2$ Miteigentum erwerben. Zinsen und Tilgung des Fremdkapitals bringt in der Folgezeit allein der Ehemann auf.

Die Ehe bleibt kinderlos. Beim Tode des Ehemannes wird die Ehefrau testamentarische Alleinerbin. Der Sohn aus erster Ehe des Ehemannes verlangt von der Ehefrau als Alleinerbin den Pflichtteil. Der Pflichtteil ist ein Anspruch in Geld in Höhe der Hälfte des Wertes des gesetzlichen Erbteils. Der gesetzliche Erbteil des Sohnes wäre die Hälfte der Erbschaft. Nehmen wir an, daß das Einfamilienhaus einen Wert von DM 400 000,– hat, steht dem Sohn aus der zum Nachlaß gehörenden Miteigentumshälfte seines Vaters ein Anspruch in Höhe von DM 50 000,– gegen die Ehefrau zu. Fraglich ist, ob der Sohn darüber hinaus nach § 2325 Abs. 1 BGB Ergänzung seines Pflichtteils mit der Begründung verlangen kann, der Vater habe seiner Ehefrau ihren Anteil am Grundbesitz geschenkt.

Es wird in der Fachliteratur die Meinung vertreten, eine Pflichtteilsergänzung komme nicht in Betracht, weil keine Schenkung vorliege, sondern „die Verwirklichung angemessener Beteiligung des Ehegatten an einem für die Eheverwirklichung zentralen Gegenstand".[256] Dagegen stehen die Urteile des BGH vom 27.11.1991 und des BFH vom 2.3.1994, nach denen die unbenannte Zuwendung im Erbrecht wie eine Schenkung zu behandeln ist und auch steuerlich eine Schenkung darstellt. Obgleich diese konkrete Frage bislang nicht höchstrichterlich entschieden ist, sehe ich keinen Grund, dem Sohn den Pflichtteilsergänzungsanspruch in Höhe von weiteren DM 50 000,– zu versagen.[257]

Wandeln wir den Beispielsfall dahin ab, daß der Ehemann das Einfamilienhaus zu Alleineigentum erworben hat, ohne in irgendeiner Weise damit seine Ehefrau benachteiligen zu wollen. Diese Entscheidung kann die unterschiedlichsten Gründe gehabt haben, z.B. die Inanspruchnahme von Steuerfreibeträgen, oder weil vorrangig Pflichtteilsansprüche der Kinder aus erster Ehe der Ehefrau im Falle ihres Vorversterbens abgewehrt werden sollten. Ist der Ehemann Alleineigentümer des Hauses, ist der Pflichtteilsanspruch des Sohnes in Höhe eines Viertels des Werts des Hausgrundstücks (= DM

100 000,–) unzweifelhaft. Soll allein der Umstand, daß die Eheleute als Miteigentümer zu je $^1/_2$ im Grundbuch eingetragen sind, zu einer Verkürzung des Pflichtteilsanspruchs des Sohnes führen?

Bliebe der Miteigentumsanteil der Ehefrau vom Pflichtteilsergänzungsanspruch des Sohnes verschont, weil die Zuwendung des Ehemannes als vorweggenommener Zugewinnausgleich gesehen wird, erhält sie im Erbfall weiteren, zusätzlichen Ausgleich des Zugewinns, weil sich nach § 1371 Abs. 1 BGB ihr gesetzlicher Erbteil um $^1/_4$ der Erbschaft erhöht. Zwar bestimmt § 1371 Abs. 1 BGB, es sei unerheblich, ob die Ehegatten im einzelnen Fall einen Zugewinn erzielt haben, gleichwohl addiert sich der vorweggenommene Zugewinnausgleich zu Lebzeiten mit dem pauschalierten Zugewinnausgleich beim Tod zu einer Verkürzung des Pflichtteilsanspruchs des Sohnes, der nicht gerechtfertigt ist.

11. Beispiel: Der Ehemann (65 Jahre alt), der als Freiberufler einem hohen Haftungsrisiko ausgesetzt ist, hat ein Vermögen von DM 3,2 Mio., das ausschließlich während der Ehe geschaffen wurde.

Die Ehefrau (45 Jahre alt) hat kein Vermögen. Die Eheleute leben im gesetzlichen Güterstand der Zugewinngemeinschaft. Sie haben ein gemeinsames Kind. Sie haben sich gegenseitig zum Alleinerben eingesetzt und das gemeinsame Kind zum Schlußerben des Längstlebenden von ihnen. Der Ehemann hat aus erster Ehe ein weiteres, allerdings ungeliebtes Kind.

Stirbt der Ehemann vor seiner Frau, steht dem ungeliebten Kind aus erster Ehe ein Pflichtteilsanspruch in Höhe von DM 400 000,– (= Hälfte des Werts seines gesetzlichen Erbteils von $^1/_4$). Stirbt der Ehemann nach seiner Ehefrau, beträgt der Pflichtteilsanspruch DM 800 000,– (= Hälfte des Werts des gesetzlichen Erbteils von $^1/_2$).

Beim 10. und 11. Beispiel besteht Anlaß, darüber nachzudenken, ob bereits zu Lebzeiten durch Vermögenszuordnung unter den Ehegatten Vorsorge getroffen werden kann. In beiden Beispielen ist vorrangiges Regelungsziel ein erbrechtlicher Konfliktfall, im 11. Beispiel geht es auch um den Schutz des Vermögens vor einem Gläubigerzugriff des Ehemannes und um eine Verringerung der Steuerlast im Erbfall.

Treffen alle drei Regelungsziele zusammen, dient die Vermögensübertragung einer haftungsmäßig, erbrechtlich und erbschaftsteuerlich „günstigen Organisation des Familienvermögens". Die Frage ist, ob das jeweilige Regelungsziel durch Vereinbarung der Gütertrennung erreicht werden kann.

166 Die Vereinbarung der **Gütertrennung** bedeutet, daß der gesetzliche Güterstand der Zugewinngemeinschaft auf andere Weise als durch den Tod eines Ehegatten beendet wird, so daß der Zugewinn in gleicher Weise wie bei Scheidung der Ehe auszugleichen ist. Im 10. Beispiel ist der Zugewinn beider Ehegatten gleich hoch, so daß keiner eine Ausgleichsforderung hat. Es liegt aber auch keine ehebedingte Zuwendung vor, da die Ehefrau durch die Gütertrennung einen gesetzlichen Anspruch darauf hat, daß ihr der Miteigentumsanteil am Hausgrundstück verbleibt. Auch bei Gütertrennung wäre in diesem Fall die Ehefrau neben dem Sohn zur Hälfte der Erbschaft als gesetzliche Erbin berufen, so daß der Pflichtteilsanspruch des Sohnes DM 50 000,–

5. Vertragsmuster: Vermögenszuordnung

beträgt; ein Pflichtteilsergänzungsanspruch in Höhe von weiteren DM 50 000,- ist jedoch durch Vereinbarung der Gütertrennung ausgeschlossen worden.

Vereinbaren im „idealtypischen" 11. Beispiel die Eheleute Gütertrennung, entsteht mit der Beendigung des gesetzlichen Güterstandes eine Ausgleichsforderung der Ehefrau in Höhe von 1,6 Mio. DM. Die Zahlung dieses Betrages oder die Übertragung anderer Vermögenswerte in dieser Höhe ist, weil die Ehefrau hierauf einen gesetzlichen Anspruch hat, nicht unentgeltlich. Die Anfechtungsfrist der Gläubiger des Ehemannes, die bei einer Schenkung vier Jahre beträgt (vgl. Rdn. 144), verkürzt sich um zwei (möglicherweise) entscheidende Jahre, weil jetzt ein entgeltlicher Vertrag vorliegt.

Die Aufhebung der Zugewinngemeinschaft und der Ausgleich des Zugewinns bereits zu Lebzeiten bringen eine erhebliche steuerliche Entlastung. Die Übertragung von Vermögen in Höhe der Ausgleichsforderung ist nicht schenkungsteuerpflichtig (§ 5 Abs. 2 ErbStG). Zu den weiteren Maßnahmen zur steuerlichen Entlastung im Erbfall vgl. Rdn. 142.

Die schwierigste Frage ist, ob die hier vorgeschlagene Gestaltung „pflichtteilsfest" ist.[258] Da die Ehefrau mit Vereinbarung der Gütertrennung eine gesetzliche Ausgleichsforderung in Höhe der Hälfte des Zugewinns des Ehemannes hat, also die Übertragung des Vermögens auf sie entgeltlich ist, dürften Pflichtteilsergänzungsansprüche ausscheiden. Diese Rechtsfrage ist bislang höchstrichterlich nicht entschieden. Im Jahre 1991 hat allerdings der BGH entschieden, daß es Ehegatten „jederzeit freisteht, ihre güterrechtlichen Verhältnisse für die Zukunft zu ändern und den bis dahin geltenden Güterstand durch einen anderen zu ersetzen". Diese für das Ehegüterrecht grundlegende Befugnis müssen auch die Pflichtteilsberechtigten als eine Folge der Eheschließungsfreiheit grundsätzlich hinnehmen.

Der „vermögende" Ehegatte, der sich aus den genannten Gründen für diese Lösung entscheidet, wird ungeachtet der letztlich offenen Anerkennung durch die höchstrichterliche Rechtsprechung zu bedenken haben, daß ein vertragliches Rückforderungsrecht hinsichtlich der übertragenen Vermögenswerte nicht in Betracht kommt, auch der vorzeitige Ausgleich des Zugewinns durch Vereinbarung der Gütertrennung risikobehaftet ist, weil das Vermögen des Ehemannes in Zukunft geringer werden kann, also er mehr ausgeglichen hat, als er bei Scheidung der Ehe auszugleichen hätte. Dies spricht zusätzlich dafür, daß die Erfüllung der Ausgleichsforderung durch Übertragung von Vermögen nach Vereinbarung der Gütertrennung „pflichtteilsfest" ist. Allerdings stellt sich bei Gütertrennung das gesetzliche Erbteil des ungeliebten Kindes auf $1/3$, mithin beträgt der Pflichtteilsanspruch ca. DM 267 000,-.

Das führt zu der Überlegung, ob über die erneute Vereinbarung der Zugewinngemeinschaft die Pflichtteilsquote auf $1/8$, also auf einen Anspruch auf DM 200 000,-, verkürzt werden kann. Diese „Doppellösung" ist sehr bedenklich.

C. Weiterführende Hinweise zu Literatur und Rechtsprechung

1. Vgl. Langenfeld, Handbuch der Eheverträge und Scheidungsvereinbarungen (nachstehend „Handbuch" zitiert), 3. Aufl. 1996; Palandt-Brudermüller, § 1408 Rdn. 3 ff.
2. Kanzleiter/Wegmann, Vereinbarungen unter Ehegatten, 5. Aufl. 1997
   Langenfeld, Handbuch, Rdn. 3: Ehevertrag verstanden in einem „funktional erweiterten Sinne".
3. BGH, NJW-RR 1990, 386=MittBayNot 1990, 179; BGH, NJW 1992, 238.
4. Vgl. statt aller Palandt-Brudermüller, § 1363 Rdn. 4 (Änderung der Zugewinngemeinschaft), § 1408 Rdn. 10 (Modifikation des Versorgungsausgleichs) und § 1585 c Rdn. 8 (Vereinbarung zum Unterhalt).
5. Die Zulässigkeit von Bedingungen und Befristungen im Ehevertrag ist unbestritten, vgl. Palandt-Brudermüller, § 1408 Rdn. 1.
6. Die frühere Streitfrage, ob es besondere Einschränkungen der Vertragsfreiheit im Güterrecht gibt (Verbot der „Denaturierung" des Güterstandes), darf als erledigt angesehen werden, vgl. MünchKomm-Kanzleiter, § 1408 Rdn. 13 und Langenfeld, Handbuch, Rdn. 9.
7. Hier ist § 1378 Abs. 3 S. 2 BGB zu beachten. Eine Vereinbarung, die die Ehegatten während des Scheidungsverfahrens für den Fall der Scheidung über den Ausgleich des Zugewinns treffen, bedarf der notariellen Beurkundung (oder Aufnahme in das gerichtliche Vergleichsprotokoll, § 127 a BGB). Zur Abgrenzung dieser Vereinbarung zu einem Ehevertrag, vgl. BGHZ 86, 143=NJW 1983, 753 = DNotZ 1983, 491 m. Anm. Brambring; Cypionka, Vereinbarungen über den Zugewinnausgleich in Eheverträgen und Scheidungsfolgenverträgen, MittRhNotK 1986, 157.
8. Vgl. hierzu die in Fn. 1 angegebenen Literaturhinweise.
9. Brambring, DNotZ 1983, 496 und Cypionka (Fn. 7) S. 158.
10. Es ist das Verdienst von Langenfeld, in mehreren Arbeiten nachgewiesen zu haben, daß der „Ehetyp" die Bildung von Fallgruppen ermöglicht, die zu typisierten Eheverträgen als Richtlinien sachgerechter Ehevertragsgestaltung führen („Ehevertragsgestaltung nach Ehetypen"), vgl. Handbuch, Rdn. 18 und 943; FamRZ 1987, 9; DNotZ 1985, 167**.
11. Vgl. auch die Beispiele bei Langenfeld, Handbuch, Rdn. 957.
12. MünchKomm-Gernhuber, Vor § 1363 Rdn. 8.
13. MünchKomm-Richter, § 1569 Rdn. 6; Diederichsen, Geschiedenenunterhalt – Überforderung nachehelicher Solidarität, NJW 1993, 2265.
14. Diederichsen, Die Allgemeinen Ehewirkungen nach dem 1. Eherechtsgesetz und Ehevereinbarungen, NJW 1977, 217; Giesen, Allgemeine Ehewirkungen gemäß §§ 1353, 1363 BGB im Spiegel der Rechtsprechung, JR 1983, 89; Grziwotz in Beck'sches Notar-Handbuch, 2. Aufl. 1997, B I. Rdn. 13.
15. MünchKomm-Wacke, § 1353 Rdn. 7; Langenfeld, Handbuch, Rdn. 45. Die Vereinbarung einer Vertragsstrafe zur Sicherung eines bestimmten Verhaltens in der Ehe oder einer bestimmten Rollenverteilung wird allgemein als unzulässig bezeichnet, vgl. MünchKomm-Wacke, § 1353 Rdn. 4.
16. BGHZ 26, 196=NJW 1958, 546; MünchKomm-Wacke, § 1353 Rdn. 3; Palandt-Brudermüller, § 1353 Rdn. 1.
17. § 1311 S. 2 BGB; MünchKomm-Wacke, § 1353 Rdn. 11.

18. BGHZ 97, 372=NJW 1986, 2043 (nichteheliche Lebensgemeinschaft); Münch-Komm-Wacke, § 1353 Rdn. 31.
19. BGHZ 97, 304=NJW 1986, 2046; BGH, NJW 1990, 703; MünchKomm-Wolf, § 1564 Rdn. 23.
20. Palandt-Brudermüller, § 1353 Rdn. 3; OLG Frankfurt, NJW-RR 1995, 132.
21. Die Bestimmung des Familiennamens (Ehenamens) erfolgt durch Erklärung gegenüber dem Standesbeamten.
22. Diederichsen, NJW 1976, 1170; MünchKomm-Wacke, § 1355 Rdn. 14 (str.).
23. Palandt-Brudermüller, § 1356 Rdn. 1. Kommt es zu keinem Einvernehmen, müssen beide Ehegatten die Haushaltsführung übernehmen, BGH, FamRZ 1974, 376.
24. Langenfeld, Handbuch, Rdn. 40; MünchKomm-Wacke, § 1356 Rdn. 8.
25. Hierzu MünchKomm-Wacke, § 1356 Rdn. 25; zu Einzelfragen Palandt-Brudermüller, § 1356 Rdn. 8.
26. Die Vorschrift wird zu Recht als reine Gläubigerschutzvorschrift kritisiert, ist aber mit dem Grundgesetz vereinbar (BVerfG, NJW 1990, 175).
27. MünchKomm-Wacke, § 1357 Rdn. 26 (allerdings einschränkend auf Geldkredite); LG Aachen, FamRZ 1980, 566.
28. Übersichten bei Palandt-Brudermüller, § 1357 Rdn. 11 ff. und MünchKomm-Wacke, § 1357 Rdn. 23 ff.
29. Palandt-Brudermüller, § 1357 Rdn. 7. Sieht man § 1357 BGB als zwingendes Recht an (OLG Schleswig, FamRZ 1994, 444), bleibt gleichwohl die rechtliche Möglichkeit, in einem Ehevertrag einseitig oder wechselseitig die Berechtigung des Ehegatten, Geschäfte mit Wirkung für den anderen Ehegatten zu besorgen, zu beschränken oder auszuschließen und die entsprechende Eintragung in das Güterrechtsregister zu beantragen (§ 1357 Abs. 2 BGB). Hierdurch bleibt aber m. E. ein späterer Antrag eines Ehegatten an das Vormundschaftsgericht, die Beschränkung oder Ausschließung des Geschäftsbesorgungsrechts wieder aufzuheben, möglich; hierauf kann nicht verzichtet werden.
30. Zuständig ist das Amtsgericht, in dessen Bezirk der andere Ehegatte seinen Wohnsitz hat, § 1558 BGB. Die Ausschließung des Geschäftsbesorgungsrechts kann auch der Höhe nach („Geschäfte mit einem Wert über 500,– DM") und der Art nach („Kauf von Kunstgegenständen") beschränkt werden. Zum Antrag auf Aufhebung der Ausschließung des Geschäftsbesorgungsrechts nach § 1357 Abs. 2 S. 1 2. Halbs. BGB vgl. Beck'sches Formularbuch zum Bürgerlichen, Handels- und Wirtschaftsrecht, 7. Aufl. 1998, V 3 und 4 (Formulierungsbeispiele).
31. MünchKomm-Wacke, § 1357 Rdn. 37; Palandt-Brudermüller, § 1357 Rdn. 20.
32. Erwerb zu Miteigentum bei Hausrat, BGH NJW 1991, 2283; vgl. auch OLG Koblenz NJW-RR 1992, 706.
33. § 8 HausratsVO. Nach Abs. 2 gilt eine (widerlegbare) Vermutung, daß während der Ehe für den gemeinsamen Haushalt angeschaffter Hausrat, unabhängig vom Güterstand, gemeinsames Eigentum ist.
34. Palandt-Diederichsen, § 1360 Rdn. 1.
35. Übersicht bei Palandt-Brudermüller, § 1360 Rdn. 1, 2.
36. Vgl. nur Palandt-Brudermüller, § 1360 Rdn. 5.
37. Der Meinung Langenfelds (Handbuch, 2. Aufl., Rdn. 73), Vereinbarungen der Eheleute über den Familienunterhalt seien „unerläßlich", ist entgegenzuhalten, daß eine Klage auf Erfüllung der Unterhaltspflicht bei Änderung der tatsächlichen Verhältnisse zulässig bleibt. Verliert bei einer Doppelverdienerehe und Vereinbarung hälftiger Tragung der Unterhaltskosten ein Ehegatte sein Arbeitseinkommen, lebt der Unterhaltsanspruch auf. Langenfeld (Handbuch, Rdn. 75) räumt ein, daß eine einseitige Aufkündigung der vereinbarten Rollenverteilung sanktionslos bleibt. Dann verliert aber auch eine Unterhaltsvereinbarung jede rechtliche Bedeutung.

C. Weiterführende Hinweise 151

38. Zu den Vereinbarungsmöglichkeiten Langenfeld, Handbuch, Rdn. 726; MünchKomm–Wacke, § 1361 Rdn. 25; BGH FamRZ 1997, 487.
39. Die Vorschrift gilt für jeden Güterstand, also auch bei Vereinbarung der Gütertrennung. Zweck ist der Schutz der Gläubiger vor einer Verschleierung der Eigentumslage durch ein Zusammenwirken der Ehegatten (BGH, NJW 1976, 238).
40. Die Vorschrift ist zwingend, kann also nicht durch Ehevertrag ausgeschlossen werden. Sie gilt nur für bewegliche Sachen, soweit sie nicht ausschließlich zum Gebrauch eines Ehegatten bestimmt sind (Kleidung, Schmuck, Arbeitsgerät). Zu den vollstreckungsrechtlichen Fragen vgl. MünchKomm-Wacke, § 1362 Rdn. 32 ff. Zur Bedeutung eines Hausratsverzeichnisses, Schwarz DNotZ 1995, 115.
41. Zu den sachenrechtlichen Voraussetzungen der Übereignung beweglicher Sachen, die sich im Mitbesitz beider Ehegatten befinden, vgl. MünchKomm-Gernhuber, § 1363 Rdn. 14.
42. Literaturhinweise: Meincke, Güterstandsvereinbarungen aus einkommen- und erbschaftsteuerlicher Sicht, DStR 1986, 135; Voss, Eheverträge in steuerlicher Sicht, DB 1988, 1084 (mit weiteren Nachweisen); zu Modifikationen der Zugewinngemeinschaft und ihren Erbschaftsteuer-Folgen, Felix, KÖSDI 1990, 8027; Langenfeld in Münchener Vertragshandbuch, 3. Aufl., Band 4, 2. Halbband, Anm. 6 zu Form. XI 1.
43. Der (ganze oder teilweise) Ausschluß des Versorgungsausgleichs hat keine einkommensteuerrechtlichen Auswirkungen und keine schenkungsteuerliche Folge (Meincke DStR 1971, 370); nichts anderes gilt für den vollständigen oder eingeschränkten Verzicht auf nachehelichen Unterhalt (Langenfeld, NJW 1981, 2377/2381).
44. Meincke, ErbStG, 12. Aufl. 1999, § 5 Rdn. 38 ff.
45. § 3 Nr. 4 GrEStG. Eine freigebige Zuwendung wird nur in Ausnahmefällen angenommen werden können, wenn eindeutig feststeht, daß die Übertragung nicht zum Ausgleich bisher entstandenen Zugewinns erfolgt, etwa nach einer Ehezeit von wenigen Wochen.
46. Zu den steuerlichen Fragen bei Begründung und Beendigung der Gütergemeinschaft vgl. Langenfeld, Handbuch, Rdn. 503.
47. Zu den Steuerfragen beim nachehelichen Unterhalt, Langenfeld, Handbuch, Rdn. 873 ff.
48. Vgl. hierzu Rdn. 62.
49. Erbschaftsteuer-Richtlinien (BStBl I 1998, 1529) R 11 Abs. 3 S. 3; hierzu Piltz, ZEV 1999, 98.
50. Zu Einzelheiten der Kostenberechnung bei Eheverträgen vgl. Korintenberg/Lappe/Bengel/Reimann, Kostenordnung, 14. Aufl. 1999, § 39 Rdn. 71 ff.
51. MünchKomm-Kanzleiter, § 1410 Rdn. 6.
52. BGH, DNotZ 1999, 46.
53. BGH, FamRZ 1966, 492; zur Verweigerung der Amtstätigkeit des Notars bei Beurkundung eines Ehevertrages anläßlich einer Scheinehe, Reul, MittBayNot 1999, 248.
54. Nach § 1408 Abs. 1 BGB kann die Aufhebung oder Änderung des Güterstandes nur durch Ehevertrag erfolgen; für Vereinbarungen zum Versorgungsausgleich schreibt § 1408 Abs. 2 BGB den Ehevertrag vor. Dagegen sind die Aufhebung oder die Änderung eines Verzichts auf nachehelichen Unterhalt formfrei möglich.
55. Das ergibt sich aus dem Wortlaut von § 1408 Abs. 1 BGB: „auch nach der Eingehung der Ehe".
56. BayObLGZ 1957, 49.
57. § 1411 BGB; Einzelheiten bei MünchKomm-Kanzleiter, § 1411 Rdn. 2 ff.
58. Langenfeld, Handbuch, Rdn. 660.

59. Zum Güterrechtsregister vgl. §§ 1558 ff. BGB. Eintragungen im Güterrechtsregister sind nur deklaratorisch; der gute Glaube an die Richtigkeit einer eingetragenen Tatsache wird nicht geschützt. Nach § 1412 BGB genießt das Register nur negative Publizität. Die Forderung nach Abschaffung des Güterrechtsregisters ist berechtigt, vgl. Reithmann, DNotZ 1961, 3, 16; 1984, 459. Eintragungsfähig sind nur Vereinbarungen, die die Rechtslage Dritter unmittelbar beeinflussen, also ein Wechsel des Güterstandes, nicht aber Vereinbarungen über den Zugewinnausgleich („modifizierte Zugewinngemeinschaft") unter Beibehaltung der Zugewinngemeinschaft im übrigen (BGH, NJW 1976, 1258).
60. Zuständig ist nach § 1558 BGB das Amtsgericht, in dessen Bezirk auch nur einer der Ehegatten seinen gewöhnlichen Aufenthalt hat. Der Antrag ist in öffentlich beglaubigter Form zu stellen, § 1560 S. 2 BGB. Antragsberechtigt ist nach § 1561 Abs. 2 Nr. 1 BGB jeder Ehegatte einzeln. Für die Eintragung in das Güterrechtsregister wird nach § 81 KostO die volle Gebühr erhoben.
61. Eine von mir durchgeführte Umfrage bei Kollegen hat bestätigt, daß dieser Irrtum das bei weitem häufigste Motiv für die Vereinbarung der Gütertrennung ist.
62. Zur Mithaftung für gemeinsame Bankkredite, vgl. zum Meinungsstand Reitner ZiP 1990, 427. Zum Gesamtschuldnerausgleich vgl. Palandt-Brudermüller § 1372 Rdn. 7.
63. Langenfeld, Handbuch, Rdn. 130.
64. Mit den Beschränkungen aus den §§ 1365–1369 BGB.
65. Durch Vertrag kann eine Ehegatte nach § 1413 BGB die Verwaltung seines Vermögens dem anderen Ehegatten überlassen (vgl. MünchKomm-Kanzleiter, § 1413). Die ehevertraglich zu vereinbarende unwiderrufliche Überlassung der Vermögensverwaltung spielt in der Praxis keine Rolle. Auch die unwiderrufliche Überlassung der Vermögensverwaltung hat nur Bedeutung zwischen den Ehegatten; zur Vertretung im Außenverhältnis ist die Erteilung einer Vollmacht erforderlich. Formulierungsbeispiel in Beck'sches Formularbuch, V. 5.
66. Ausgenommen etwaige Wertsteigerungen, vgl. hierzu Rdn. 48.
67. MünchKomm-Gernhuber, Vor § 1363 Rdn. 8.
68. MünchKomm-Gernhuber, Vor § 1363 Rdn. 8 aber Kritik bei Palandt-Brudermüller, vor § 1363 Rdn. 7 ff.
69. Die Ehegatten können durch Zuwendungen, die der eine dem anderen aus seinem Einkommen oder Vermögen macht, den Zugewinnausgleich vorwegnehmen. Sie können z. B. gemeinsam ein Einfamilienhaus oder eine Eigentumswohnung zum hälftigen Miteigentum erwerben; hierin liegt, wenn die Mittel aus dem Vermögen eines Ehegatten stammen, eine ehebedingte Zuwendung. Sie können gemeinsame Konten haben mit der Vereinbarung gemeinsamer hälftiger Berechtigung. Zuwendungen eines Ehegatten an den anderen während der Ehe werden, soweit es nicht um Gelegenheitsgeschenke geht, beim Ausgleich des Zugewinns bei Scheidung der Ehe berücksichtigt (zu den Einzelheiten vgl. Rdn. 143).
70. Einleuchtende Beispiele bei MünchKomm-Gernhuber, Vor § 1363 Rdn. 10.
71. MünchKomm-Gernhuber, § 1373 Rdn. 3: keine Vermögensmasse.
72. BGH, NJW 1995, 2165; nach Palandt-Brudermüller (§ 1374 Rdn. 8) verfassungsrechtlich bedenklich.
73. Ausgenommen reale Wertsteigerungen, die ausgleichspflichtig sind, vgl. Rdn. 48.
74. Einzelheiten bei MünchKomm-Gernhuber, § 1374 Rdn. 17 ff. und Palandt-Brudermüller, § 1374 Rdn. 15 ff. Verbindlichkeiten aus dem privilegierten Erwerb sind abzuziehen. Bei einem negativen Anfangsvermögen ist nach wohl h. M. der privilegierte Erwerb auf das Defizit zu verrechnen (vgl. MünchKomm-Gernhuber, § 1374 Rdn. 16).

C. Weiterführende Hinweise 153

75. Nacherbschaften werden mit dem realen Wertzuwachs bis zum Nacherbfall dem Anfangsvermögen zugerechnet, BGHZ 87, 367=NJW 1983, 2244.
76. Geldzuwendungen naher Verwandter sind den Einkünften i.S. des § 1374 Abs. 2 BGB nur zuzurechnen, wenn sie zur Deckung des laufenden Lebensbedarfs, nicht aber zur Vermögensbildung bestimmt sind, BGHZ 101, 229=NJW 1987, 2816.
77. Stichtag ist der Tag des Vertragsschlusses. Zivilrechtlich ist anerkannt, daß beim Übergang von der Gütertrennung zum gesetzlichen Güterstand der Zugewinnausgleich rückwirkend für die gesamte Ehedauer vereinbart werden kann, da § 1374 BGB (Anfangsvermögen) dispositives Recht ist (Palandt-Brudermüller, § 1374 Rdn. 4).
78. BGH, FamRZ 1986, 36; MünchKomm-Gernhuber § 1376 Rdn. 8.
79. Vgl. MünchKomm-Gernhuber, § 1376 Rdn. 21 ff., 24 ff. und 27 ff.
80. Einzelheiten bei MünchKomm-Gernhuber, § 1376 Rdn. 32; Palandt-Brudermüller, § 1376 Rdn. 4. Die Durchführung des Zugewinnausgleichs auf der Grundlage des Ertragswertverfahrens ist verfassungswidrig, wenn nicht damit gerechnet werden kann, daß der Eigentümer oder ein Abkömmling den landwirtschaftlichen Betrieb weiterführen oder wieder aufnehmen wird, sondern allenfalls ein entfernterer Verwandter, vgl. BVerfG, DNotZ 1990, 302 und DNotZ 1985, 149.
81. Palandt-Brudermüller, § 1380 Rdn. 1.
82. BGHZ 46, 343=NJW 1966, 2109; 61=NJW 1974, 137; Zustimmend MünchKomm-Gernhuber, § 1374 Rdn. 13; a.A. mit beachtlichen Gründen Werner, DNotZ 1978, 66 und 1980, 775.
83. Der Geldwertverlust als nur scheinbarer Zugewinn wird durch eine Umrechnung des Anfangsvermögens auf den Geldwert im Zeitpunkt der Beendigung des Güterstandes herausgerechnet nach der Formel: Anfangsvermögen×Index des statistischen Bundesamts für alle privaten Haushalte zum Zeitpunkt der Beendigung des Güterstandes: Index zum Zeitpunkt des Beginns des Güterstandes, vgl. MünchKomm-Gernhuber, § 1373 Rdn. 7.
84. BGH, ZNotP 1999, 293.
85. Palandt-Brudermüller, § 1371 Rdn. 12.
86. Schlägt der Ehegatte die Erbschaft nicht aus, steht ihm nach § 2305 BGB ein Zusatzpflichtteil zu, wenn sein Erbteil geringer ist als die Hälfte des gesetzlichen Erbteils (erhöht um ein Viertel der Erbschaft als pauschaler Zugewinnausgleich nach § 1371 Abs. 1 BGB).
87. Zur güterrechtlichen Lösung im Erbfall vgl. MünchKomm-Gernhuber, § 1371 Rdn. 32; Palandt-Brudermüller, § 1371 Rdn. 12 ff.
88. Die Gütertrennung hat keine Auswirkung auf das Pflichtteil, wenn nur ein Kind vorhanden ist, wohl aber bei zwei und mehr Kindern. Nach § 1931 Abs. 4 BGB sind als gesetzliche Erben neben dem überlebenden Ehegatten ein oder zwei Kinder zu gleichen Teilen berufen; bei drei oder mehr Kindern erbt der überlebende Ehegatte ein Viertel; die Pflichtteilsansprüche der Kinder machen insgesamt $^3/_8$ des Nachlaßwerts aus.
89. Langenfeld, Handbuch, Rdn. 94 ff.
90. Unter Vermögen ist das Aktivvermögen zu verstehen, so daß beim Wertvergleich (zur Beantwortung der Frage, ob das „nahezu gesamte" Vermögen veräußert wurde) dinglich gesicherte Verbindlichkeiten (auf dem Grundstück eingetragene Grundpfandrechte) abzuziehen sind. Verbleibt ein Vermögen von 30% oder mehr, ist die Vorschrift nicht anzuwenden, wohl aber bei weniger als 15% bei einem kleineren Vermögen (BGH, NJW 1980, 2350) und weniger als 10% bei einem größeren Vermögen (BGH, NJW 1991, 1739). Der gezahlte Kaufpreis darf in den Wertvergleich nicht eingestellt werden (BGH, NJW 1961, 1301). Die Vorschrift findet allerdings nur Anwendung, wenn der Käufer bei

Abschluß des schuldrechtlichen Vertrages weiß, daß er das „nahezu gesamte" Vermögen erwirbt (BGH, NJW 1989, 1609).
91. Vgl. hierzu MünchKomm-Gernhuber, § 1365 Rdn. 91 ff. und Beck'sches Formularbuch zum Bürgerlichen, Handels- und Wirtschaftsrecht, Form. V 7.
92. Vgl. Beck'sches Formularbuch zum Bürgerlichen, Handels- und Wirtschaftsrecht, Form. V 8; Palandt-Brudermüller, § 1365 Rdn. 1.
93. Langenfeld, Handbuch, Rdn. 107.
94. Zu weiteren Fällen vgl. Palandt-Brudermüller, § 1414 Rdn. 1.
95. Reinartz NJW 1977, 83; MünchKomm-Kanzleiter, § 1414 Rdn. 7, dort auch zu der Frage, was gilt, wenn eine ausdrückliche Vereinbarung nicht getroffen wurde. Die Fälle sind wohl nur theoretisch, da die Notare auf die Rechtsfolge eines Ausschlusses des Versorgungsausgleichs für den Güterstand hinweisen und im Ehevertrag ausdrücklich gesagt wird, ob Gütertrennung gewollt wird oder nicht.
96. BayObLG, FamRZ 1961, 220; MünchKomm-Kanzleiter, Vor § 1414 Rdn. 1.
97. Darauf weist Langenfeld, Handbuch, Rdn. 410 hin: „Die Gütertrennung ist der Güterstand des Bürgertums mit überdurchschnittlichem Vermögen und Einkommen" (ähnlich MünchKomm-Kanzleiter, Vor § 1414 Rdn. 6).
98. Daher kann ich mich der Wertung Langenfelds (Handbuch, Rdn. 410) nicht anschließen. Die Gütertrennung ist in seltenen Ausnahmefällen der „richtige" Güterstand. Das gilt auch für den Unternehmer oder Freiberufler. „Klarheit und Einfachheit" der Gütertrennung sind vordergründige Vorzüge, die den Blick auf die entscheidende Frage versperren, ob der umfassende Verzicht auf Zugewinnausgleich für jeden Fall der Beendigung des Güterstandes (Scheidung oder Tod) auch richtig ist.
99. Darin liegt das maßgebliche Bedenken gegen die Empfehlung von Langenfeld (Handbuch, Rdn. 410), die Gütertrennung sei ein Güterstand „für aufgeklärte und wache Eheleute".
100. So etwa die pauschale Empfehlung (MünchKomm-Kanzleiter, Vor § 1414 Rdn. 8), die Vereinbarung der Gütertrennung könne „im Interesse des Unternehmens" (auch des anderen Ehegatten?) sein, wenn der erwartete Zugewinn eines Ehegatten im Wertzuwachs eines Unternehmens oder einer Unternehmensbeteiligung liegt.
101. Palandt-Brudermüller, § 1374 Rdn. 4; MünchKomm-Gernhuber, § 1374 Rdn. 28.
102. Hierzu Weinmann, DStR 1993, 381..
103. Prinz, Rückwirkende Zugewinngemeinschaft kann erbschaftsteuerlich immer noch sinnvoll sein, ZEV 1995, 330.
104. Vertragmuster in Beck'sches Formularbuch zum Bürgerlichen, Handels- und Wirtschaftsrecht, V 13 und 14. Im ländlichen Bereich hat die Gütergemeinschaft wohl heute noch eine Berechtigung. Eine gute Übersicht über die Vor- und Nachteile der Gütergemeinschaft bei MünchKomm-Kanzleiter, Vor § 1415 Rdn. 15 ff.
105. Vgl. Langenfeld, Handbuch, Rdn. 247.
106. Palandt-Brudermüller, Einf. v. § 1587 Rdn. 1.
107. MünchKomm-Maier, Vor § 1587 Rdn. 1.
108. MünchKomm-Maier, Vor § 1587 Rdn. 2.
109. BGH, NJW 1995, 2781; Schmalz-Brüggemann, Die private Lebensversicherung im Zugewinnausgleich, FamRZ 1996, 1053.
110. Palandt-Brudermüller, Einf. v. § 1587 Rdn. 6.
111. Palandt-Brudermüller, § 1408 Rdn. 16.
112. Der Scheidungsantrag ist „gestellt" mit Zustellung der Antragsschrift an den Antragsgegner, BGH, FamRZ 1985, 45=NJW 1985, 315, vgl. zu den Förmlichkeiten BGH, FamRZ 1987, 365.
113. Palandt-Brudermüller, § 1408 Rdn. 14; Eichenhofer, DNotZ 1994, 222.

C. Weiterführende Hinweise

114. Zu dieser Kombination auch Langenfeld, Handbuch, Rdn. 573; MünchKomm-Kanzleiter, § 1408 Rdn. 32, Reinartz, DNotZ 1978, 267; Schwab, DNotZ 1977, 51** (67**). Die Rechtsprechung hat sie anerkannt: BVerfG, FamRZ 1985, 1007; BGH, NJW 1986, 2313. Die konkrete Scheidungsabsicht steht der Wirksamkeit des (ehevertraglichen) Ausschlusses des Versorgungsausgleichs nach § 1408 Abs. 2 BGB nicht entgegen (BGH, FamRZ 1983, 459; OLG Frankfurt, FamRZ 1986, 1005; Palandt-Brudermüller, § 1408 Rdn. 14).
115. Ruland, NJW 1976, 1715; vgl. hierzu insbesondere Eichhofer, Ausschluß des Versorgungsausgleichs durch Ehevertrag, DNotZ 1994, 213; zur Frage der Sittenwidrigkeit, S. 222.
115a. OLG Schleswig-Holstein, MittBayNot 1999, 384 (mit abl. Anm. Grziwotz).
116. OLG Köln, FamRZ 1981, 1087: Verzicht der Ehefrau nach 20jähriger Ehe auf Zugewinn, Versorgungsausgleich und Unterhalt, OLG Frankfurt, FamRZ 1983, 176.
117. AG Solingen, FamRZ 1990, 635; a. A. zu Recht Grziwotz, Beck'sches Notar-Handbuch, B I. Rdn. 140.
118. Palandt-Brudermüller, § 1408 Rdn. 14; MünchKomm-Kanzleiter, § 1408 Rdn. 33; Zimmermann/Becker, FamRZ 1983, 1; Soergel-Gaul, § 1408 Rdn. 39; differenzierend Eichhofer, DNotZ 1994, 213, 222; verfehlt OLG Schleswig-Holstein, DNotZ 1999, 747.
119. A. A. wohl OLG Köln, DNotZ 1981, 444 mit abl. Anm. Hornhardt.
120. Palandt-Brudermüller, § 1408 Rdn. 9 mit deutlichen Hinweisen auf die Nachteile des Ausschlusses.
121. Langenfeld, Handbuch, Rdn. 245.
122. Typenverfehlung ist naheliegend bei der Doppelverdienerehe mit unterschiedlich hohem Einkommen, im Fall des langen Getrenntlebens und bei unterschiedlicher Vorsorge für das Alter, hierzu Langenfeld, Handbuch, Rdn. 547; Schwab, DNotZ 1977, 51** (61**); Battes, Sinn und Grenzen des Zugewinnausgleichs, FuR 1990, 311.
123. Nachweise bei MünchKomm-Richter, Vor § 1569 Rdn. 7; Diederichsen, Geschiedenenunterhalt – Überforderung nachehelicher Solidarität, NJW 1993, 2265.
124. Palandt-Brudermüller, vor § 1569 Rdn. 4.
125. Insbesondere als Kombination von Stammunterhalt und Anschlußunterhalt, Palandt-Brudermüller, vor § 1569 Rdn. 5.
126. BGH, NJW 1982, 40 und 929.
127. BVerfG, NJW 1981, 1771; BGH, NJW 1985, 1835.
128. Nicht dagegen vor- und außereheliche Kinder und gemeinschaftliche Pflegekinder (BGH, NJW 1984, 1538) oder Stiefkinder.
129. OLG Zweibrücken FamRZ 1989, 1192: nach Vollendung des 16. Lebensjahres.
130. Nachweise und Einzelheiten bei Palandt-Brudermüller, § 1570 Rdn. 13.
131. Nachweise und Einzelheiten bei Palandt-Brudermüller, § 1571 Rdn. 3.
132. Nachweise und Einzelheiten bei Palandt-Brudermüller, § 1573 Rdn. 31 ff.
133. Palandt-Brudermüller, § 1576 Rdn. 6.
134. Dem Einkommen werden z. B. auch zugerechnet: Wohngeld, BAföG, Kindergeld, nicht dagegen Arbeitslosenhilfe (BGH, NJW 1987, 1551).
135. BGH, NJW 1985, 990; 1986, 1342.
136. Palandt-Brudermüller, § 1577 Rdn. 34.
137. Unterhaltsrechtliche Leitlinien und Tabellen der Oberlandesgerichte mit der Düsseldorfer Tabelle, Beilage zu NJW Heft 34/1999.
138. Zum Umfang des Lebensbedarf, Palandt-Brudermüller, § 1578 Rdn. 38 ff.
139. Vgl. hierzu Palandt-Brudermüller, § 1578 Rdn. 34 ff.
140. BGH, NJW 1982, 1645; 1983, 638; Palandt-Brudermüller, § 1578 Rdn. 39.
141. Palandt-Brudermüller, § 1579 Rdn. 8.
142. Palandt-Brudermüller, § 1579 Rdn. 23 ff.

143. BGH, FamRZ 1991, 306; OLG Hamm, FamRZ 1982, 1215; MünchKomm-Richter, § 1585c Rdn. 14.
144. Langenfeld, Handbuch, Rdn. 362 m. w. Nachw.; Palandt-Brudermüller, § 1585c Rdn. 3.
145. Letztlich nicht entschieden, aber eindeutig in diese Richtung weisend, BGH, FamRZ 1987, 691; wie hier Palandt-Brudermüller, § 1585c, Rdn. 3; Langenfeld, Handbuch, Rdn. 632; Rau, MittRhNotK 1988, 187/188.
146. Vgl. nur MünchKomm-Richter, § 1585c Rdn. 28; BGH, NJW 1985, 1933; OLG Hamm, FamRZ 1982, 1215; Langenfeld, Handbuch, Rdn. 633; BGH, NJW 1992, 3164.
147. Vgl. hierzu ausführlich Rau, MittRhNotK 1988, 187/194.
148. BGH, NJW 1985, 1833; FamRZ 1991, 306.
149. OlG Hamm, FamRZ 1982, 1215; Rau, MittRhNotK 1988, 187/196.
150. BGHZ 86, 82=NJW 1983, 1851. Anders bei einem Verzicht auf nachehelichen Unterhalt, den die künftigen Eheleute vor der Eheschließung vereinbaren, BGH, DNotZ 1993, 524 mit eingehender Darstellung, in welchen Fällen Sittenwidrigkeit gegeben sein kann. Vgl. hierzu Hex, Nachehelicher Unterhalt zwischen Vertragsfreiheit und soialrechtlichem Allgemeinvorbehalt, FamRZ 1996, 981. Zur Sittenwidrigkeit des Unterhaltsverzichts bei Alkoholabhängigkeit des Verzichtenden, OLG Köln, MittBayNot 1999, 383.
151. BGH, NJW 1985, 1835; 1987, 776; 1992, 3164; 1995, 717 u. 1148; OLG Celle, NJW-RR 1992, 903; OLG Bamberg, FamRZ 1991, 1060; vgl. auch Palandt-Brudermüller, § 1585c Rdn. 19; Herb, NJW 1987, 1525. BSG, FamRZ 1985, 1127; LSG Berlin, NJW 1985, 2287; Gitter, DNotZ 1984, 595/614.
152. OLG Düsseldorf, DNotZ 1997, 656; hierzu Lenz, MittBayNot 1999, 152.
153. Langenfeld (Handbuch, Rdn. 836 mit Formulierungsvorschlag) empfiehlt einen aufschiebend bedingten Verzicht auf Unterhalt mit Eintritt des beiderseitigen Rentenfalls, um diese unerwünschte Konsequenz zu vermeiden.
154. Ebenso unzulässig ist es, wenn Ehegatten die Scheidung ihrer Ehe ausschließen (BGHZ 97, 304) oder sich einseitig verpflichten, künftig keinen Scheidungsantrag zu stellen (BGH, NJW 1990, 703). Zulässig ist es, daß sich ein Ehegatte verpflichtet, an den anderen Ehegatten eine Abfindungssumme zu zahlen, falls er einen Scheidungsantrag einreichen sollte (BGH, NJW 1990, 703; Palandt-Brudermüller, § 1564 Rdn. 4).
155. Vgl. neben Langenfeld (Handbuch, Rdn. 119 ff.): Cypionka, Vereinbarungen über den Zugewinnausgleich in Eheverträgen und Scheidungsvereinbarungen, MittRhNotK 1986, 157; Beck'sches Formularbuch, V. 10; Grziwotz, Beck'sches Notar-Handbuch, Bl. Rdn. 56 ff. Schwab, Gestaltungsfreiheit und Formbindung im Ehevermögensrecht und die Eherechtsreform, DNotZ 1977, 51**; Zöllner, Vertragsfreiheit und Bindung an den Typus im ehelichen Güterrecht, FamRZ 1965, 113; Büttner, FamRZ 1998, 1. Der BGH (vgl. zuletzt DNotZ 1999, 514) erkennt Modifizierungen des gesetzlichen Güterstandes nicht nur an, er hält sich auch – etwa bei einer Unternehmerehe – für eine „angemessene und interessengerechte" Gestaltung.
156. Langenfeld, Handbuch, 2. Aufl., Rdn. 161.
157. Damit wird in den meisten Fällen dem eigentlichen Anliegen, das hinter dem Wunsch nach Gütertrennung steht, Rechnung getragen. Die Zulässigkeit dieser Modifizierung ist unbestritten, vgl. nur Soergel/Gaul, § 1408 Rdn. 18; Palandt-Brudermüller, § 1408 Rdn. 18.
158. Bleibt es beim Zugewinnausgleich im Todesfall, steht es dem überlebenden Ehegatten frei, durch Ausschlagung der Erbschaft oder des Vermächtnisses die güterrechtliche Lösung zu wählen, falls sie für ihn günstiger ist.
159. In diesem Fall werden die Eheleute den Ehevertrag mit einem Erbvertrag verbinden. Dabei ist stets die Frage zu klären, ob die gegenseitige Erbeinsetzung

C. Weiterführende Hinweise

(gegebenenfalls auch die Schlußerbeinsetzung der gemeinsamen Kinder) mit oder ohne erbvertragliche Bindung gewünscht wird. Bei jüngeren Eheleuten ist ein Rücktrittsvorbehalt (§ 2293 BGB) sachgerecht. Die Schlußerbeinsetzung sollte durch einseitige Verfügung von Todes wegen erfolgen, zumindest ein Änderungsvorbehalt vorgesehen werden. Zum Ehevertrag und Testament junger Eheleute, vgl. Brambring, ZAP 1989, 199.

160. Vgl. nur Palandt-Brudermüller, § 1365 Rdn. 1 und Lange, FamRZ 1964, 546.
161. Die Zulässigkeit von Bedingungen und Befristungen güterrechtlicher Vereinbarungen ist unbestritten, vgl. statt aller Soergel-Gaul, § 1408 Rdn. 4.
162. Langenfeld, Handbuch, Rdn. 167; Knur, DNotZ 1957, 451/482; Cypionka, MittRhNotK 1986, 159.
163. Langenfeld, Handbuch, Rdn. 366.
164. Vgl. BGH, NJW 1995, 2165. Der BGH hält an seiner Rspr. fest, daß das Anfangsvermögen für die Berechnung des Zugewinns auch dann mit Null anzusetzen ist, wenn ein Ehegatte bei Eheschließung überschuldet war. Eine Verrechnung der Schulden mit einem späteren privilegierten Erwerb i. S. von § 1374 Abs. 2 BGB kommt grundsätzlich nicht in Betracht. Vgl. auch Langenfeld, Handbuch, Rdn. 386. Die Festsetzung eines negativen Anfangsvermögens des verschuldeten Ehegatten ist nach h. M. zulässig, vgl. MünchKomm-Gernhuber, § 1381 Rdn. 25; Cypionka, MittRhNotK 1986, 157/160. Das Formulierungsbeispiel stellt sicher, daß auch ein privilegierter Erwerb nach § 1374 Abs. 2 BGB, etwa eine Erbschaft während der Ehe, mit den Schulden verrechnet wird.
165. Palandt-Brudermüller, § 1377 Rdn. 4.
166. Cypionka, MittRhNotK 1986, 157/160.
167. Langenfeld, Handbuch, Rdn. 385.
168. Palandt-Brudermüller, § 1378 Rdn. 13.
169. Langenfeld, Handbuch, Rdn. 215 f.
170. Langenfeld, Handbuch, Rdn. 391.
171. BGHZ 61, 385=DNotZ 1974, 445.
172. Da es sich bei Anfangs- und Endvermögen lediglich um jeweils auf einen Stichtag bezogene Rechnungsgrößen handelt, wird stets die allein durch die Geldentwertung eingetretene nominale Wertsteigerung des Anfangsvermögens (=unechter Zugewinn) vom ausgleichspflichtigen Zugewinn ausgenommen (vgl. BGHZ 61, 385; BGH, NJW 1984, 434; Palandt-Brudermüller, § 1376 Rdn. 11 ff. m. w. Nachw.).
173. Weitere Varianten bei Langenfeld, Handbuch, Rdn. 369.
174. Einer ausdrücklichen Vereinbarung bedarf es m. E. nicht (a. A. Langenfeld, Handbuch, Rdn. 375, der noch weitergehend die Eheleute verpflichten will, die Surrogate in der Form des Ehevertrages zu verzeichnen).
175. Anders wären Verwendungen des anderen Ehegatten regelmäßig verloren, was nicht gewollt sein wird, vgl. hierzu auch Langenfeld, Handbuch, Rdn. 376; Cypionka, MittRhNotK 1986, 157/162.
176. Auf die Mißbrauchsmöglichkeiten (Verschiebung von Vermögenswerten in der Ehekrise aus dem Privatvermögen in das (nichtausgleichspflichtige) Betriebsvermögen weist Mayer zutreffend hin (DStR 1993, 91 und MittBayNot 1993, 342).
177. Handbuch, Rdn. 404.
178. Langenfeld (Handbuch, Rdn. 356 ff.) führt weitere Vereinbarungsmöglichkeiten an (mit Formulierungsbeispielen), deren praktische Bedeutung allerdings äußerst gering ist. Dies gilt insbesondere für die von ihm vorgeschlagenen Vereinbarungen hinsichtlich der Bewertung von Vermögensgegenständen des Privatvermögens. Diskutiert werden zum Beispiel folgende Vereinbarungen:
a) Einseitiger Ausschluß des Zugewinnausgleichs für nur einen Ehegatten (hierzu OLG Stuttgart, DNotZ 1983, 693 m. Anm. Kanzleiter; MünchKomm-Kanzleiter, § 1408 Rdn. 14).

b) Limitierung des Endvermögens auf einen Höchstbetrag („Sollte das Endvermögen des ausgleichpflichtigen Ehegatten höher als x-DM sein, wird hinsichtlich des darüber hinausgehenden Betrages der Zugewinnausgleich ausgeschlossen").
c) Abweichende Ausgleichsquote (Zugewinnausgleich in Höhe von $^2/_3$ des Überschusses oder $^1/_4$ des Überschusses). Erhöhungen oder Kürzungen der Ausgleichsquote des § 1378 BGB werden als zulässig angesehen.
d) Vereinbarungen über die Art und Weise der Erfüllung der Zugewinnausgleichsforderung, vgl. hierzu Cypionka, MittRhNotK 1984, 157/164.

Praktische Anwendungsfälle, in denen eine dieser Vereinbarungen sachgerecht ist, lassen sich allerdings für den Ehevertrag (anders bei der konkreten Scheidungsfolgenvereinbarung) kaum bilden.

179. Zu den Schranken der Ehevertragsfreiheit allgemein, vgl. Palandt-Brudermüller, § 1408 Rdn. 19. Die Diskussion, ob sich etwa aus dem „Wesen der Ehe", aus dem Verbot der „Denaturierung eines Güterstandes" oder dem Verbot von „Mischgüterständen" Beschränkungen der Gestaltungsfreiheit folgen, darf als erledigt angesehen werden, vgl. hierzu Nachweise bei Soergel/Gaul § 1408 Rdn. 12 ff.; BGH, DNotZ 1999, 514.
180. Palandt-Brudermüller, § 1408, Rdn. 21.
181. Gruntkowski, Grundfagen des Versorgungsausgleichs in der notariellen Praxis (mit zahlreichen Formulierungsbeispielen), MittRhNotK 1993, 1; Eichenhofer, Ausschluß des Versorgungsausgleichs, DNotZ 1994, 213; Becker, Versorgungsausgleichs-Verträge, 1983; Graf, Dispositionsbefugnisse über den Versorgungsausgleich im Rahmen einer ehevertraglichen Vereinbarung gemäß § 1408 Abs. 2 BGB, 1985; Kniebes/Kniebes, der Versorgungsausgleich nach dem 1. Eherechtsreformgesetz in der Praxis des Notars, DNotZ 1977, 269; Langenfeld, Vereinbarungen über den Versorgungsausgleich in der Praxis, NJW 1978, 1503; von Maydell, Dispositionsmöglichkeiten der Ehegatten im Rahmen des Versorgungsausgleichs, FamRZ 1978, 749; Reinartz, Vertragliche Gestaltung des Versorgungsausgleichs, NJW 1977, 81 und DNotZ 1978, 267; Bergschreider, Vereinbarungen zum Versorgungsausgleich, MittBayNot 1999, 144.
182. BGH, NJW 1986, 2316; OLG Koblenz, FamRZ 1986, 273; zuletzt BGH, MittBayNot 1990, 115.
183. Palandt-Brudermüller, § 1408 Rdn. 10; Soergel/Gaul, § 1408 Rdn. 30 ff. m. w. Nachw.
184. Die Zulässigkeit ist unbestritten, vgl. Soergel/Gaul, § 1408 Rdn. 29; Palandt-Brudermüller, § 1408 Rdn. 11; Langenfeld, NJW 1978, 1503/1508.
185. Vereinbarungen, nach denen in den Versorgungsausgleich nur die bis zu einem bestimmten Zeitpunkt vor Scheidung erworbenen Anwartschaften einbezogen werden, sind ebenfalls möglich, BGH, MittBayNot 1990, 115; Palandt-Brudermüller, § 1408 Rdn. 11.
186. Für die Ansicht, ein befristeter Ausschluß des Versorgungsausgleichs für eine bestimmte Ehezeit, könne sittenwidrig und daher unzulässig sein (LG Kassel, RPfleger 1978, 443), lassen sich keine Argumente finden. Wenn der unbefristete Ausschluß des Versorgungsausgleichs, der den sozial Schwächeren weit mehr trifft, zulässig ist, kann für den weniger weitgehenden befristeten Ausschluß nichts anderes gelten (so die ganz herrschende Meinung, vgl. Soergel/Gaul, § 1408 Rdn. 29 und MünchKomm-Kanzleiter, § 1408 Rdn. 19 m. w. Nachw.). Der auf eine kurze Ehedauer befristete Ausschluß des Versorgungsausgleichs ist in der Praxis von großer Bedeutung.
187. Reinartz, DNot 1978, 267/277.
188. MünchKomm-Kanzleiter, § 1408 Rdn. 24; Langenfeld, Handbuch, Rdn. 606.
189. BGH, NJW 1986, 2316; vgl. auch Langenfeld, Handbuch, Rdn. 600

C. Weiterführende Hinweise 159

190. Zur Zulässigkeit vgl. Palandt-Brudermüller, § 1408 Rdn. 11; Langenfeld, Handbuch, Rdn. 504.
191. Gruntkowski, MittRhNotK 1993, 1, 16.
192. BGH, NJW 1990, 1363; Langenfeld, Handbuch, Rdn. 583.
193. Langenfeld, Handbuch, Rdn. 600; Gruntkowski, MittRhNotK 1993, 1. In Stichworten weitere Vereinbarungsmöglichkeiten, die in der Praxis allerdings keine Bedeutung haben:
   a) Auflösend bedingter Ausschluß für den Fall, daß der Ausgleichsberechtigte Erbe eines Vermögens wird (Langenfeld, Handbuch, Rdn. 610).
   b) Ausschluß des Versorgungsausgleichs gegen Übereignung „versorgungsgeeigneter" Vermögensgegenstände, etwa eines Mehrfamilienhauses. Hiergegen spricht, daß bei Scheidung der Ehe über die laufenden Einkünfte hinaus das Eigentum bei dem Ausgleichsberechtigten verbleibt. Vorzuziehen ist die Bestellung eines Nießbrauchs. Ebenso nicht zu empfehlen ist ein Ausschluß des Versorgungsausgleichs gegen die Verpflichtung des Ehegatten, den anderen über die Scheidung hinaus in seinem Betrieb in einer geeigneten Position zu beschäftigen (a. A. Langenfeld, Handbuch, Rdn. 617).
194. BGH, NJW 1990, 1363.
195. Unzulässig ist die Einbeziehung außerhalb der Ehezeit erworbener Versorgungsanrechte (OLG Koblenz, FamRZ 1986, 273). Die Vereinbarung darf nicht zu einem nach § 1587o Abs. 1 S. 2 BGB unzulässigen Supersplitting führen (BGH, NJW 1990, 1363).
196. Vgl. nur Palandt-Brudermüller, § 1408 Rdn. 10; OLG Stuttgart, NJW 1983, 458: nicht verfassungswidrig.
197. Soergel/Gaul, § 1408 Rdn. 46 m. w. Nachw.
197. Eine konkrete Scheidungsabsicht steht der Wirksamkeit des Ausschlusses nicht entgegen (BGH, FamRZ 1983, 459; OLG Düsseldorf, FamRZ 1987, 953).
198. Vgl. hierzu: Giesing, Vereinbarungen über den nachehelichen Unterhalt in der Praxis, NJW 1982, 2711; Herb, Vereinbarung des Schuldprinzips in Ehe- und Scheidungsverträgen, FamRZ 1988, 123; Langenfeld, Vereinbarungen über den nachehelichen Unterhalt in der Praxis, NJW 1981, 2377; Rau, Unterhaltsvereinbarungen für die Zeit nach Beendigung der Ehe, MittRhNotK 1988, 187; Büttner, FamRZ 1998, 1.
199. Langenfeld, Handbuch, Rdn. 640. Sein Argument, auch bei der vorsorgenden Unterhaltsvereinbarung habe allein der Unterhaltsverzicht den „Vorteil der Eindeutigkeit und Klarheit", ist doch recht vordergründig.
200. Wenn etwa Langenfeld (Handbuch, Rdn. 640) den Unterhaltsverzicht bei einer Doppelverdienerehe als sachgerecht bezeichnet, kann dies nur für solche Ehen gemeint sein, bei denen etwa wegen vorgerückten Alters die Geburt eines Kindes ausgeschlossen werden kann.
201. So jetzt auch Langenfeld, Handbuch, Rdn. 642.
202. Möglich ist es selbstverständlich auch, den Fall der Unterhaltsbedürftigkeit nach Beendigung der Kindesbetreuung (§ 1572 Nr. 2 BGB) vom Unterhaltsverzicht auszunehmen.
203. Nach § 1579 Ziff. 1 BGB ist regelmäßig ein Unterhaltsanspruch ausgeschlossen, wenn „die Ehe von kurzer Dauer" war. Bei einer Ehedauer von mehr als drei Jahren verneint die Rspr. die kurze Dauer (Nachw. bei Palandt-Brudermüller, § 1579, Rdn. 8).
204. Weitere Formulierungsbeispiele bei Langenfeld, Handbuch, Rdn. 651 ff.
205. Unterhaltsansprüche bestehen nur für den Zeitraum, in dem die Notlage tatsächlich gegeben ist (BGH, NJW 1981, 51).
206. Langenfeld, Handbuch, Rdn. 643.
207. Gerade im Bereich des nachehelichen Unterhalts ist eine Vielzahl im Einzelfall sachgerechter Gestaltungsmöglichkeiten denkbar. Zu nennen sind:

a) Unterhaltsverzicht für den Fall des Scheidungsverschuldens. Nach § 1579 Nr. 6 BGB kann der Unterhaltsanspruch versagt, herabgesetzt oder zeitlich befristet werden, wenn dem Berechtigten ein „offensichtlich schwerwiegendes, eindeutig bei ihm liegendes Fehlverhalten gegen den Verpflichteten zur Last fällt". Die sog. negative Härteklausel im Unterhaltsrecht meint vor allem Ehewidrigkeiten (Ehebruch, Aufnahme einer nichtehelichen Lebensgemeinschaft mit einem Dritten, etc.). Die Verschuldensanalyse ist damit notwendig (BGH, NJW 1981, 2806). Zu den Einzelheiten vgl. Palandt-Brudermüller, § 1579 Rdn. 23 ff.). Ob darüber hinaus heute noch ein Bedürfnis besteht, eine Verschuldensklausel ehevertraglich zu vereinbaren, wird unterschiedlich gesehen (verneinend Langenfeld, Handbuch, Rdn. 647; bejahend Walter, NJW 1981, 1409 – allerdings zum früheren Recht). Unabhängig von den (unzutreffenden) Bedenken gegen die Zulässigkeit einer Verschuldensklausel ist von einer solchen Vereinbarung, die über § 1579 Nr. 6 BGB hinausgeht, abzuraten (Herb, FamRZ 1988, 127; a. A. Langenfeld, Handbuch, Rdn. 648).
b) Von einem Verzicht auf nacheheliche Unterhalt gegen Vereinbarung eines Leibrentenstammrechts ist abzuraten.
c) Ausschluß einzelner Unterhaltstatbestände oder Ausschluß des Wiederauflebens des Unterhaltsanspruchs im Falle des § 1586 a Abs. 1 BGB.

207 a. Zum Streitstand: Dieckmann, NJW 1980, 2777; FamRZ 1992, 633; 1999, 1029; MünchKomm-Richter, § 1586 b Rdn. 2 m. w. Nachw.; Palandt-Brudermüller, § 1586 b Rdn. 8 (für Ausschlußwirkung); Grziwotz, FamRZ 1991, 1258; Frenz, ZEV 1997, 450; Reimann in FS Schippel 1996, S. 307; (keine Ausschlußwirkung); differenzierend Staudinger-Baumann, § 1586 b Rdn. 16.
208. Zu den typischen Besonderheiten des Ehevertrags eines Unternehmers oder Freiberuflers vgl. Langenfeld, Handbuch, Rdn. 967 und Münchener Vertragshandbuch, Bd. 4, 2. Halbband, Vertragsmuster XI 5 und 6; Plate, Die modifizierte Zugewinngemeinschaft im Ehevertrag von Unternehmern, MittRhNotK 1999, 257; BGH, DNotZ 1999, 514; zur Bewertung des Anteils an einer Freiberuflerpraxis, BGH, FamRZ 1980, 37; 1986, 1196; 1991, 43; 1999, 361.
209. Langenfeld, Handbuch, Rdn. 625.
210. A. A. Langenfeld, Handbuch, Rdn. 970.
211. Die Frage ist umstritten, ob eine Genehmigung nach § 3 Satz 2 Währungsgesetz erforderlich ist oder nicht (vgl. hierzu Langenfeld, Handbuch, Rdn. 970). Vorsorglich ist die Genehmigung einzuholen.
212. BGH, NJW 1983, 1545; NJW 1985, 195; NJW 1986, 254; vgl. auch Palandt-Brudermüller, § 1353 Rdn. 12.
213. Dieckmann, NJW 1980, 2777 und FamRZ 1992, 633; richtige Gegenansicht Grziwotz, FamRZ 1991, 1258; Palandt-Diederichsen (58. Aufl.), § 1586 b Rdn. 7; Frenz, MittRhNotk 1995, 227, 228.
214. Zum Internationalen Eherecht, vgl. insbesondere Henrich, Das Internationale Eherecht nach der Reform, FamRZ 1986, 841; Lichtenberger, Zum Gesetz zur Neuregelung des Internationalen Privatrechts, DNotZ 1986, 644; ders., Hinweise zum Ehegüterrecht bei Fällen mit Auslandsberührung, MittBayNot 1978, 186; 1979, 58; Wegmann, Rechtswahlmöglichkeiten im internationalen Familienrecht, NJW 1987, 1740.
215. Dies gilt insbesondere beim Erwerb eines Grundstücks/einer Eigentumswohnung, wenn das maßgebliche ausländische Güterrecht dem Erwerb zu Miteigentumsanteilen oder durch einen Ehegatten allein entgegensteht.
216. Rechtswahl nach Art. 15 Abs. 2 Nr. 2 oder Nr. 3 EGBGB.
217. Dies gilt insbesondere für die Frage des Zugewinnausgleichs beim Tod, vgl. hierzu Palandt-Heldrich, Art. 15 EGBGB, Rdn. 26 m. w. Nachw.
218. Art. 14 Abs. 1 Nr. 1 EGBGB knüpft in erster Linie für die allgemeinen Wirkungen der Ehe an das Recht des Staates an, dem beide Ehegatten angehören.

… C. Weiterführende Hinweise 161

219. Palandt-Heldrich, Art. 5 EGBGB Rdn. 10.
220. Palandt-Heldrich, Art. 14, Rdn. 6.
221. Palandt-Heldrich, Art. 14, Rdn. 7.
222. Nach Art. 14 Abs. 2 EGBGB können Ehegatten ein gemeinsames Heimatrecht, das nicht bereits nach Abs. 1 Nr. 1 (gemeinsame Staatsangehörigkeit) Ehewirkungsstatut ist, wählen, wenn ein Ehegatte neben der gemeinsamen ausländischen Staatsangehörigkeit auch die deutsche besitzt.
223. Vgl. Palandt-Heldrich, Art. 14 EGBGB, Rdn. 13.
224. Ausführlich Langenfeld, Handbuch, Rdn. 661. Für Ehen, die vor dem 1.4.1953 geschlossen worden sind, bleibt es bei der grundsätzlichen Maßgeblichkeit des Heimatrechts des Ehemannes. Bei Heirat nach dem 31.3.1953 und vor dem 9.4.1983 trifft Art. 220 Abs. 3 EGBGB eine Übergangsregelung. Hervorzuheben ist, daß bei diesen Ehen eine formfreie, ausdrückliche oder konkludente Rechtswahl getroffen worden sein kann, indem die Ehegatten sich einem Recht unterstellt haben oder von der Anwendung eines Rechts ausgegangen sind, insbesondere nach dem sie einen Ehevertrag geschlossen haben. Für diese Ehen gilt für die Zeit ab dem 9.4.1983 die Neuregelung; eine Rechtswahl bleibt maßgeblich. Für Ehen, die nach dem 8.4.1983 geschlossen sind, ist Art. 15 EGBGB uneingeschränkt anwendbar.
225. Bei Heirat vor dem 8.4.1983 ist eine zumindest bestätigende Rechtswahl zu empfehlen. Formulierungsvorschlag: „Vorsorglich bestätigen wir, daß wir ab Beginn unserer Ehe am 19.5.1980 die güterrechtlichen Wirkungen unserer Ehe dem deutschen Recht unterstellt haben". Hierzu Lichtenberger, DNotZ 1986, 679; 1987, 199.
226. Die Empfehlung Langenfelds (Handbuch, Rdn. 680), grundsätzlich in Fällen mit Auslandsberührung Gütertrennung zu vereinbaren, ist unverständlich und nicht zu begründen. Die Gesichtspunkte, die gegen die Gütertrennung sprechen, gelten hier in gleicher Weise. Die Praxis zeigt, daß regelmäßig Zugewinngemeinschaft gewünscht wird, gegebenenfalls unter Modifikationen.
227. Zu den Zweifelsfragen, was unter „unbeweglichem Vermögen" zu verstehen ist und ob die Rechtswahl auf ein einzelnes Grundstück beschränkt werden kann (hiervon ist dringend abzuraten, selbst wenn es zulässig sein sollte), vgl. Palandt-Heldrich, Art. 15 EGBGB, Rdn. 22.
228. Zum Ehevertrag nach islamischem Recht, vgl. Vertragsmuster in Münchener Vertragshandbuch, Bd. 4, 2. Halbband, XI 13.
229. BGH, NJW 1982, 1093; 1982, 2236; NJW-RR 1990, 386 = FamRZ 1990, 600; NJW 1992, 564; NJW 1994, 2044.
230. NJW 1982, 1093, 1094.
231. BGH, NJW 1995, 2165.
232. NJW-RR 1990, 386 = FamRZ 1990, 600.
233. Brambring, Das „Berliner Testament" als Testamentstyp und die Auswirkungen des neuen Erbschaftsteuerrechts in FS Notar und Rechtsgestaltung, 1998, S. 145; Mayer, ZEV 1997, 305, 1998, 50; Bühler, BB 1997, 551.
234. BGH, NJW 1989, 1986; 1992, 564 zuletzt BGH, ZNotP 1999, 403.
235. Kritik bei Thiele in Staudinger, § 1363 Rdn. 14. Eine Rückabwicklung nach den Regeln über den Wegfall der Geschäftsgrundlage kommt nach der Rspr. nur ausnahmsweise in betracht, wenn das Ergebnis, zu dem die Zugewinnausgleich unter Einbeziehung der Zuwendung führt, für den Zuwender „schlechthin unangemessen und für ihn unzumutbar" ist, BGH, NJW 1991, 2553; 1993, 385. Eine Rückforderung ehebedingter Zuwendungen vor Scheidung der Ehe sheidet aus (OLG Düsseldorf, NJW-RR 1992, 1477).
Aus der kaum noch überschaubaren Literatur zur „ehebedingten Zuwendung" vgl. insbesondere Arend, Übertragung zwischen Ehegatten, MittRhNotK 1990, 65; Langenfeld, Zur Rückabwicklung von Ehegattenzuwendungen im gesetzli-

chen Güterstand, NJW 1986, 2541; Morhard, unbenannte Zuwendungen zwischen Ehegatten – Rechtsfolgen und Grenzen der Vertragsgestaltung, NJW 1987, 1743; Sandweg, Ehebedingte Zuwendungen und ihre Drittwirkung, NJW 1989, 1965; Tiedtke, Güterrechtlicher Ausgleich bei Zuwendungen unter Ehegatten untereinander und Wegfall der Geschäftsgrundlage bei Scheitern der Ehe, JZ 1992, 334; Schotten, Die Wirkung ehebedingter Zuwendungen im Verhältnis zu Dritten, NJW 1991, 2687; Langenfeld, Handbuch, Rdn. 173 ff.; Brambring, Ehebedingte Zuwendung und Rückforderungsrecht bei Scheidung der Ehe – Eine Aufgabe der Kantelarjurisprudenz –, FS Rolland, S. 30.
236. BGH, NJW-RR 1990, 386 = FamRZ 1990, 600.
237. BGH, NJW 1978, 1326; NJW 1991, 1610: Die ehebedingte Zuwendung ist als „unentgeltliche Verfügung" i. S. d. § 32 Nr. 2 KO und § 3 Abs. 1 Nr. 4 AnfG anzusehen.
238. BGH, NJW 1992, 564: Die unbenannte Zuwendung ist im Erbrecht grundsätzlich wie eine Schenkung zu behandeln; BFH, NJW 1994, 2044: Die ehebedingte Zuwendung ist von der Schenkungsteuer nicht ausgenommen; vgl. hierzu Dötsch, DStR 1994,, 638; Albrecht, ZEV 1994, 149.
239. BGH, NJW 1982, 1093.
240. BGH, NJW 1982, 1093.
241. BGH, NJW 1983, 1611.
242. BGH, DNotZ 1983, 177; BGH, FamRZ 1989, 147; Palandt-Diederichsen, § 1372 Rdn. 5.
243. BGH, NJW 1982, 1093; zuletzt BGH, DNotZ 1995, 937.
244. BGH, NJW 1982, 1093; FamRZ 1987, 791.
245. Langenfeld, Handbuch, Rdn. 209, vgl. aber auch Rdn. 892, wo es überraschend heißt, daß Ehegattenzuwendungen im Scheidungsfall zu „ungerechten" Ergebnissen führen, wenn die ehebedingte Zuwendung aus Anfangsvermögen oder priviligiertem Erwerb erfolgt.
245a. BGH, NJW 1999, 2962.
246. Jerschke, Beck'sches Notar-Handbuch, A V. Rdn. 224 ff.; Wegmann, Grundstücksüberlassung, Rdn. 140 ff., 174 ff., 185; Langenfeld, Handbuch, Rdn. 896 (Die Beschränkung des Rückforderungsrechts auf den Fall der Scheidung der Ehe ist nicht zu empfehlen); Brambring in Beck'sches Formularbuch, V. 25. Häufig wird die Rückforderungsklausel i. S. eines Anspruchs des zuwendenden Ehegatten auf Rückübertragung bei Scheidung der Ehe gefaßt. Dies ist wegen der Möglichkeit der Pfändung des Anspruchs durch Dritte nicht empfehlenswert. Richtig ist es, dem zuwendenden Ehegatten ein (höchstpersönliches und nicht vererbliches) Gestaltungsrecht einzuräumen. Droht ein Zugriff seiner Gläubiger, wird der Ehegatte auch im Scheidungsfall möglicherweise das Recht nicht (oder zumindest zur Zeit nicht) ausüben. Zur Pfändbarkeit vgl. Wüllenkemper, JR 1988, 353.
247. Wegmann, Grundstücksüberlassung, Rdn. 183.
248. Anders Wegmann, Grundstücksüberlassung, Rdn. 187.
249. Felix, NJW 1994, 2334.
250. BayObLG, DNotZ 1978, 39; 1978, 159; 1989, 370; Kohler, DNotZ 1989, 339.
251. BGH; NJW 1981, 446.
252. BGH, DNotZ 1995, 937; vgl. auch BGH, ZNotP 1999, 324.
253. BFH, NJW 1994, 2044; hierzu Dötsch, DStR 1994, 638; Albrecht, ZEV 1994, 149.
254. Brambring, ZEV 1996, 248.
255. Langenfeld, Handbuch, Rdn. 925. ff., 934.
256. In diesem Sinne OLG Frankfurt, DNotI-Report 1994, Heft 15, S. 6.
257. Brambring, ZEV 1996, 248.

D. Sachregister

Die Zahlen bezeichnen die Randnummern.

Allgemeine Wirkung der Ehe 20
Altersunterhalt 75
Anfangsvermögen 45
– negatives 45, 98
– wertmäßige Festsetzung 99
– Ausschluß der Wertsteigerung 101
Aufstockungsunterhalt 112
Auslandsberührung 131
– maßgebliches Recht 131
– Rechtswahl 133
– Wahl des deutschen Güterrechts 133
– Wahl des deutschen Erbrechts für unbewegliches Vermögen 136

Beurkundungspflicht 87

Doppelverdienerehe 70
Düsseldorfer Tabelle 81

Ehebedingte Zuwendung 140
– Ausgleichung bei Scheidung 146
– Rückforderung/Widerrufsklausel 103, 146
– und Schenkung 148
– Zugewinnausgleich 142
Ehegattenschenkung 148
Eheliche Lebensgemeinschaft 21
Ehenamen 22
Ehetypen 15
Ehevertrag
– Abgrenzung zur Scheidungsvereinbarung 12
– Begriff 2, 7
– und Erbrecht 49, 127
– Form 36
– Vertragstypen 14
– Zeitpunkt 37
Eigentumsvermutung 29
Endvermögen 45
Eigentum an Wohnungseinrichtung 26, 29
Erbschaftssteuerlicher Freibetrag bei Zugewinngemeinschaft 33
Erwerbstätigkeit, angemessene 76

Familienname 22
Familienunterhalt 27
Fehlverhalten des Ehegatten 84
Form des Ehevertrages 26
Freiberufler 119

Geschäfte zur Deckung des Lebensbedarfs 25
Gütergemeinschaft 64
Güterrecht, deutsches 134
Güterrechtsregister 38
Gütertrennung 55
– Aufhebung 61
– Nachteile 60
– und Vermögenszuordnung 165

Hausfrauenehe 72
Haushaltsführung und Erwerbstätigkeit 23

Kindesbetreuungsunterhalt 114
Kosten des Ehevertrages 34
Krankheit und Unterhaltspflicht 76

Lebensversicherung 110, 122

Modifizierte Zugewinngemeinschaft 59

Notargebühren 34
Notunterhalt 117

Pflichtteilsverzicht 127
– Auswirkung auf den Unterhaltsanspruch 117a

Realsplitting 126
Rechtswahl 136

Schenkung 141, 148
– und Zugewinnausgleich 103
Sittenwidrigkeit des Unterhaltsverzichts 88
Steuerliche Auswirkungen
– von Eheverträgen 32
– der Vermögenszuordnung 161

Unbenannte Zuwendung s. unter ehebedingte Zuwendung
Undank, grober 141
Unterhalt des geschiedenen Ehegatten 72
- Ausschluß des Unterhaltanspruchs/Erlöschen 84
- zeitliche/betragsmäßige Begrenzung 116
- Grundzüge der gesetzlichen Regelung 72
- Kindesbetreuung 90, 114
- Maß des Unterhalts 82
- nachehelicher 112
- Notunterhalt 117
- Obergrenze 83
- Unterhaltsbedürftigkeit 79
- Unterhaltstatbestände 74
- Unterhaltsverzicht 86, 116
- Vereinbarungsmöglicheiten 112
Unternehmensbeteiligung 119

Verfügungsbeschränkungen 53
Vermögensverzeichnis 30
Vermögenszuordnungen unter Ehegatten 138, 151
- aus erbschaftsteuerlichen Gründen 142, 145
- aus Haftungsgründen 140, 144
- Steuerfragen 161
- Pflichtteilsergänzung 165
Versorgungsausgleich 65
- auflösend bedingter Ausschluß 105
- Ausschluß 68, 105
- Ausschluß gegen Lebensversicherung 110
- auszugleichende Versorgungsanwartschaften 66
- bei kurzer Ehedauer 106
- einseitiger Ausschluß 107
- Grundzüge der gesetzlichen Regelung 65

- Modifizierung des Versorgungsausgleichs (Vereinbarungsmöglichkeiten) 104
- schuldrechtlicher 111
- Sittenwidrigkeit des Ausschlusses 69
- Vereinbarungsmöglichkeiten 104
- vorsorgliche Vereinbarung nach § 1587o BGB

Wertsicherungsklausel 125
Wertsteigerungen im Zugewinnausgleich 48
Widerrufsklausel bei ehebedingter Zuwendung 140, 146

Zugewinnausgleich 42
- Ausschluß nur für den Fall der Scheidung 94
- auflösend bedingt bei Geburt eines Kindes 95
- Berechnung des Zugewinns 46
- Bewertung/Fälligkeit 103a
- Herausnahme Unternehmensbeteiligung/freiberufliche Praxis 120
- bei negativem Anfangsvermögen 45, 98
- bei Scheidung 42
- bei Tod 49
- für Wertsteigerungen des Anfangsvermögens 101
Zugewinngemeinschaft 39
- modifizierte 59, 93
- Vermögenstrennung und selbständige Vermögensverwaltung 39
- Vereinbarungsmöglichkeiten 94
Zuwendung, ehebedingte 140ff.
- gegenständliche Rückforderung 102, 146ff.
- im Scheidungsfall 146
- Widerrufsklausel 150
- und Schenkung 159

Buchanzeigen

Grziwotz

Partnerschaftsvertrag für die nichteheliche Lebensgemeinschaft

Von Dr. Dr. Herbert Grziwotz, Notar in Regen

3., überarbeitete Auflage. 1998
V, 136 Seiten. Kartoniert.
Mit Diskette DM 29,50
ISBN 3-406-44003-7

(Beck'sche Musterverträge, Band 10)

Es geht ohne Trauschein
– aber nicht ohne Partnerschaftsvertrag
Die Zahl der nichtehelich zusammenlebenden Paare nimmt weiter zu, gesetzliche Regelungen fehlen nach wie vor. Wenn Kinder da sind, bei Trennungen oder im Todesfall sind **klare vertragliche Gestaltungen** Gold wert.

Hier finden Sie die richtige Formulierung
Dieser Band bietet
- **Vertragsmuster** mit allgemeinverständlichen **Erläuterungen:** – Partnerschaftsvertrag für das eheähnliche Zusammenleben (ohne Erbregelung) – Partnerschafts-, Ehe- und Erbvertrag für die Ehe auf Probe
- **Anmerkungen** mit vertiefenden Hinweisen zu Rechtsprechung und Literatur
- **Einführung** und **Sachregister**

Die 3. Auflage
berücksichtigt insbesondere die Änderungen durch
- das Erbrechtsgleichstellungsgesetz, nach dem nichteheliche Kinder genauso erbberechtigt sind wie eheliche Kinder und der vorzeitige Erbausgleich entfällt – in Kraft seit 1.4. 1998
- das Kindschaftsrechtsreformgesetz, das die elterliche Sorge für eheliche und nichteheliche Kinder neu gestaltet – in Kraft seit 1.7. 1998

Aus dem Inhalt:
- Haushaltsgeschäfte • Generalvollmacht • Vollmacht bei Krankheit eines Partners • Vermögenszuordnung • Haushaltsführung • Wohngemeinschaft • Aufwendungen, Schenkungen und Verbindlichkeiten • Unterhalt und Versorgung von Partnern • Verfügungen von Todes wegen.

Verlag C. H. Beck · 80791 München

Johannsen/Henrich

Eherecht

Scheidung, Trennung, Folgen

Kommentar. Herausgegeben von Prof. Dr. Dr. h.c. Dieter Henrich, Universität Regensburg.
Mitbegründet von Prof. Kurt H. Johannsen †, weiland Richter am BGH.
Bearbeitet von: Dr. Gerd Brudermüller, Richter am OLG Karlsruhe; Dr. Helmut Büttner, Vors. Richter am OLG Köln; Dr. Hans-Ulrich Graba, Richter am OLG München (Familiensenat Augsburg); Dr. Meo-Micaela Hahne, Richterin am BGH; Prof. Dr. Dr. h.c. Dieter Henrich, Universität Regensburg; Wolfgang Jaeger, Vors. Richter am OLG Düsseldorf; Antje Sedemund-Treiber, Präsidentin des BPatG, München; Dr. Wolfgang Thalmann, Vors. Richter am OLG Karlsruhe.
3., völlig überarbeitete Auflage. 1998
XXIV, 1896 Seiten. In Leinen DM 248,–
ISBN 3-406-43530-0

Gesetzesübergreifend

erläutert dieses Werk ausführlich **alle Bestimmungen zum gesamten Recht** der Eheauflösung. Der Kommentar befaßt sich insbesondere mit dem Recht des Getrenntlebens, der Scheidung und den Scheidungsfolgen. Neben dem materiellen Recht werden die einschlägigen Verfahrensvorschriften eingehend behandelt.

Die 3. Auflage

erläutert ausführlich die zum 1.7.1998 in Kraft **getretenen umfangreichen Reformen** des Familienrechts durch
- das Gesetz zur Reform des Kindschaftsrechts
- das Gesetz zur Neuordnung des Eheschließungsrechts
- das Gesetz zur Vereinheitlichung des Unterhaltsrechts minderjähriger Kinder.

Für die anwaltliche, notarielle und richterliche Praxis sind folgende Kommentierungsabschnitte von besonderer Bedeutung:
– Inhalt und Umfang der gemeinsamen elterlichen Sorge nach Trennung und Scheidung sowie Auswirkungen der Neuregelung auf das Umgangsrecht
– Umfangreiche Neukommentierung der Rechtsfragen der Wohnungszuweisung (§ 1361b BGB)
– Schuldenausgleich unter getrenntlebenden und geschiedenen Ehegatten
– Regelbetragsorientierter, dynamischer Stufenunterhalt mit Beispielen zur Antragstellung und Tenorierung
– Titulierung von Unterhaltsrenten im neuen vereinfachten Verfahren nach § 1612a BGB
– Anrechnung des Kindergelds auf den Unterhalt im Mangelfall
– Neukommentierung der §§ 50ff. FGG in der Fassung des Kindschaftsrechtsreformgesetzes
– Vertiefung der Kommentierung zum Kosten- und Streitwertrecht in Familiensachen unter besonderer Berücksichtigung des Prozeßkostenhilferechts
– Ausführliche Darstellung der Gesetzesänderungen im Bereich der Zivilprozeßordnung, insbesondere im Abschnitt „Verfahren in Scheidungs- und Folgesachen"

Fazit:

„Den Autoren, langjährig erfahrene und durch zahlreiche Veröffentlichungen wissenschaftlich ausgewiesene und renommierte Familienrechtspraktiker, ist es gelungen, gesetzesübergreifend alle Probleme der Trennung, Scheidung und Scheidungsfolgesachen in einem Handkommentar darzustellen . . .
Auch die Neuauflage wird eine hohe Akzeptanz bei Richterschaft und Anwaltschaft gleichermaßen finden."
Rechtsanwalt Dr. Norbert Kleffmann, Fachanwalt für Familienrecht, in Familie und Recht 10/1998
„besonders gelungene Kommentierung zum Versorgungsausgleich."
Dr. Gabriele Müller, in DNotI 18/1998

Verlag C.H. Beck · 80791 München